インバウンド実務論

―― インバウンドを1から学ぶ14章 ――

安田亘宏 著

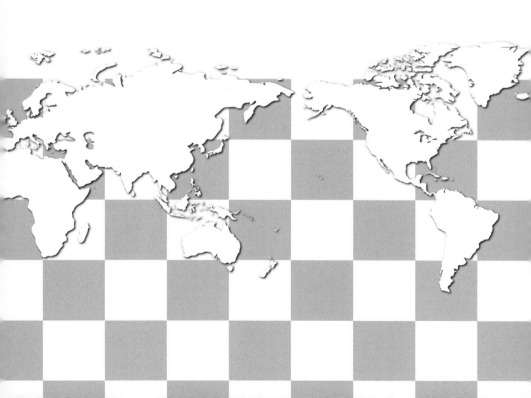

はじめに

　インバウンド（inbound）とは、訪日外国人旅行のことを言う。日本以外に居住する外国人が日本を訪れ日本国内を旅行することである。近年、訪日外国人旅行者数が劇的に拡大し、インバウンドと言う言葉も一般化してきた。実際に、観光地だけでなく普通の人々の生活の場でも外国人を見ることが多くなってきた。

　2016年は訪日外国人旅行者数が2,000万人の大台を突破し、過去最高の約2,400万人を記録した。そして、東京オリンピック・パラリンピックが開催される2020年の目標値である訪日外国人旅行者数4,000万人に向けて着実に歩み始めている。ツーリズムの世界だけではなく、社会現象となった日本のインバウンドは新しいステージに突入した。

　このインバウンドの拡大は、日本のツーリズム産業を発展させ、変革させる大きな潮流となるだけではなく、地域を元気にする地方創生の起爆剤ともなる。そして、さまざまな領域で新たなビジネスを生み出すチャンスでもある。訪日外国人旅行者という新たな顧客が、しかもいままで経験したことのないような巨大なマーケットが今、目の前に出現したのである。

　既存のツーリズムビジネスに携わる人々も新たなビジネスチャンスに挑戦する人も、インバウンドとは何か、どんな歴史の中で今日を迎えているのか、インバウンドの現状や旅行動向・消費動向、インバウンドビジネスとは何か、どのように取組むのか、外国人旅行者にどう対応し、どう集客したらいいのか。知っておきたい、また知らなくてはならない知識やノウハウはたくさんある。インバウンドビジネスは、何も知らずに挑戦できる舞台ではない。

　観光学や観光ビジネスに関する専門書や書籍は数多いが、インバウンドに関する書籍は案外少なく、インバウンドの意味からその実務までを解説したものはほとんどない。それは、インバウンドの歴

史は長いものの、一般の人々には目に見えにくい活動でありビジネスだったからである。実際、訪日外国人旅行者を迎え入れる中心的な役割を果たす旅行会社においても専門セクションが担当し、一般に知られていない専業のランドオペレーターが担っていた。シティホテルは従来からいわばインバウンドの専門家であったが、旅館やビジネスホテルは積極的にインバウンドに携わってこなかった。外国人専用土産店は存在していたが、デパートやディスカウントショップ、家電量販店、ドラッグストア、コンビニエンスストアがその主役を務めるとは、かつては誰も想像していなかった。

しかし、今やさまざまな観光施設はもちろんのこと、日本人が普段利用している小売店や飲食店など、サービスを提供するビジネスにおいてインバウンドは避けて通れない状況になった。

本書は、インバウンドビジネスに携わっている方々やこれからインバウンドビジネスに挑戦していこうという方々に向けて、インバウンドの基礎知識やインバウンドビジネスに取組む上で必要不可欠な基本知識やノウハウを体系的に分かりやすく解説したインバウンドの教科書「インバウンド実務論」として一冊にまとめたものだ。

読者には、ぜひ「インバウンド実務主任者」の認定試験に挑戦してほしい。地域や企業内において優位性を持つことができ、就職活動でも有利になる。そして、拡大するインバウンド市場に対して積極的・戦略的に取組み、これらの活動を推進し、地域や企業を牽引する役割を担ってほしい。

本書が、読者にとってインバウンドビジネスの現場で活躍する「インバウンド人財」になるきっかけになれば幸いである。

2017 年 8 月
安田亘宏

CONTENTS

はじめに

第1章　インバウンドの現状
1. インバウンドとは ……………………………………………… 12
2. インバウンドの現状－訪日外国人旅行者数－ ……………… 16
3. インバウンドの現状－国・地域別旅行者数－ ……………… 20
4. インバウンドの現状－国・地域別概況－ …………………… 24

第2章　インバウンドの歴史と業務
1. インバウンドの歴史 …………………………………………… 32
2. インバウンド政策の変遷 ……………………………………… 35
3. インバウンド業務 ……………………………………………… 37
4. インバウンドに関わる法律 …………………………………… 39
5. インバウンドと日本政府観光局 ……………………………… 48
6. インバウンドと地域組織 ……………………………………… 51
7. インバウンドと関連諸団体 …………………………………… 53

第3章　インバウンドの動向
1. インバウンドのデスティネーション ………………………… 60
2. インバウンドの新しいデスティネーション ………………… 63
3. インバウンドの客層動向 ……………………………………… 68
4. インバウンドの旅行動向 ……………………………………… 70
5. インバウンドの期待と活動 …………………………………… 72
6. インバウンドの期待と活動－国・地域別－ ………………… 74

第4章　インバウンドと関連事項
1. インバウンドと為替 …………………………………………… 78

2. インバウンドとビザ ………………………………………… 80

3. インバウンドとＭＩＣＥ ………………………………… 85

4. インバウンドと輸送手段 ………………………………… 88

5. インバウンドと案内表記 ………………………………… 91

6. インバウンドの課題 ……………………………………… 96

第5章　インバウンドと消費

1. インバウンドの消費動向 ………………………………… 100

2. インバウンドの買い物動向 ……………………………… 106

3. インバウンドの飲食動向 ………………………………… 112

4. インバウンドと決済 ……………………………………… 115

第6章　インバウンドと免税制度

1. インバウンドと免税店制度 ……………………………… 122

2. インバウンドと免税店 …………………………………… 124

3. インバウンドと免税販売 ………………………………… 129

4. インバウンドと免税店拡大 ……………………………… 132

5. インバウンドと免税手続実施状況 ……………………… 134

第7章　インバウンドとビジネス —ツーリズム—

1. インバウンドビジネスとは ……………………………… 140

2. 旅行業ビジネス …………………………………………… 143

3. 宿泊業ビジネス …………………………………………… 145

4. 鉄道交通ビジネス ………………………………………… 152

5. 航空交通ビジネス ………………………………………… 155

6. 道路交通ビジネス ………………………………………… 157

第8章　インバウンドとビジネス —関連ビジネス—

1. 観光土産ビジネス ………………………………………… 164

2. ショッピングビジネス ……………………………………………… 166

3. 飲食ビジネス ………………………………………………………… 168

4. 観光施設ビジネス …………………………………………………… 172

5. エンタテインメントビジネス ……………………………………… 175

6. 観光案内ビジネス …………………………………………………… 177

7. インバウンド支援ビジネス ………………………………………… 179

8. シェアリングエコノミー …………………………………………… 182

第9章　訪日外国人旅行者の理解 —ベスト3ヶ国・地域の旅行者—

1. 訪日外国人旅行者への対応姿勢 …………………………………… 186

2. 中国人旅行者の理解 ………………………………………………… 188

3. 韓国人旅行者の理解 ………………………………………………… 193

4. 台湾人旅行者の理解 ………………………………………………… 198

第10章　訪日外国人旅行者の理解
—主要国・地域と増加する旅行者—

1. 香港人旅行者の理解 ………………………………………………… 206

2. タイ人旅行者の理解 ………………………………………………… 211

3. アメリカ人旅行者の理解 …………………………………………… 216

4. ムスリム旅行者の理解 ……………………………………………… 220

5. ベジタリアン旅行者の理解 ………………………………………… 223

第11章　訪日外国人旅行者への対応

1. 訪日外国人旅行者の満足度 ………………………………………… 228

2. 訪日外国人旅行者の不満 …………………………………………… 232

3. 多言語対応 …………………………………………………………… 236

4. 通信環境対応 ………………………………………………………… 239

5. ユニバーサルツーリズム …………………………………………… 242

6. 訪日外国人旅行者の安全対策 ……………………………………… 244

7. インバウンド人財 ……………………………… 246

8. インバウンド情報 ……………………………… 249

9. 日本ブランド …………………………………… 252

第 12 章　インバウンドの集客

1. 外国人旅行者へのアプローチ ………………… 256

2. ネット予約サイト ……………………………… 258

3. 旅行博 …………………………………………… 261

4. ファムトリップ ………………………………… 263

5. 旅行ガイドブック ……………………………… 265

6. フリーペーパー ………………………………… 269

7. ホームページ …………………………………… 271

8. インバウンドウェブメディア ………………… 273

9. 店頭メディア …………………………………… 277

10. 外国人スタッフ ………………………………… 279

第 13 章　インバウンドとニューツーリズム

1. ニューツーリズムとは ………………………… 288

2. エコツーリズム ………………………………… 290

3. ロングステイ …………………………………… 292

4. グリーンツーリズム …………………………… 294

5. カルチャーツーリズム ………………………… 297

6. 産業ツーリズム ………………………………… 299

7. ヘルスツーリズム ……………………………… 301

8. メディカルツーリズム ………………………… 303

9. フードツーリズム ……………………………… 306

10. ワインツーリズム ……………………………… 308

11. スポーツツーリズム …………………………… 310

12. コンテンツツーリズム ………………………… 313

第 14 章　インバウンドと観光まちづくり

1. 観光まちづくりとは ……………………………………… 318
2. スキーリゾート ……………………………………………… 322
3. 運河のある港町 ……………………………………………… 325
4. 祭と地吹雪 …………………………………………………… 327
5. 宿場町 ………………………………………………………… 330
6. 伝統的な街並み ……………………………………………… 332
7. 商店街 ………………………………………………………… 334
8. 城と温泉 ……………………………………………………… 337
9. 世界自然遺産 ………………………………………………… 339

シラバスイメージ ……………………………………………… 344

参考文献 ………………………………………………………… 346

おわりに ………………………………………………………… 348

索　　引 ………………………………………………………… 350

Inbound Business Theory

01

第1章

インバウンドの現状

Inbound Business Theory

1. インバウンドとは

■インバウンドとは

　インバウンド（inbound）とは、訪日外国人旅行のことをいう。日本以外に居住する外国人が日本を訪れ日本国内を旅行することである。近年、訪日外国人旅行者数が劇的に拡大し、インバウンドという言葉も一般化した。日本経済への影響も大きく、観光業界にとどまらずデパートや小売業など多くの業界からも注目されるようになった。中国人旅行者の購買現象を表した「爆買い」が流行語となり、民泊が法制化されるなど、インバウンドの隆盛が新たな社会現象を生み出し、連日のようにメディアに取り上げられるようになった。このインバウンドのさらなる拡大が、観光立国宣言以降、日本のツーリズムの大きな課題となっている。

■観光マーケットの分類

　インバウンド、すなわち訪日外国人旅行は、観光マーケットを分類するなかで、誰が旅行するのか、旅行目的地は日本国内か海外か、による分類である。観光マーケットを概観するときに最も多く使われる、一般的な分類となる。

①国内旅行

　日本国内に在住している人が日本国内のある場所に旅行することである。

②海外旅行

　日本に在住している人が日本以外の国へ旅行することである。島国である日本においては、航空機か船舶を利用し出かける旅行となる。「アウトバウンド（outbound）」と呼ばれることがある。誰もがパスポート（旅券）の携行が必要となる旅行である。

12　第1章　インバウンドの現状

③訪日外国人旅行

日本以外に居住する外国人が日本を訪れ日本国内を旅行することである。「インバウンド（inbound）」と呼ばれることが多い。観光業界だけでなく、今日最も注目されている旅行である。

その他の分類として、旅行期間による分類「宿泊旅行・日帰り旅行」、旅行目的からの分類「観光旅行・帰省旅行・業務旅行・教育旅行」、旅行人数構成からの分類「個人旅行・団体旅行」、旅行費用の負担者からの分類「個人旅行・法人旅行」などがあることに留意しておく必要がある。

■観光マーケットの規模

日本の観光マーケットの規模を旅行消費額から見ていく。分類は国内旅行、海外旅行、訪日外国人旅行で、国内旅行は国内宿泊旅行と国内日帰り旅行に分けられている。

図表1-1のように、国内宿泊旅行16.0兆円、国内日帰り旅行4.9兆円で国内旅行合計は20.9兆円になる。海外旅行の国内消費分は1.1兆円、訪日外国人旅行が前年から大きく伸び3.7兆円となっている。2016年の国内旅行市場は25.8兆円と推計される。

日本の旅行消費額に占める国内宿泊旅行消費額のシェアは81％で、圧倒的な大きさである。訪日外国人旅行は14％と拡大基調にあり、観光マーケットの構成比は年々変わりつつある。海外旅行は国内消費分のほか、国内で消費されない海外での支出がこれとは別にある。

図表 1-1　日本の旅行消費額（2016 年）

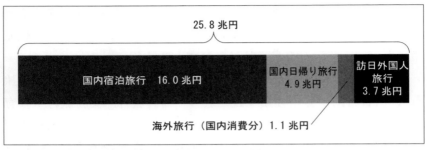

資料：観光庁「旅行・観光消費動向調査平成 28 年年間値」より
（観光庁「旅行・観光消費動向調査」、「訪日外国人消費動向調査」より算出）

■旅行消費額の推移

　図表 1-2 は国内の旅行消費額を表したものである。この数年大きな変動はなかったが、合計値は 2015 年に大きな伸びを示し、2016 年も増加した。その要因は国内宿泊旅行の消費拡大と訪日外国人旅行、すなわちインバウンド消費の急拡大によるものである。

　宿泊旅行と日帰り旅行を合わせた 2016 年の国内旅行消費額は 20.9 兆円で、東日本大震災前の 2010 年の数字を上回った。春、秋の連休の日並びは 2015 年ほど良くなかった上、熊本地震なども影響したが、国内旅行への旅行意欲は堅調であった。インバウンドの消費額の伸び率は、中国人旅行者の「爆買い」の鎮静化で鈍化したものの着実に拡大した。

図表 1-2　旅行消費額の推移（2010 年～2016 年）　　　　　　（単位：兆円）

	2010 年	2011 年	2012 年	2013 年	2014 年	2015 年	2016 年
日本人国内宿泊旅行	16.1	15.1	15.3	15.8	14.3	16.2	16.0
日本人国内日帰り旅行	5.1	4.9	4.4	4.8	4.5	4.6	4.9
日本人海外旅行（国内分）	1.3	1.3	1.4	1.4	1.4	1.3	1.1
訪日外国人旅行	1.3	1.0	1.3	1.7	2.2	3.3	3.7
合計	23.8	22.4	22.5	23.6	22.5	25.5	25.8

資料：「数字が語る旅行業 2012-2017」日本旅行業協会（JATA）
　　　2016 年は観光庁「旅行・観光消費動向調査平成 28 年年間値（確報）について」

■インバウンドの効果

　インバウンドの拡大は、ツーリズム産業にとどまらず、さまざまな業種に広がり、大きな影響を及ぼしている。

　インバウンドの効果は多岐にわたっており、その中でも最も注目されているのが経済効果である。現在、日本は高齢化と人口減少が同時に進行しているため、内需の減退は不可避の状況にある。そこで、インバウンドビジネスにより、外国人旅行者の需要の取り込みを狙う業種が増えている。訪日外国人旅行者が日本で使う金額は「国際観光収入」と言われ、貿易に例えると輸出と捉えることができる。

　インバウンド需要は、ツーリズム産業や特定の市場、製品に限定されず、裾野が広い。小売業や飲食業はもとより、伝統産業や IT 産業のほか、農漁業や地場産業、情報・金融サービスなど他の産業への波及効果が期待できる。

　今日、重要課題のひとつとなっている地方創生にも効果を発揮する。インバウンド誘致を通した需要喚起が期待できるからである。インバウンドビジネスは多くの雇用を創出する点も効果としてあげられる。

　ツーリズム産業においては、インバウンドは今後大きな伸びが期待できない国内旅行の需要をカバーする要素となる。新規顧客が増大すると考えてよい。訪日外国人旅行者は、宿泊日数が多く、消費

単価が高いうえに、ツーリズム産業にとって最大の課題である需要変動、繁閑のバランスを整える。外国人旅行者は、平日、週末も関係なく訪れてくれるので、日本人旅行者の繁忙期の時期と重なることが少ない。インバウンドは国内での異文化交流の活発化を促し、日本の国際化に大きく貢献する。日本人と外国人旅行者との交流による相互理解の促進、日本ブランドの形成、国や地域への愛着と誇りの醸成、日本や地域の魅力、観光資源の再評価など、インバウンドがもたらす効果は枚挙にいとまがない。

　国際交流を通して、特にアジアの国の人々との相互理解が深まれば、アジアの平和と発展に間違いなく寄与する。国際交流が盛んになれば、外国と隔てる壁が低く、海外旅行の増大が一段と加速する。

2. インバウンドの現状 – 訪日外国人旅行者数 –

■訪日外国人旅行者数と目標

　2016年に日本を訪れた外国人旅行者数は、約2,404万人であった。観光立国推進基本計画において当初2010年の達成を目標としていた1,000万人を3年遅れの2013年に突破し、2016年には2,000万人の大台をはるかに超え、過去最高の旅行者数を記録した。

　従来の目標は東京オリンピック・パラリンピック開催の2020年の訪日外国人旅行者数2000万人、同旅行消費額4兆円とされてきた。しかし、2015年の段階で約1,974万人が訪日し、約3兆4,771億円が消費されたため、新たな目標が図表1-3のように示された。

図表 1-3　新たな目標値

	2020 年	2030 年
訪日外国人旅行者数	4,000 万人 (2015 年の約 2 倍)	6,000 万人 (2015 年の約 3 倍)
訪日外国人旅行消費額	8 兆円 (2015 年の 2 倍超)	15 兆円 (2015 年の 4 倍超)
地方部での外国人延べ宿泊者数	7,000 万人泊 (2015 年の 3 倍弱)	1 億 3,000 万人泊 (2015 年の 5 倍超)
外国人リピーター数	2,400 万人 (2015 年の約 2 倍)	3,600 万人 (2015 年の約 3 倍)
日本人国内旅行消費額	21 兆円 (最近 5 年間の平均から約 5%増)	22 兆円 (最近 5 年間の平均から約 10%増)

「明日の日本を支える観光ビジョン　概要」を基に作成

■訪日外国人旅行者数の推移

　図表 1-4 は、訪日外国人旅行者数の推移を表したものである。大阪万博が開催された 1970 年までは、訪日外国人旅行者数が日本人の海外への出国者数を上回っていた。1970 年は大阪万博の影響により訪日外国人旅行者数は大きく伸び約 85 万人で、日本人の出国者数を 20 万人ほど上回っていたが、翌年から海外旅行ブームとなり日本人の出国者数が訪日外国人旅行者数を上回り、以降急速に伸びていく。

　1980 年代後半から始まった円高の進行は 1995 年に史上最高値となり、この頃は外国人旅行者の訪日意欲を一時的に減退させたものの、長期的にみると右肩上がりで順調に拡大している様子が分かる。円高以外に、米国同時多発テロ、SARS、イラク戦争などの戦争・紛争・疫病などの要因が加わり訪日外国人旅行者数は伸び悩みを見せる。

　その後、官民一体となって取り組んだ「ビジット・ジャパン・キャンペーン」がスタートした 2003 年以降、訪日外国人旅行者数は極めて順調に推移したが、2008 年のリーマンショックによる世界的な景気低迷、2011 年の東日本大震災、福島原発問題などにより再び大きな落ち込みを見せた。しかし、2012 年には早くも復調の兆しを見せ、2013 年には念願の 1,000 万人を達成し、2015 年には 45 年ぶりに訪日外国人旅行者数は日本人の出国数を上回った。

そして、2016年には過去最高の約2,404万人の訪日外国人旅行者数を記録した。

図表1-4　訪日外国人旅行者数の推移　　　　　　　　　（単位：千人）

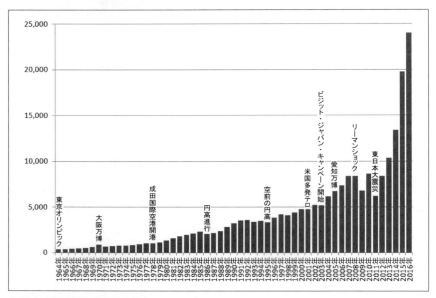

資料：日本政府観光局（JNTO）より作成

■訪日外国人旅行者数増加の背景

　訪日外国人旅行者数の急伸の背景には、以下の要因が複合的に影響している。

　第一に長期にわたる円安傾向による旅行費用の割安感の浸透である。第二に訪日外国人旅行者の中で大きなシェアを持つアジア諸国・地域の経済発展による、中間所得者層の増加に伴う旅行需要の拡大である。一方で日本側の施策としては、アジアの国・地域に対するビザ発給要件の緩和やビザ免除措置が効果を発揮した。また、消費税免税制度の拡充も効果を上げた。

　2003年からスタートした「ビジット・ジャパン・キャンペーン」

以来継続的に取り組まれている「ビジット・ジャパン事業」による訪日プロモーションの効果が現れてきている。アジア各国・地域では、「日本観光ブーム」が起こっていると言われ、欧米においてもクールジャパン、和食などが注目され日本への関心が高まっている。

さらに、主に東アジアを中心としたLCC（格安航空会社）の新規就航、大量輸送が可能なクルーズ客船の日本寄港の増加も大きな要因となった。

一方で、大きな市場である中国・韓国との外交関係悪化による交流の冷え込み、長引く原発問題、不安定な為替レート、自然災害の多発などの懸念材料もある。

■世界各国・地域の外国人訪問者数

図表 1-5 は、2015 年の世界各国・地域の外国人訪問者数上位 30 を表したものである。

観光大国フランスは約 8,445 万人と群を抜き 1 位を守り続けている。2 位アメリカも約 7,751 万人もの旅行者を外国から呼び込んでいる。ベスト 10 を見ると、6ヶ国はヨーロッパで陸続きという背景もあり、人の交流が盛んであることが分かる。

日本は外国人訪問者数が急伸し、世界の観光主要国に仲間入りする勢いではあるが、世界ではまだ 16 位にとどまっている。アジアでは中国（世界 4 位）やトルコ（同 6 位）、タイ（同 11 位）、香港（同 13 位）、マレーシア（同 14 位）に続いて 6 位となっている。しかし、この数年で、マカオ（同 22 位）、韓国（同 23 位）、シンガポール（同 26 位）を抜き着実に順位を上げている。

図表 1-5　世界各国・地域の外国人訪問者数（2015 年）　　　（単位：万人）

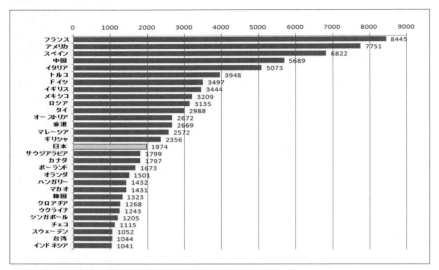

資料：国連世界観光機関、各国政府観光局、日本政府観光局（JNTO）より作成
　　　数値は 2016 年 5 月時点の推定値、一部数値は 2014 年、2015 年の数値

3．インバウンドの現状 − 国・地域別旅行者数 −

■国・地域別訪日外国人旅行者数

　図表 1-6 は、日本を訪れた外国人旅行者の国・地域別の人数とシェア（2013 年 − 2016 年）を表したものである。

　2016 年、アジアの国・地域から訪れる旅行者数は約 2,043 万人で、全体の 85％と大きなシェアとなり年々拡大している。日本のインバウンドはアジアの人々を迎え入れることによって成立していることが分かる。とくに隣国である中国、韓国、台湾、香港の 4ヶ国・地域を合わせたシェアは 70％を超えている。距離的に遠い北アメリカ、ヨーロッパからの旅行者のシェアは合わせて 12％程度となっている。

　2016 年の全体の伸び率は 21.8％と 2015 年の数値ほどではない

が、大きく伸びている。主要出発国・地域においては、ロシアを除き2桁の伸びを示している。特に、中国、韓国だけではなく、東南アジアのインドネシア、フィリピン、マレーシア、ベトナムの伸長が際立っている。

　2016年に日本を訪れた旅行者数が最も多かった国は中国で、637万人と過去最高を記録し、シェアは全体の1/4以上を占めている。この3年間毎年驚異的な伸び率で2013年の約5倍となった。2位は韓国からの509万人で初めて500万人を超え、伸び率も相変わらず高く全体のシェアも2割を超えている。3位は台湾で400万人を超え、着実に伸びている。4位は香港で200万人に迫る勢いであった。5位は日本と関わりが深いアメリカで2015年に100万人を超えたがさらに大きく伸びた。この東アジアの隣国である4ヶ国・地域とアメリカが100万人を超えていて、順位の変動はあったが不動のベスト5で全体の3/4以上を占めている。

　6位以下は、タイ、オーストラリア、マレーシア、シンガポール、フィリピンと続く。ヨーロッパはベスト10に入らなかったが、11位イギリス、14位フランスが20万人を超え、ドイツが続いている。

図表 1-6　訪日外国人旅行者数 国・地域別人数・シェア(2013 年-2016 年) （人）

順位	国・地域	2016 年 人数	2016 年 伸び率	2015 年 人数	2015 年 伸び率	2014 年 人数	2014 年 伸び率	2013 年 人数	2016 年 シェア	2015 年 シェア	2014 年 シェア
	総数	24,039,053	21.8%	19,737,409	47.1%	13,413,467	29.4%	10,363,904	100.0%	100.0%	100.0%
	アジア計	20,428,224	22.7%	16,645,843	53.9%	10,819,211	33.3%	8,115,789	85.0%	84.3%	80.7%
1	中国	6,372,948	27.6%	4,993,689	107.3%	2,409,158	83.3%	1,314,437	26.5%	25.3%	18.0%
2	韓国	5,090,302	27.2%	4,002,095	45.3%	2,755,313	12.2%	2,456,165	21.2%	20.3%	20.5%
3	台湾	4,167,504	13.3%	3,677,075	29.9%	2,829,821	28.0%	2,210,821	17.3%	18.6%	21.1%
4	香港	1,839,189	20.7%	1,524,292	64.6%	925,975	24.1%	745,881	7.7%	7.7%	6.9%
6	タイ	901,458	13.1%	796,731	21.2%	657,570	45.0%	453,642	3.7%	4.0%	4.9%
8	マレーシア	394,262	29.1%	305,447	22.4%	249,521	41.4%	176,521	1.6%	1.5%	1.9%
9	シンガポール	361,804	17.2%	308,783	35.5%	227,962	20.4%	189,280	1.5%	1.6%	1.7%
10	フィリピン	347,860	29.6%	268,361	45.7%	184,204	70.0%	108,351	1.4%	1.4%	1.4%
13	インドネシア	270,947	32.1%	205,083	29.2%	158,739	16.0%	136,797	1.1%	1.0%	1.2%
15	ベトナム	233,763	26.1%	185,395	49.2%	124,266	47.1%	84,469	1.0%	0.9%	0.9%
17	インド	123,007	19.3%	103,084	17.2%	87,967	17.1%	75,095	0.5%	0.5%	0.7%
	ヨーロッパ計	1,422,032	14.2%	1,244,970	18.7%	1,048,731	16.0%	904,132	5.9%	6.3%	7.8%
11	イギリス	292,457	13.1%	258,488	17.5%	220,060	14.7%	191,798	1.2%	1.3%	1.6%
14	フランス	253,445	18.3%	214,228	20.0%	178,570	15.3%	154,892	1.1%	1.1%	1.3%
16	ドイツ	183,287	12.2%	162,580	15.9%	140,254	15.2%	121,776	0.8%	0.8%	1.0%
18	イタリア	119,252	15.6%	103,198	28.1%	80,531	19.8%	67,228	0.5%	0.5%	0.6%
20	スペイン	91,849	19.0%	77,186	27.5%	60,542	36.2%	44,461	0.4%	0.4%	0.5%
23	ロシア	54,838	0.9%	54,365	-15.2%	64,077	5.9%	60,502	0.2%	0.3%	0.5%
	北アメリカ計	1,570,400	19.8%	1,310,606	17.8%	1,112,317	13.3%	981,981	6.5%	6.6%	8.3%
5	アメリカ	1,242,702	20.3%	1,033,258	15.9%	891,668	11.6%	799,280	5.2%	5.2%	6.6%
12	カナダ	273,211	18.1%	231,390	26.5%	182,865	19.7%	152,766	1.1%	1.2%	1.4%
	オセアニア計	505,541	17.8%	429,026	23.5%	347,339	21.9%	284,886	2.1%	2.2%	2.6%
7	オーストラリア	445,237	18.4%	376,075	24.3%	302,656	23.8%	244,569	1.9%	1.9%	2.3%
	南アメリカ計	77,985	5.1%	74,198	30.5%	56,873	13.9%	49,930	0.3%	0.4%	0.4%
	アフリカ計	33,770	5.8%	31,918	12.6%	28,336	6.1%	26,697	0.1%	0.2%	0.2%

資料：日本政府観光局 （JNTO） 資料より作成

※ビジットジャパン事業重点市場の国・地域を記載。

「計」数値は他の国・地域の数値も含むものである。

22　第1章　インバウンドの現状

■国・地域別訪日外国人旅行者数－月別

　図表 1-7 は、2016 年の月別の国・地域別訪日外国人旅行者数である。外国人旅行者がいつ日本を訪れているかが分かる。近年は季節に偏らず観光地や街かどで外国人旅行者を見かけることが多くなった印象を裏づけるように、全体を見ると平準化され各月 200 万人程度が訪れていることが分かる。季節による変動が激しい日本人旅行者数と比較すると旅行業界にとってはメリットのある旅行行動と言える。

　旅行者の最も多い月は夏休みの 7 月で、気候の良い 10 月、4 月と続く。しかし、下表の網掛けは各国のベスト 3 となる月を表したものだが、それぞれの国の休暇制度、旅行習慣の違いによりピークが異なることが分かる。また日本人旅行者のピーク期となる日本の夏休みの 8 月に集中が見られないのもインバウンドの特徴と言える。

4. インバウンドの現状 - 国・地域別概況 -

■中国

　2016年の訪日旅行者数は約637万人で過去最高を記録、初めて600万人を超えた。FIT（個人旅行）および大型クルーズ客船による需要の高まりと航空路線の拡充を背景に、年間を通して毎月40万人以上の訪問が続き、全ての月で同月過去最高を更新し、7月には全市場で初めてとなる単月70万人を記録した。2月頃の春節（旧

図表1-7　訪日外国人旅行者数　国・地域別・月別（2016年）

	1月	2月	3月	4月	5月
全体	1,851,895	1,891,375	2,009,550	2,081,697	1,893,574
中国	475,115	498,903	498,053	514,866	507,095
韓国	514,889	490,845	374,057	353,660	302,088
台湾	320,963	348,971	328,400	384,165	375,475
香港	125,012	151,836	160,954	127,245	140,046
タイ	61,115	61,315	99,692	130,992	84,919
マレーシア	19,843	29,915	38,223	38,038	36,560
シンガポール	15,086	20,354	32,964	30,576	29,250
フィリピン	18,848	18,509	37,525	41,949	36,871
インドネシア	13,735	11,966	26,828	31,169	21,053
ベトナム	14,792	17,599	23,211	34,134	16,377
インド	9,637	7,155	9,723	11,583	13,643
イギリス	17,616	20,057	34,746	28,499	24,048
フランス	12,077	14,502	22,122	33,978	23,250
ドイツ	9,659	11,279	21,113	18,048	16,646
イタリア	5,149	5,374	10,687	12,017	9,389
スペイン	3,017	3,028	8,701	6,422	6,196
ロシア	4,257	3,202	4,934	5,421	4,108
アメリカ	75,909	67,616	116,207	114,153	111,980
カナダ	17,681	17,492	26,622	23,079	24,092
オーストラリア	56,075	35,858	41,763	39,658	29,811

資料：日本政府観光局（JNTO）資料より作成　※網掛けは各国・地域のベスト3の月

正月）と10月の国慶節という長期休暇以外の需要を捉えた。

■韓国

　2016年の訪日旅行者数は約509万人で過去最高を記録、初めて500万人を超えた。韓国の海外旅行者数全体の増加傾向や、相次ぐLCC（格安航空会社）の新規就航に伴う座席供給量の拡大などを背景に、1月は単月で初めて50万人を超えた。1月以降、毎月30〜40万人台の旅行者数が安定して続いた。韓国は冬休みが12月下旬

（人）

6月	7月	8月	9月	10月	11月	12月	累計
1,985,722	2,296,451	2,049,234	1,918,246	2,135,904	1,875,404	2,050,648	24,039,700
582,452	731,386	676,966	522,302	506,162	432,802	427,462	6,373,564
347,365	447,008	458,927	430,614	449,555	426,918	494,376	5,090,302
397,840	397,002	333,242	347,522	354,457	300,739	278,736	4,167,512
163,103	184,630	159,340	130,937	153,971	152,346	189,773	1,839,193
47,898	61,253	34,660	44,673	98,276	80,327	96,405	901,525
20,879	24,960	15,534	25,895	36,696	44,428	63,297	394,268
32,574	17,960	12,069	21,923	29,860	43,323	75,868	361,807
27,621	20,306	17,385	20,817	36,708	30,004	41,318	347,861
22,896	26,692	12,837	17,831	23,260	21,853	40,894	271,014
16,736	18,584	17,206	19,252	24,696	18,126	13,050	233,763
11,955	9,625	9,336	10,097	11,522	11,151	7,512	122,939
20,315	24,721	21,451	24,693	32,022	23,489	20,801	292,458
16,659	26,962	23,669	17,297	30,035	17,399	15,499	253,449
12,025	14,489	14,186	16,857	22,874	15,399	10,713	183,288
8,100	10,867	18,385	9,767	12,531	8,581	8,404	119,251
6,061	11,232	15,071	9,191	11,012	6,169	5,749	91,849
3,545	4,700	4,312	4,485	6,464	4,983	4,428	54,839
125,353	117,636	88,783	96,808	119,477	103,761	105,036	1,242,719
18,915	22,928	21,890	22,097	29,736	24,039	24,642	273,213
30,192	29,133	19,392	41,134	37,667	33,125	51,524	445,332

から2月初旬であり、その需要を捉えた。

■台湾

2016年の訪日旅行者数は約417万人で過去最高を記録、初めて400万人を超えた。すべての月で同月過去最高を記録、台湾における海外旅行先の中で1月から10月まで連続して首位を保持した。年初から初夏に掛けLCCなど航空路線の拡充によりFITを中心に順調に推移した。

■香港

2016年の訪日旅行者数は約184万人で過去最高を記録した。年間を通して毎月10万人以上が訪日し、全ての月で同月過去最高を記録するなど好調が続いた。香港は春節、国慶節にも長期休暇があるが、クリスマス休暇のある12月が最多月になった。また、岡山、高松、米子への航空路線の新規就航により地方分散も進んだ。

■タイ

2016年の訪日旅行者数は約90万人で過去最高を記録した。年間最大の旅行シーズンであるソンクラーン（タイの旧正月）休暇のあった4月をはじめ、すべての月で同月過去最高を更新し、東南アジア市場からの訪日需要を牽引した。FITやリピーターが増加傾向にあり、訪日目的地の多様化も進みつつある。

■マレーシア

2016年の訪日旅行者数は約39万人で過去最高を記録した。日本各地への航空路線の就航・増便、航空会社各社のプロモーションなどにより、FITを中心に堅調に推移し、すべての月で同月過去最高となった。中華系に比べてまだ訪日旅行が一般的でないムスリム層の訪日意欲の向上が望まれる。

■シンガポール

　2016 年の訪日旅行者数は約 36 万人となり過去最高を記録した。2016 年は日本・シンガポール外交関係樹立 50 周年にあたる記念の年であった。さまざまなイベントの影響もあり、年間を通じて概ね堅調に推移し、12 月には単月過去最高となる 7.6 万人を記録した。

■フィリピン

　2016 年の訪日旅行者数は約 35 万人で過去最高を記録した。航空座席供給量の増加やフィリピン経済の安定など外部環境と訪日旅行プロモーションが奏功し、すべての月で同月過去最高となった。特に、長期休暇（聖週間）のあった 3 月末に訪日需要が集中し、その後は桜や紅葉、雪など四季のコンテンツが映える時期を中心に好調が続いた。

■インドネシア

　2016 年の訪日旅行者数は約 27 万人で過去最高を記録した。ルピア安や経済成長の鈍化、個人消費の低迷が続き、経済情勢が万全と言えない中、訪日旅行のピークシーズンであるレバラン（ラマダン明け大祭）休暇や学校休暇などの需要を吸収し、多くの月が前年比30％以上の伸びになった。

■ベトナム

　2016 年の訪日旅行者数は約 23 万人で過去最高を記録した。テト（旧正月）のある 2 月には前年同月比 85％を超える伸び率を記録。2 月の数次査証の発給要件緩和や、チャーター便および LCC の新規就航などが訪日意欲を喚起し、すべての月で同月過去最高となった。

■インド

　2016年の訪日旅行者数は約12万人で過去最高を記録した。2016年初めに数次査証の段階的な緩和措置が講じられた効果がでた。一方、11月上旬には高額紙幣の廃止が発表され、有効紙幣の不足による旅行控えなど訪日需要への影響が懸念されている。

■イギリス

　2016年の訪日旅行者数は約29万人で過去最高を記録した。英国経済の改善や安価な航空券の販売、訪日旅行プロモーションや旺盛なクルーズ需要なども後押しとなり、年間を通じて堅調に推移した。EU離脱が決定し、円高・ポンド安の影響も危惧されたが、2016年中に大きな影響は見られなかった。

■フランス

　2016年の訪日旅行者数は約25万人で過去最高を記録した。2015年11月にパリ市内で発生した連続テロを受け、海外旅行動向が注視されたが、訪日旅行者数については桜や紅葉の時期、夏季を中心に好調に推移し、すべての月で同月過去最高となった。

■ドイツ

　2016年の訪日旅行者数は約18万人で過去最高を記録した。不安定な世界情勢を背景に旅行先を選定する基準として安全が重視され、国内旅行への志向が高まるなどの傾向も一部見られたが、訪日旅行については堅調に推移しすべての月で同月過去最高となった。

■イタリア

　2016年の訪日旅行者数は約12万人で過去最高を記録した。イタリア人の旅行先として人気の高い地中海およびアフリカ諸国の政局不安などを受けて、安全な渡航先としての日本が選ばれたようだ。

訪日旅行者数はすべての月で同月過去最高となった。

■スペイン

　2016年の訪日旅行者数は約9万人で過去最高を記録した。スペイン経済の回復が海外旅行需要を後押しする中、10月には、約18年ぶりに日本とスペインを結ぶ直行便（イベリア航空の成田―マドリード線）が就航し、今後の訪日需要の押し上げが期待される。

■ロシア

　2016年の訪日旅行者数は約5万人で、前年とほぼ同一水準となった。経済制裁を受けたルーブルの下落やロシア経済の停滞により海外旅行需要は低迷し、訪日旅行市場にも影響を及ぼした。

■アメリカ

　2016年の訪日旅行者数は約124万人で過去最高を記録した。アメリカからアジアへの渡航者数が増加傾向にある中、訪日旅行者数は年間を通じ全ての月で2桁の伸びを維持するとともに、すべての月で同月過去最高を記録した。

■カナダ

　2016年の訪日旅行者数は約27万人で過去最高を記録した。夏季増便など航空路線の拡充と、これに伴う航空券価格の値下がりなどが訪日需要を支え、堅調に推移した。現地では、アニメや日本食など日本の文化にも注目が集まっており、訪日意欲が向上している。

■オーストラリア

　2016年の訪日旅行者数は約45万人で過去最高を記録した。航空座席の供給量やクルーズ旅行先としての需要の増加がスキーシーズンだけでなく、閑散期を含めた訪日需要全体を底上げし、すべて

の月で同月過去最高となった。

当項参考資料：日本政府観光局（JNTO）「2017.1 ニュースリリース」

02

第 2 章

インバウンドの
歴史と業務

Inbound Business Theory

1. インバウンドの歴史

■明治期

　明治期になり、日本を訪れる外国人旅行者が徐々に増加し、外国人向けの西洋式ホテルが各地に誕生する。神戸の「オリエンタルホテル」（1870 年）、東京の「帝国ホテル」（1890 年）などである。並行して、日光の「金谷ホテル」（1873 年）、箱根の「富士屋ホテル」（1878 年）、軽井沢の「万平ホテル」（1894 年）など、外国人が訪問する観光地、保養地にも西洋式ホテルが開業する。

　1893 年、外貨獲得を主な目的とした国際観光事業の必要性と有益性が注目され、銀行家の渋沢栄一が中心となり、外国人旅行者誘致のための組織「喜賓会（Welcome Society）」が設立される。訪日外国人旅行者をもてなす日本で最初の近代的組織であった。

　1912 年、外国人旅行者誘客促進、斡旋を目的とし官民合同の「ジャパン・ツーリスト・ビューロー（Japan Tourist Bureau）」（現在の JTB の前身）が設立された。

■大正〜終戦

　ジャパン・ツーリスト・ビューローは、欧米主要都市、中国大陸にも案内所、支部を設置した。あわせて、日本の国情・文化を紹介した各国語による宣伝物を作成、和英両文による機関紙『ツーリスト』を発刊する。1915 年、東京駅の案内所開設を契機に外国人専用乗車券の販売を開始した。また、訪日外国人向けの英ポンド、米ドルの旅行小切手の取り扱いも開始している。1914 年第 1 次世界大戦が勃発すると外国人旅行者数は伸び悩むが、戦後漸次回復し、大正期ではビューローの斡旋した外国人旅行者数はおよそ 25 万人に上った。

　昭和に入ると国際収支改善のため、国際観光に関する行政機関として、国際観光局、さらに国際観光協会が設立される。世界恐慌後

32　第 2 章　インバウンドの歴史と業務

の 1934 年、円の為替相場が暴落するが、訪日外国人にとっては好都合となりインバウンド・ブームを迎える。1936 年の訪日外国人数は 42,500 人、その消費額は 1 億 800 万円を記録し、インバウンドは綿織物や生糸、絹織物に次いで、外貨獲得額第 4 位の輸出産業となった。しかし、1937 年日中戦争の開戦以降、外国人旅行者は激減していく。

■戦後黎明期

　ジャパン・ツーリスト・ビューローは戦時中、東亜交通公社と改称されたが、戦後「財団法人日本交通公社（Japan Travel Bureau）」と変更し、「外客誘致ヲ為スヲ目的トス」を明確に掲げ始動する。行政も 1945 年に運輸省鉄道総局業務局に観光係を設置する。

　1947 年、貿易業務が再開され、ノースウエスト航空、パンアメリカン航空、アメリカン・プレジデント・ライン社の営業が開始され、同年横浜港に APL 社の世界一周旅行の参加客 72 名の乗った客船を受け入れる。その後も世界周遊旅客船での訪日がインバウンドの主流になる。

　1952 年 JTB はニューヨークに、翌年にはサンフランシスコに日本観光宣伝事務所を開設し、直接誘致活動を始める。1952 年、東京国際空港（羽田）が日本に返還され、翌 1953 年には航空機による来日客が大幅に増加し、同年の訪日外国人数は 75,000 人を超えた。

　1949 年、「通訳案内士法」を制定しガイドの国家資格を創設する。同年「国際観光ホテル整備法」が、1952 年、「旅行あっ旋業法」、同年「物品税施行規則の一部改正」により外国人向け土産品に対する免税措置が講じられた。

■戦後成長期

　1955 年頃になると世界的な好況、国際平和の進展、国際交通網

の発展、観光宣伝の普及などの要因に支えられ、国際旅行ブームが到来する。この年の訪日外国人旅行者は初めて10万人を突破する。

1955年、個人観光客に加えビジネス客、在日外国人の増加に伴い、JTBは外国人向けの「定期スペシャルツアー」として、日光ツアー、続いて鎌倉、箱根などを催行する。後の訪日外国人向けパッケージツアー「サンライズツアーズ」の基礎となる。

1959年、「国際観光振興協会」の前身となる「日本観光協会」が特殊法人として設立された。同年、太平洋線にジェット機が就航し、1963年には空港からの入国者が70％を超え、航空機全盛時代を迎えることになる。

1964年、アジア初のオリンピックが東京で開催された。この年、東京オリンピックに照準を合わせ、国内の観光インフラが整備される。東京—新大阪間に東海道新幹線が開業し、高速道路も整備され、羽田空港が拡充、東京モノレールが開業する。また、東京や大阪で大型の都市ホテルが次々に建設され、「第1次ホテルブーム」と言われた。

■大阪万博以降

1970年、世界77ヶ国という史上最多の国々が参加し6ヶ月間にわたる「日本万国博覧会」が大阪で開催され、数10万人におよぶ外国人観覧者が来日した。インバウンドの歴史の中で画期的な出来事であった。

東京オリンピック以降、一時低迷していたホテル建設も、1967年頃から万博を視野に入れて再び活況を呈し、「第2次ホテルブーム」となる。

1970年、大型旅客機ボーイング747、愛称ジャンボジェット機が世界中に就航する。大量輸送時代に突入し、航空運賃が低下する。日本人の海外旅行も急増し、1971年、海外旅行者数が訪日外国人旅行者数を追い抜いた。

1977 年にようやく訪日外国人旅行者数は 100 万人を達成する。その後も順調に右肩上がりで推移していったが、1985 年、ニューヨークでプラザ合意が発表されると為替は一気に円高に転じ、プラザ合意以前の 1 ドルのレート 260〜270 円が、合意 2 年後の 1987 年には 120 円までの円高となった。この円高傾向はその後も続きインバウンドの成長を鈍化させる原因となった。

2. インバウンド政策の変遷

■海外旅行倍増計画・外国人旅行者受入態勢の整備推進

明治の開国後、日本は外貨獲得と国際親善を目的としてインバウンドを重視してきた。戦後の外貨獲得は至上命令であり、朝鮮戦争以後ようやく順調な外貨獲得が行われるようになった。しかし、1980 年代になると大幅貿易黒字に転じ、以降貿易黒字の拡大は加速する。日本は大幅な経常収支の不均衡、黒字の是正と国際化の努力が求められるようになった。

1987 年、国際交流を促進するためにはアウトバウンドとインバウンドの両面で国レベルの振興策を打ち出すこととなった。「海外旅行倍増計画（テンミリオン計画）」と「外国人旅行者受入態勢の整備推進」である。

「海外旅行倍増計画」とは、前年 1986 年 500 万人だった日本人海外旅行者数を 5 年間で 2 倍の 1,000 万人にする計画である。結果、1990 年に予定より 1 年早く 1,000 万人を達成した。

一方、「外国人旅行者受入態勢の整備推進」は、国際観光モデル地区の整備、海外での宣伝活動強化、国際会議観光都市指定制度の創設などを行い、徐々にではあるが訪日外国人旅行者数も伸びはじめた。

■観光交流拡大計画－Two Way Tourism 21

1991 年、運輸省は 21 世紀を展望した新たな国際観光の振興のための行動計画として「観光交流拡大計画（Two Way Tourism 21）」を策定し、双方向の観光交流の拡大と海外旅行の質的向上を目指す施策を発表した。

インバウンド促進では、低廉な宿泊施設を紹介するウェルカム・イン予約センターの充実や国際交流村の整備、国際市民交流基盤施設の整備、ホテル・旅館の外国人旅行者接遇の充実、コンベンションの振興などを掲げた。

■ウェルカムプラン２１－訪日観光交流倍増計画

1994 年の日本人の海外旅行者数約 1,360 万人に対し、訪日外国人旅行者数は約 350 万人と 1/4 にすぎなかつた。1997 年、運輸省は「ウェルカムプラン 21（訪日観光交流倍増計画）」を策定。外国人旅行者を 2005 年までに 700 万人に増やす計画を発表した。経済効果の拡大だけでなく日本への理解の促進が目的である。これを実現するため、「外国人観光旅客の来訪地域の多様化による国際交流の振興に関する法律」（外客誘致法）を作り、「ウェルカム・カード」の発行や国際観光テーマルートなどの事業を推進した。

■新ウェルカムプラン２１

2000 年、「観光産業振興フォーラム」において「訪日外客倍増に向けた取り組みに関する緊急提言」が採択され、2007 年を目途に訪日外国人旅行者数 800 万人を目標とする「新ウェルカムプラン 21」が提案された。従来の「ウェルカムプラン 21」を充実強化させたものである。

■ビジット・ジャパン・キャンペーン（ＶＪＣ）

2003 年から開始した官民による外国人旅行者の訪日促進活動。

2010年に訪日外国人旅行者数を1,000万人にする目標を掲げた。キャンペーンでは、韓国・アメリカ・中国・香港・台湾・ドイツ・フランス・イギリス・オーストラリア・カナダ・タイ・シンガポール・インドネシア、マレーシアの14の国・地域を重点市場に選定。国際競争力のある国内観光地の整備、外国人向け旅行商品の開発、多言語で表記した案内などのインフラ整備、アジア諸国への査証（ビザ）発給条件の緩和、出入国手続の改善、拠点空港の整備、LCC（格安航空会社）の誘致などが推進された。訪日外国人旅行者数は、2008年のリーマンショックや2011年の東日本大震災の影響で落ち込み、当初目標の1,000万人を達成したのは2013年であったが以後訪日旅行者誘致は加速した。

■ビジット・ジャパン事業（ＶＪ）

　訪日外国人旅行者のさらなる増加を目的とした訪日プロモーション事業。VJCの対象重点市場にフィリピン・ベトナム・インド・イタリア・ロシア・スペインの6ヶ国を加え、20の国・地域を重点市場としている。日本政府観光局（JNTO）を中心に官民一体となり取り組んでいる。

3. インバウンド業務

■インバウンド業務のビジネスモデル

　図表2-1は、インバウンド業務のビジネスモデルを表したものである。インバウンドの市場は海外にあり、海外の各国の人々が観光やビジネスなどで日本に来ることでビジネスが成り立っている。

　世界各国にある旅行会社は、日本を訪れる旅行商品を造成して自国内で販売したり、旅行者の要望に応じて手配を行う。日本の旅行会社は海外の旅行会社からの依頼を受け、企画やコンサルティングを行い、ホテル、旅館、レストラン、鉄道、航空、バス、イベン

ト、観光施設、通訳ガイドなどの予約、手配を行い、これらを提供することにより対価を得る。この日本側旅行会社の役割はランドオペレーター、ツアーオペレーターと呼ばれる。

図表2-1　インバウンド業務のビジネスモデル

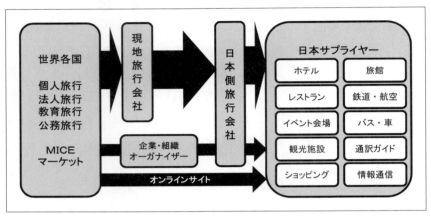

資料：JTB グローバルマーケティングトラベル作成の図を筆者改変

　2013年、日本旅行業協会（JATA）は、訪日外国人旅行者に対し旅行の品質を保証するという目的で、「ツアーオペレーター品質認証制度」を発足させている。訪日旅行の分野は国内旅行や海外旅行に比べ法制度が遅れているため、旅行を取り扱う旅行会社のレベルの差が生じており、この状況を是正するために作られたものである。
　その他に、企業や組織が海外の旅行会社を通さずに、直接日本の旅行会社に旅行手配を依頼する流れもある。旅行を依頼する企業や組織を「オーガナイザー」と呼ぶ。もうひとつの流れがオンライン予約である。海外向けに作られたインターネットサイトに、世界各国の旅行者が直接アクセスし、日本のホテル、旅館やツアーなどを予約するケースで、需要が急増している。
　訪日外国人旅行全体の中で、日本の主要旅行会社が取り扱っているシェアは極めて小さい。

■インバウンド業務の対象となる主要旅行形態

①観光

観光目的で日本を訪問する旅行。年間を通して訪日している。

②SIT（Special Interest Tour）

特定の活動に特化した目的で日本を訪問する旅行。伝統芸能、バードウォッチング、日本料理、健診・治療などテーマは多岐にわたる。

③業務旅行

業務を目的として日本を訪問する旅行。欧米諸国に多い。

④教育旅行

学校行事や学生個人単位で参加する旅行もある。

⑤クルーズ

外国クルーズ客船に乗船している旅行者の日本国内寄港地における観光を取り扱う。一気に 1,000 人を超える旅行者を取り扱うのが特徴である。

⑥MICE

ビジネストラベルの一形態。参加者が多いだけでなく、一般の観光旅行に比べ消費額が大きいことが特徴である。

4. インバウンドに関わる法律

■旅行業法

旅行業法とは、旅行業者の業務の適正な運営を確保し、旅行業務に関する取引の公正の維持、旅行の安全の確保、旅行者の利便の増

進を図ることを目的とする法律である。旅行者の保護が大きな要素
となっている。

　旅行業者の観光庁（都道府県知事）への登録、営業保証金の供
託、旅行者との取引額の報告、旅行業務取扱管理者の選任、旅行業
約款の決定、誇大広告の禁止、罰則規定などが設けられている。な
お、旅行業者は業務の範囲により、第一種旅行業者、第二種旅行業
者、第三種旅行業者、地域限定旅行業者、旅行業者代理業者に区分
されている。

　第一種旅行業者は、海外国内の募集型企画旅行（パッケージツ
アー）の企画・造成・実施を含め、すべての旅行業務を行うことが
できる。第二種旅行業者は海外の募集型企画旅行の企画・造成・実
施以外の旅行業務を行うことができる。第三種旅行業者は、原則と
して、海外国内の募集型企画旅行の企画・造成・実施をすることは
できないが、それ以外の旅行業務を行うことができる。ただし、営
業所の存する市町村およびこれに隣接する市町村の区域で催行する
募集型企画旅行の企画・造成・実施は可能である。地域限定旅行業
者は、募集型企画旅行、受注型企画旅行、手配旅行の催行区域が、
営業所が存する市町村およびこれに隣接する市町村の区域内に設定
されることが条件となる。取扱範囲が狭くなるほど、そに付随し
て、保有資産額に関する登録要件や営業保証金の供託義務が緩和さ
れる仕組みになっている。

着地型旅行普及の観点からの旅行業法の改正

　2013 年に地域限定旅行業を創設してからも、地域限定旅行業の
普及は十分に進んでいるとはいえない。インバウンドの地方誘致を
進展させる上で、地域限定旅行業のさらなる普及拡大が望まれ、こ
れを通して、着地型旅行に対応できるよう、2017 年に以下の法改
正がなされた。

40　第2章　インバウンドの歴史と業務

①旅行業務取扱管理者の資格要件の緩和

「地域限定旅行業務取扱管理者」を創設することで、特定地域の旅行商品のみを取り扱う営業所での資格条件を緩和した。従来、こうした営業では総合旅行業務取扱管理者、国内旅行業務取扱管理者の選任が必要であったが、特定地域の旅行商品の提供に必要な知識のみを問う「地域限定旅行業務取扱管理者試験」の合格者である「地域限定旅行業務取扱管理者」の選任だけで十分となった。

②旅行業務取扱管理者の選任基準の緩和

旅行業務取扱管理者を営業所ごとに1人以上選任するとした基準であったのが、複数の営業所が近接している場合には、複数の営業所を通じて1人の旅行業務取扱管理者を選任すれば足りることになった。

上記①、②の改正により、旅行業務取扱管理者の選任義務に対する負担が軽減されるため、地域限定旅行業として旅行ビジネスへの参入が従来に比べ容易となる。

ランドオペレーターの適正化の観点からの旅行業法の改正

ランドオペレーターとは、旅行会社と交通、宿泊などのサービス提供機関との間で、ホテル、バス、レストラン、ガイドなどの地上のサービスの手配を行う業者のことであり、地上手配業者とも呼ばれている。ランドオペレーターは、旅行者ではなく旅行業者の依頼を受けて手配を行うため、旅行業務とは異なった位置づけをされ、現行の旅行業法の規制が及んでいなかった。このため、多発するバス事故や訪日旅行の悪質な手配業者を生む原因の一つとなっていた。

今回の法改正では、これを規制することを目的とし、これまで規制の対象外だったランドオペレーターを「旅行サービス手配業」とし観光庁への登録を義務づけた。また、営業所ごとに「旅行サービス手配業務取扱管理者」を選任しなければならない。さらに、原則

として、旅行サービス手配業に関して契約を締結する際は、相手方に書面を交付することが義務づけられた。

■旅館業法

　旅館業法とは、旅館業の業務の適正な運営を確保することにより、旅館業の健全な発達を図るとともに、旅館業の分野における利用者の需要の高度化および多様化に対応したサービスの提供を促進することを目的とする法律である。旅館業を経営しようとする者は、都道府県知事等の許可を受ける必要がある。旅館業とは、ホテル営業、旅館営業、簡易宿所営業、下宿営業の4つに分類されている。

　訪日外国人旅行者が急増する中、住宅を活用して宿泊サービスを提供する民泊サービスが日本においても急速に普及し始めている。その背景には急速な宿泊需要の拡大により、宿泊供給がそれに追いついていないことがある。現行の旅館業法では、個人が旅館業の許可（簡易宿泊所営業）を取得するか、特区民泊の認定を受けるといった方法により、宿泊供給を満たす以外にない。そこで、2017年に国会で成立したのが民泊新法（住宅宿泊事業法）である。これにより、住宅を活用した宿泊サービスが全面的に解禁されることとなった。

■民泊新法（住宅宿泊事業法）

　住宅宿泊事業法とは、訪日外国人旅行者が急増する中、多様化する宿泊ニーズに対応して普及が進む民泊サービスについて、その健全な普及を図るため、事業を実施する場合の一定のルールを定めた法律である。その背景には、民泊サービスが世界各国で展開されており、我が国でも急速に普及していること、急増する訪日外国人旅行者のニーズや大都市部での宿泊需給の逼迫状況を解消することなどがある。住宅宿泊事業に係る届出制度、住宅宿泊管理業に係る登録制度、住宅宿泊仲介業に係る登録制度などが規定されている。同

法は 2017 年 5 月に国会で成立し、2018 年 1 月の施行を目指している。

■通訳案内士法

　通訳案内士法とは、通訳案内士の資格制度を定めた法律である。通訳案内士とは「報酬を得て外国人に付き添い、外国語を用いて、旅行に関する案内を行うことを業とする者」で、観光庁長官の行う通訳案内士試験に合格し、都道府県知事の登録を受けなければならないと定められている。

　2017 年 5 月に、通訳ガイドの量的確保を目的として、その改正法が、国会で成立した。伸長するインバウンドにこたえることが大きな目的の 1 つである。

　通訳案内士法の歴史は古く、これまでさまざまな制度が導入されてきた。その 1 つが「地域ガイド制度」である。通訳案内士登録者は、東京、神奈川、大阪など都市部に集中する一方、地方部では不足する傾向にあり、この格差を解消することが狙いであった。地域ガイド制度は、2006 年に導入された「地域限定通訳案内士」と、2012 年に導入された「特例通訳案内士」の 2 つの資格を設けていた。

　「地域限定通訳案内士制度」は、都道府県の区域内に限定して通訳案内が行える「地域限定通訳案内士」の資格を認めるもので、その試験実施主体は都道府県が担う制度である。しかし、都道府県の希望により実施する仕組みだったため、期待したほど、その普及が進まなかった。

　一方、「特例通訳案内士」は、地域限定通訳案内士制度とは異なり、都道府県の枠にとらわれず、資格取得の実施を特例適用区で行えるもので、従来のように試験ではなく、研修を受けることで資格取得できる制度である。2014 年 4 月現在、全国 20 地域で導入されている。

　しかし、こうした制度を実施しても、増大し続けるインバウンド

には十分こたえられない状況にあったため、今回の法改正に至ったのである。

インバウンド拡大対応の観点からの通訳案内士法の改正
①業務独占から名称独占へ

通訳案内士法の大きな改正ポイントは、「業務独占から名称独占へ」と規制が見直されたことである。

通訳案内士以外の者は、報酬を得て、通訳案内を行うことを業として行うことができない、いわゆる「業務独占」であったが、改正後は、「業務独占」ではなく、「名称独占」として規制が改められた。これに伴い、通訳案内士でない者が通訳案内士という名称や、それに類似する名称を用いてはならないことになったが、その反面、「通訳案内士」（それに類似する名称も含む）という名称を用いなければ、資格がなくても通訳案内が可能がとなった。これにより、急増するインバウンド需要にこたえられると期待されている。

②地域通訳案内士の創設

従来の通訳案内士法では、全国対応を前提とした通訳士が定められる一方、特別法では地域限定の「地域限定通訳案内士」と「特例通訳案内士」が認められていた。改正後は、新たに「地域限定通訳案内士」の資格制度を創設し、既存の地域限定通訳案内士と特例通訳案内士を一本化する。新しく創設された「地域限定通訳案内士」と区別するため、これまで全国対応を前提とした通訳案内士は、「全国通訳案内士」という名称に変更される。

なお、法改正によって規制緩和がなされる一方、通訳案内士の質の向上を図るため、全国通訳案内士に対し、試験科目を追加するとともに、定期的な研修の受講が義務づけられる。

■国際観光ホテル整備法

　国際観光ホテル整備法は、ホテルその他の外国人旅行者宿泊施設についての登録制度や外国人旅行者に対する登録ホテル等に関する情報提供を促進するための措置等について規定した法律である。ホテル・旅館を営む者が、観光庁長官の登録を受けた登録実施機関が行う登録を受ける。登録条件には、客室数や館内施設、外国人旅行者に対応した館内掲示などのハード面と外国語会話能力を有した「外客接遇主任者」の選任などソフト面がある。登録施設数はホテル944施設、旅館1,500施設、合計2,444施設ある。（観光庁・2017年6月末現在）。

■外客旅行容易化法

　正式名は「外国人観光旅客の旅行の容易化等の促進による国際観光の振興に関する法律」。

　都道府県による外国人旅行者の来訪促進地域の整備や、宿泊その他の旅行費用の低廉化措置に加え、交通機関による多言語の情報提供や地域限定通訳案内士による通訳案内など外国人旅行者に対する接遇の向上を図り、外国人旅行者の旅行の容易化を促進することで、国際観光の振興を図ることを目的とした法律。

■コンベンション法

　コンベンション法とは、国際観光交流を拡大する方策として、国際コンベンションを振興するための法律。正式名は、「国際会議等の誘致の促進及び開催の円滑化等による国際観光の振興に関する法律」。

　コンベンション法の目的は、日本国内における国際会議等の開催を増加させるため国際会議等の誘致促進を図り、それに伴う観光その他の交流の機会を充実させることにある。具体的な目的は外国人の会議参加者およびその同伴者による観光経済効果である。国際会

議等の誘致を促進するための活動は日本政府観光局（JNTO）が担うとされている。

■ IR推進法

　IR推進法とは、2016年12月に成立した「特定複合観光施設区域の整備の推進に関する法律」の通称である。統合型リゾート施設の整備の推進に関する法律であり、日本では法律で禁止されているカジノの法制度化が含まれているため、カジノ解禁法、カジノ法などと呼ばれることもある。IR推進法は、IR推進の目的や基本方針などを定めたいわゆるプログラム法であり、具体的な法制上の措置は、別の法律、「特定複合観光施設区域整備法案」（IR実施法）において定められる予定である。

　IR（Integrated Resort）とは、統合型リゾートのことで、カジノだけでなく、国際会議場・展示施設などのMICE施設、ホテル、劇場・映画館、ミュージアムに加え、ショッピング施設、レストラン、アミューズメントパーク、スポーツ施設のほか、温浴施設などと一体になった複合観光集客施設のことである。マカオやシンガポールなど、近年、統合型リゾートを設置した海外都市が国際的な観光拠点となる中、日本においても統合型リゾートが外国人旅行者を集める有力な観光施設の1つであるとして注目されてきた。

　今後、地方公共団体の申請に基づき、国により、IRが設置できる区域であるIR区域が認定される。国からIR区域の認定を受けた地方自治体は、当該IR区域においてIRを整備、運営する民間事業者を公募により選定することが見込まれている。

　IR開業は、当初想定していた2020年の東京オリンピック・パラリンピック開催時には間に合わない可能性が高くなっており、むしろ、その後のインバウンド促進、観光振興の柱となることが期待されている。

　IRは、国内外からの旅行者の誘致やMICEの振興をはじめ、カ

ジノ税収入など新規財源の創出のほか、地域の経済波及効果や雇用促進に寄与することが期待される一方、ギャンブル依存症を助長したり、犯罪を生む原因になるなど、カジノ開設による弊害も懸念されている。

■エコツーリズム推進法

エコツーリズム推進法は、エコツーリズムを推進するための枠組みを決めた法律。地域の自然環境の保全に配慮をし、地域ごとの創意工夫を生かしたエコツーリズムを通して、自然環境の保全、観光振興への寄与、地域振興への寄与、環境教育への活用を推進するものである。この法律では、自然環境と密接に関係する風俗慣習などの伝統的な生活文化も自然観光資源として認めている。エコツーリズムは世界の観光の潮流となっておりインバウンド拡大に大きな要素となる可能性が大きい。

■観光圏整備法

観光圏整備法とは、観光地が広域的に連携した「観光圏」の整備に関する法律。正式名は「観光圏の整備による観光旅客の来訪及び滞在の促進に関する法律」。観光圏とは、自然・歴史・文化において密接な関係のある観光地を一体とした区域のことを指し、区域内の関係者が連携し、地域の幅広い観光資源を活用して、国内外の旅行者が2泊3日以上滞在できる、国際競争力の高い魅力ある観光地づくりを推進する。

観光圏整備実施計画が認定されると、交付金の交付、法律の特例の適用などさまざまな支援を受けることができる。一例として、国土交通大臣の認定を受けた滞在促進地区内の宿泊業者（ホテル・旅館等）が、観光圏内における宿泊者の旅行について、旅行業者代理業を営むことができる（観光圏内限定旅行業者代理業）。

■インバウンドに関わるさまざまな法律

　さまざまな観光政策に基づき、国や地方自治体が観光行政に取り組む際の根拠となるのが法律である。図表 2-2 はその主な法律である。

図表 2-2　インバウンドに関わるさまざまな法律

観光の事項	主な法律
観光行政の基本	観光立国推進基本法
旅行取引	旅行業法・景品表示法など
海外旅行	旅券法・出入国管理及び難民認定法・関税法など
訪日外国人旅行	旅券法・出入国管理及び難民認定法・関税法・外国為替及び外国貿易法・通訳案内士法 国際観光事業の助成に関する法律・コンベンション法 外国人観光旅客の旅行の容易化等の促進による国際観光の振興に関する法律など
宿泊施設	国際観光ホテル整備法・旅館業法・食品衛生法・建築基準法・公衆浴場法・消防法など
交通機関	鉄道事業法・港湾法・道路法・道路運送法・航空法など
観光資源	自然公園法・自然環境保全法・森林法・海岸法・河川法・温泉法・文化財保護法 古都保存法・景観法・国土利用計画法・国土形成計画法・総合保養地域整備法（リゾート法） 都市公園法・農山漁村余暇法・エコツーリズム推進法・観光圏整備法など
休日・休暇	国民の祝日に関する法律・労働基準法など

5. インバウンドと日本政府観光局

■日本政府観光局

　日本政府観光局とは観光庁が所管する訪日外国人旅行者誘致を目的とする機関である。正式名称は「独立行政法人 国際観光振興機構（Japan National Tourism Organization）」で略称は「JNTO」である。国際観光振興機構法により設置された日本の正式な政府観光局として、インバウンド事業を推進する中核的な組織である。

「海外における観光宣伝、外国人観光旅客に対する観光案内その他外国人観光旅客の来訪の促進に必要な業務を効率的に行うことにより、国際観光の振興を図る」ことを目的として、インバウンドの振興を通じて、「観光立国」の実現を目指している。主な事業活動は以下のとおりである。

■ビジット・ジャパン事業

ビジット・ジャパン事業（VJ）は、訪日外国人旅行者の増加を目的とした訪日プロモーション事業で、日本政府観光局が各市場の最前線で中核的な役割を担っている。

VJ事業対象市場は韓国、台湾、中国、香港、タイ、シンガポール、マレーシア、インドネシア、フィリピン、ベトナム、インド、オーストラリア、アメリカ、カナダ、イギリス、フランス、ドイツ、ロシア、イタリア、スペインで、各国・地域、都市で訪日プロモーション活動を行っている。

活動方針として、①各市場のターゲットシーズンを定め、年間を通じた訪日需要の創出、②全世界を対象としたデスティネーションキャンペーンの実施などによる地方への誘客、③欧米豪旅行者や富裕層などを強化ターゲットにするとしている。

また、魅力ある訪日旅行商品の企画・開発・販売の支援、海外現地メディアを通じた情報発信、ウェブサイトやSNSを通じた訪日観光情報の提供、外国語ツールによる情報発信などの活動にも取り組んでいる。

■MICE誘致・開催支援

MICE（マイス）とは、Meeting（会議・研修）、Incentive travel（報奨旅行）、Conference／Convention（国際会議・大会）、Exhibition／Event（展示会・見本市・イベント）の4つの頭文字を合わせた造語。ビジネストラベル、ビジネスイベントの総称。一度

の参加者が多く、一般の観光旅行に比べ消費額が大きいことなどから、MICE誘致に取り組む国・地域は多い。経済波及効果が大きく、ビジネス・イノベーションの機会を創造し、国・都市の競争力を向上させる効果があるとされている。

日本政府観光局は国際会議などの誘致・開催推進、国内の会議主催者への支援、国際会議観光都市への支援などを実施している。

■受入環境整備・向上の支援

日本政府観光局は訪日外国人旅行者の受け入れ環境整備に取り組んでいる。具体的には外国人観光案内所（ツーリスト・インフォメーション・センター：TIC）の運営、外国人観光案内所の認定・サポート、外国人受入接遇研修、通訳案内士試験の実施、グッドウィルガイド（善意通訳普及運動）などを実施している。

外国語による観光パンフレットやガイドブック、地図の制作も行っている。また、外国人旅行者が一人でも旅行しやすいように、テーマ別の観光スポットを取りまとめた資料や、旅行に必要な会話を掲載した筆談集も配布している。

■海外拠点

現地事務所として、旅行会社・メディアとの日常的な連携、現地市場のマーケティング情報の収集・分析、現地消費者に対する情報発信を実施しているのが海外事務所である。ソウル、北京、上海、香港、ジャカルタ、シンガポール、バンコク、ハノイ、クアラルンプール、デリー、シドニー、ニューヨーク、ロサンゼルス、トロント、ロンドン、フランクフルト、パリ、モスクワ、ローマ、マドリードの20都市に設置されている。（2017年3月現在）

6. インバウンドと地域組織

■観光協会

　拡大するインバウンドの需要を地域が取り込むこと、すなわち多くの訪日外国人旅行者が地域を訪れることが、地域活性化につながる。地域においてもインバウンド誘致の活動は始まっている。地域においてその推進主体となっているのが観光協会である。

　観光協会とは観光地と呼ばれる地域内の観光振興を目的とした観光事業者で、都道府県単位の協会および市町村単位の協会がある。都道府県単位のものについては、「〇〇県観光協会」のほか、「観光連盟」「観光コンベンション協会」「観光コンベンションビューロー」などと称しているところもある。

　コンベンションビューローとは、自治体だけでなく民間企業も参加し、国内外から国際会議をはじめとした MICE を誘致する組織のことである。かつては国際会議の誘致を専門に行っていたが、近年は広く観光旅行者の誘致も欠かせないことから、「コンベンション＆ビジターズ・ビューロー」と称するところもある。

　基本的に観光協会は地域の観光振興を目的に国内旅行者を対象としてきたが、インバウンドの拡大に伴い、外国人旅行者の受入体制整備などインバウンド誘致に向け積極的な取組みを始めている。

■観光協会の課題

　観光協会は地域の観光振興に一定の役割を果たしてきたが、時代の変化や旅行者ニーズの多様化、とくにインバウンドの拡大などにより、課題も出てきた。旅行者のニーズを充足できない、自治体の外郭機関として民間企業、団体などへの公平な取り扱いを重視する、前例踏襲型の活動、2〜3 年単位で異動する自治体からの出向者が中心、観光の専門職が少ない、自治体の地理的範囲内での活動になりがち、などの課題である。

■DMO

DMO（Destination Management Organization）とは、観光施設、自然、食、芸術・芸能、風習、風俗など当該地域にある観光資源に精通し、地域と協同して観光まちづくりを行う法人のことである。欧米ではすでに実践されている観光施策で、直訳すればDMOとは「旅行目的地をマネジメントする組織」という意味になる。「地域がインバウンドツーリズムを主導していくシステム」ということもできる。

また、DMC（Destination Management Company）とは、来訪者の実際の手配や体験を提供する、地域に特化した旅行会社のことである。

■日本版DMO

地域創生、地域活性化のために国は「日本版DMO」を推進している。観光庁によると日本版DMOとは、「地域の『稼ぐ力』を引き出すとともに地域への誇りと愛着を醸成する『観光地経営』の視点に立った観光地域づくりの舵取り役として、多様な関係者と協同しながら、明確なコンセプトに基づいた観光地域づくりを実現するための戦略を策定するとともに、戦略を着実に実施するための調整機能を備えた法人」のこととしている。

地域の現状、いわゆる観光協会方式の、関係者の巻き込みが不十分、データの収集・分析が不十分、民間的手法の導入が不十分という課題に対応した新しい地域の観光振興の組織づくり提案である。現在、日本版DMO候補法人として100件以上（2017年3月）が登録されている。登録を行った法人およびこれと連携して事業を行う関係団体に対して、関係省庁が支援を行うとしている。

日本版DMOの特徴は、複数地域の連携、共通コンセプト、民間主導という点であり、新しい観光プラットフォームといえよう。地域のインバウンド誘致のみが目的の観光施策ではないが、地域が伝

えたい魅力を世界に発信するために、また、旅行者を地域が一体となって受け入れる体制を作るためにも、インバウンド誘致・受入に欠かすことのできない地域の組織となるだろう。

7. インバウンドと関連諸団体

■世界観光機関 (World Tourism Organization : UNWTO)

　各国政府を正会員とする観光分野における世界最大の国際機関である。観光を通じて、国際間の理解、平和および繁栄に寄与するため、また、性、言語または宗教の違いで差別することなく、すべての者のために人権および基本的自由を普遍的に尊重し遵守することに寄与するため、観光を振興し発展させることを目的としている。1975年に発足し、本部をマドリードに置く。2003年には国際連合の専門機関となる。加盟国157ヶ国、加盟地域6地域、500以上の賛助会員（2016年現在）により活発な活動を行っている。

■アジア太平洋経済協力会議 (Asia-Pacific Economic Cooperation : APEC)

　環太平洋地域における多国間経済協力を進めるための非公式な枠組みである。観光については観光ワーキンググループが、APEC域内の環境と調和した持続可能な観光開発や観光分野の経済的障壁などについて討議している。

■太平洋アジア観光協会 (Pacific Asia Travel Association : PATA)

　1952年に設立された、太平洋アジア地域各国の旅行事業者の国際的な組織。主な事業は、共同宣伝を主体としたマーケティング活動、自然や環境保護に対する調査、観光施設の開発・整備促進などがある。域内の相互観光交流の促進も重要な目的。事業本部はサンフランシスコ、運営本部はバンコクにある。

■国際機関日本アセアンセンター（ASEAN-JAPAN CENTRE）

　ASEAN 加盟国政府と日本国政府の協定によって 1981 年に設立された国際機関、正式名称は「東南アジア諸国連合貿易投資観光促進センター」という。日本と ASEAN 諸国間の「貿易」「投資」「観光」という 3 分野における経済促進と、「人物交流」の促進を主な目的とし、観光については、主に日本からアセアン諸国への観光交流促進の活動を行っている。

■日本観光振興協会（Japan Travel and Tourism Association）

　観光振興に関する中枢機関として、観光振興を総合的に図るための各種事業を行うことにより、観光立国の実現、地域経済および観光産業の発展に寄与することを目的に掲げ活動する公益社団法人で、地方公共団体や都道府県観光協会などが加盟している。

■日本旅行業協会（Japan Association of Travel Agents：JATA）

　旅行会社の業界団体。旅行需要の拡大と旅行業の健全な発展、旅行者に対する旅行業務の改善、旅行サービスの向上などを目的とした一般社団法人。会員は第一種・第二種の比較的大規模な旅行会社が多い。業務は国内旅行、海外旅行、インバウンドなど旅行全体で、弁財保証業務、国家試験「総合旅行業務取扱管理者試験」の代行業務、消費者相談なども対応している。

■全国旅行業協会（All Nippon Travel agents Association：ANTA）

　旅行会社の業界団体。法定業務、指定業務、旅行業の健全な発展と経営の合理化に資する業務などを行う一般社団法人。会員は第 2 種・第 3 種の比較的小規模な旅行会社が多い。業務は、主に国内旅行が中心で、弁財保証業務、国家試験「国内旅行業務取扱管理者試験」の代行業務、消費者相談などにも対応している。

■日本ホテル協会（Japan Hotel Association）

　日本を代表するホテルが加盟する業界団体で、ホテルの質の向上、ホテル産業の振興などを目的とした一般社団法人である。100年以上の歴史があり、長年にわたり外国人旅行者誘致に力を注いできた。

■日本旅館協会（Japan Ryokan & Hotel Association）

　2012年、国際観光旅館連盟と日本観光旅館連盟が統合され設立された、主に旅館を会員とする一般社団法人。国内外からの旅行者に対して快適な宿泊を提供し、宿泊施設の接遇サービスの向上を図り旅館ホテル業の健全な発展を図ることを目的としている。

■ジャパニーズ・イン・グループ（Japanese Inn Group：JIG）

　小規模旅館が連携して外国人旅行者向けに宣伝活動を行っているグループ。訪日外国人旅行者への宿泊提供と接遇を通して日本文化を伝え国際親善に寄与することを目的とした中小旅館の団体である。加盟旅館は、日本の生活様式を体験できる廉価な宿泊施設が多く、FITの外国人旅行者に好評を博している。

■アジア太平洋観光交流センター（Asia-Pacific Tourism Exchange Center：APTEC）

　アジア太平洋諸国からの国際貢献への期待に応えて、国連世界観光機関（UNWTO）アジア太平洋センターの活動支援を行うほか、国際観光交流の推進、国際観光情報の集積・発信、観光学の振興などをサポートしている。

■日本観光通訳協会（Japan Guide Association：JGA）

　通訳案内士、通訳ガイドの一般社団法人。通訳案内士業務の向上改善を図るとともに、国際観光事業の発達に貢献し、あわせて国際

親善に寄与することを目的としている。

■全日本通訳案内士連盟（Japan Federation of Certified Guides：JFG）

　全国を区域とする通訳案内士の事業協同組合で、通訳案内士試験の合格者が組合員となっている。通訳ガイド、企業通訳、イベント通訳、翻訳など、さまざまな場で外国語サービスを提供している。

■自治体国際化協会（Council of Local Authorities for International Relations：CLAIR）

　地方公共団体の国際化推進のための活動を、地方公共団体が共同して行うための組織として設立された一般財団法人。各都道府県と政令指定都市に支部を置き、ニューヨーク、ロンドン、パリ、シンガポール、ソウル、シドニー、北京に海外事務所を設置している。

■日本エコツーリズム協会（Japan Ecotourism Society：JES）

　エコツーリズムの啓発と健全な推進をはかるため、エコツーリズムに関する情報提供や人材の育成などを目的としたNPO法人。訪日外国人旅行者への国内エコツアー、エコサイトの情報発信、誘致に取り組んでいる。

■ジャパンショッピングツーリズム協会（Japan Shopping Tourism Organization：JSTO）

　ショッピングを軸とした訪日観光プロモーションを通じて、日本の魅力を世界に伝え、より多くの訪日ゲストを迎えることを目的に、観光業や流通業だけでなく幅広い民間企業によって設立された一般社団法人。

■アジアインバウンド観光振興会（Asia Inbound Sightseeing

Organization：AISO）

訪日外国人旅行を取扱う旅行会社が集まり設立した一般社団法人。訪日旅行のルール作り、不法ガイドの排除、ガイド認定制度の構築、粗悪な格安団体旅行の排除など、健全な訪日旅行の増大に寄与している。

■ハラル・ジャパン協会（Japan Halal Business Association）

ハラル（ハラール）への正しい理解を促し、イスラム圏と日本を結ぶ架け橋との位置づけで設立された一般社団法人。

■日本ハラール協会（Japan Halal Association）

ムスリムが日本で生活しやすくなるよう、食を中心とした環境改善を提案。また、ハラール認証活動や各種講習会を開催している。

03

第 3 章

インバウンドの動向

Inbound Business Theory

1. インバウンドのデスティネーション

■ゴールデンルート

　訪日外国人旅行には、「ゴールデンルート」と呼ばれる定番の人気ルートがある。成田空港で入国し、東京および東京周辺の観光スポットを巡り、その後、箱根、富士山、名古屋を経由し京都観光を楽しみ、大阪の街を観光し関西国際空港から帰国するのが基本ルートである。初めて訪日するアジアの国々の旅行者、特に中国人旅行者のお気に入りのルートで、今日でも主流の観光ルートである。

　一方で、欧米からの旅行者やアジアの中でも訪日回数が多い旅行者は、北海道や沖縄などの観光地のほか、さまざまな地域に足を延ばし、日本人が意外に思うような場所にも訪れ始めている。受け入れ側である地域では気づいていないが、外国人旅行者にとって魅力のある観光資源が数多く隠されている可能性がある。

■外国人旅行者の都道府県別訪問率

　図表3-1は、外国人旅行者の都道府県別訪問率（全国籍・地域 /観光目的・2016年）を表したものである。観光を目的とした旅行者の都道府県別の訪問率をみると、アジアに近い玄関口である大阪府が首位となった。首都であり訪日旅行の玄関口となる東京都が僅差で続いている。この日本を代表する大都市であり、それぞれ異なる都市観光を味わうことができる大阪府、東京都に半数近くの旅行者が訪れている。3位は千葉県で35％、成田空港、TDR（東京ディズニー・リゾート）がある。4位が33％の日本を代表する観光都市、多くの世界遺産を有する京都府である。特に、欧米の旅行者の訪問率が高い。

　以下、福岡県は、高速艇でも結ばれ交流の盛んな韓国の訪問率が高い。愛知県は、名古屋観光の中国人や日本のものづくりを視察観光する欧米人もいる。北海道は、東南アジアからの訪日外国人に人

60　第3章　インバウンドの動向

気である。雪が降らない国に居住しているので、北海道の雪を求めて訪日している。神奈川県は、箱根の温泉郷と横浜の人気が高い。

　奈良県は、古都奈良、法隆寺などの世界遺産を巡る欧米人が多い。沖縄県は、日本を代表するリゾート地で、香港からの旅行者に人気がある。山梨県は、富士山観光を大きな目的とし、河口湖・山中湖を訪れる中国や東南アジアの訪日外国人が多い。兵庫県は、神戸観光が主で訪れる旅行者の国・地域の偏りがない。静岡県は、伊豆の温泉と富士山が人気だ。大分県は、別府温泉・由布院温泉などに韓国から多くの旅行者が訪れている。広島県は世界遺産の原爆ドームと厳島神社があり、ともに外国人旅行者にとって魅力的な観光地である。

図表 3-1　外国人旅行者の都道府県別訪問率（全国籍・地域／観光目的・2016 年）

順位	都道府県	訪問率（％）
1	大阪府	44.7
2	東京都	44.5
3	千葉県	35.4
4	京都府	33.2
5	福岡県	10.6
6	愛知県	9.5
7	北海道	9.4
8	神奈川県	9.1
9	奈良県	8.4
9	沖縄県	8.4
11	山梨県	6.8
12	兵庫県	6.6
13	静岡県	5.7
14	大分県	4.6
15	広島県	3.5

資料：観光庁「訪日外国人消費動向調査（2016）」より作成

■国・地域別の都道府県別訪問率

　図表3-2は、2016年の外国人旅行者の都道府県別訪問率（全国籍・地域／観光目的）について、国・地域別にベスト5の都道府県を一覧したものである。国・地域によって、訪問地が異なったり、順位が異なっていることが分かる。

　ほとんどの国・地域で日本の玄関口である東京都と大阪府、千葉県が1位、2位となっている。その中で、訪問者の多い中国、韓国、台湾、香港とマレーシアは大阪府が1位になっており、大阪府全体の訪問率を引き上げた。欧米諸国は東京都か千葉県が1位になっている。また、韓国は高速艇でも結ばれている福岡県が2位になっている。日本を代表する歴史遺跡が残る京都府は20の国・地域すべてで4位以内に入っている。

　北海道は雪が降らない台湾、タイ、マレーシア、シンガポールで、沖縄県は香港で、山梨県はインドネシアで、大分県は韓国でそれぞれ5位に入っている。厳島神社と原爆ドームの二つの世界遺産がある広島県は、イギリス、フランス、ドイツ、イタリア、スペインのヨーロッパの国々とインド、オーストラリアで5位に入っている。大都市近郊で都市観光と温泉が楽しめる神奈川県も5位以内に入っている国・地域がある。愛知県は中国とベトナムで5位に入った。

図表 3-2　都道府県別訪問率 国・地域別ベスト 5

（国籍・地域別 / 観光目的・2016 年）

	中国	韓国	台湾	香港	タイ
1	大阪府	大阪府	大阪府	大阪府	東京都
2	東京都	福岡県	東京都	東京都	千葉県
3	京都府	京都府	千葉県	千葉県	大阪府
4	千葉県	東京都	京都府	京都府	京都府
5	愛知県	大分県	北海道	沖縄県	北海道
	マレーシア	シンガポール	フィリピン	インドネシア	ベトナム
1	大阪府	東京都	東京都	東京都	東京都
2	千葉県	千葉県	千葉県	大阪府	大阪府
3	東京都	大阪府	大阪府	千葉県	千葉県
4	京都府	京都府	京都府	京都府	京都府
5	北海道	北海道	奈良県	山梨県	愛知県
	インド	イギリス	フランス	ドイツ	イタリア
1	千葉県	東京都	東京都	東京都	東京都
2	東京都	千葉県	京都府	千葉県	千葉県
3	京都府	京都府	千葉県	京都府	京都府
4	大阪府	広島県	大阪府	大阪府	大阪府
5	広島県	大阪府	広島県	広島県	広島県
	スペイン	ロシア	アメリカ	カナダ	オーストラリア
1	東京都	千葉県	千葉県	東京都	東京都
2	千葉県	東京都	東京都	千葉県	千葉県
3	京都府	京都府	京都府	京都府	京都府
4	大阪府	神奈川県	大阪府	大阪府	大阪府
5	広島県	大阪府	神奈川県	神奈川県	広島県

資料：観光庁「訪日外国人消費動向調査」より作成

2. インバウンドの新しいデスティネーション

■外国人に人気の日本の観光スポット

　多くの外国人旅行者はインターネットなどの旅行情報を活用し、新しい日本の観光スポットを見つけようとしている。図表 3-3 は、世界最大の旅行口コミサイトといわれるトリップアドバイザーが発

表した「外国人に人気の日本の観光スポット2016」ベスト25を表したものである。同サイトに投稿された日本語以外の口コミをもとに作られたものである。

　トップの「伏見稲荷大社」は、赤い千本鳥居が魅力的といわれている。「広島平和記念資料館」は、原爆ドームと平和記念公園、資料館に多くの人が興味を持っている。「宮島（厳島神社）」の海の中に浮かぶ赤い大鳥居は日本の美と感じられているようだ。

　以下、日本の大観光地である古都京都の「金閣寺」「清水寺」「禅林寺 永観堂」「三十三間堂」が、古都奈良の「東大寺」「奈良公園」、宿坊も体験できる「高野山」が入っている。東京周辺の観光地では「箱根彫刻の森美術館」「成田山新勝寺」が入り、遠隔地では「栗林公園」「沖縄美ら海水族館」「兼六園」「立山黒部アルペンルート」と有名観光スポット、観光ルートに加え、屋久島の「白谷雲水峡」が入っている。

　東京都内は「新宿御苑」「浅草」「明治神宮」のほか、秋葉原にある少人数完全予約制のカフェ「アキバフクロウ」が入っているのが注目される。京都の「サムライ剣舞シアター」も外国人旅行者ならではのスポットで、表外であるが、27位に東京都新宿区の「サムライ ミュージアム」、28位に非言語パフォーマンスが上演される京都の「ギア専用劇場」が入っている。外国人旅行者の志向が読み取ることができる。

図表 3-3　外国人に人気の日本の観光スポット 2016

順位	観光スポット	所在地
1	伏見稲荷大社	京都府　京都市
2	広島平和記念資料館	広島県　広島市
3	宮島（厳島）	広島県　廿日市市
4	東大寺	奈良県　奈良市
5	サムライ剣舞シアター	京都府　京都市
6	新宿御苑	東京都　新宿区
7	奈良公園	奈良県　奈良市
8	鹿苑寺（金閣寺）	京都府　京都市
9	アキバフクロウ	東京都　千代田区
10	清水寺	京都府　京都市
11	箱根彫刻の森美術館	神奈川県　箱根町
12	高野山　奥之院	和歌山県　高野町
13	禅林寺　永観堂	京都府　京都市
14	三十三間堂	京都府　京都市
15	栗林公園	香川県　高松市
16	白谷雲水峡	鹿児島県　屋久島町
17	成田山　新勝寺	千葉県　成田市
18	浅草	東京都　台東区
19	大本山　大聖院	広島県　廿日市市
20	兼六園	石川県　金沢市
21	沖縄美ら海水族館	沖縄県　本部町
22	立山黒部アルペンルート	富山県　立山町
23	河口湖	山梨県　富士河口湖町
24	弥山	広島県　廿日市市
25	明治神宮	東京都　渋谷区

資料：トリップアドバイザーより

※評価方法：2016 年 4 月～2017 年 3 月の 1 年間にトリップアドバイザー上の日本の観光スポットに投稿された日本語以外の口コミを、星評価（5 段階）の平均、投稿数などを基に、独自のアルゴリズムで集計したもの。

■日本国内で行ってみたい地域

　図表 3-4 は、訪日旅行希望者に行ってみたい地域を 50 の選択肢から選ばせ、複数回答で調査した結果上位 15ヶ所を示したもので

ある。最も訪問意向が高かったのは東京で、富士山、大阪、北海道、京都、沖縄の順で続いている。ゴールデンルートと北海道、沖縄の人気が高い。

地域別にみると、台湾と香港は、鹿児島や軽井沢、函館、立山／黒部など地方観光地への訪問意向が高くなっている。韓国は福岡／博多、別府／由布院など九州への訪問意向が高い。欧米豪は広島への訪問意向が高い。

図表 3-4　日本国内で行ってみたい地域
（複数回答・訪日旅行希望者のみ　2016 年）

順位	都市・地域	選択率（%）
1	東京	52.2
2	富士山	50.9
3	大阪	35.5
4	北海道	34.2
5	京都	33.0
6	沖縄	23.1
7	札幌	18.9
8	名古屋	15.9
9	神戸	15.1
10	広島	14.3
11	奈良	11.7
12	九州	11.2
13	長崎	11.1
14	関西	8.4
15	福岡／博多	8.3

資料：「DBJ・JTBF・アジア・欧米豪訪日外国人旅行者の意向調査（平成 28 年版）」『旅行年報 2016』（公益財団法人日本交通公社）より　※サンプル数：5,590

■広域観光周遊ルート

国はゴールデンルートだけではなく、訪日外国人旅行者の地方分散と滞在日数の長期化を目指し、新ゴールデンルートを提案している。複数の都道府県をまたがって存在する、テーマ性・ストーリー

性を備えた一連の魅力ある観光地について、交通アクセスも含めて
ネットワーク化し、訪日を強く動機づけることを目的とする「広域
観光周遊ルート」のひとつである。すでに、名古屋から能登半島を
結ぶ「昇龍道」は人気があり、瀬戸内海沿岸各地を巡る「新ゴール
デンルート」も注目されている。図表3-5はその一例で、海外へ積
極的に情報発信していくとしている。

図表3-5　広域観光周遊ルートモデルコース例（2015年認定）

周遊ルート名	モデルコース名	主な観光地	対象市場
アジアの宝　悠久の自然美への道　ひがし 北・海・道 Hokkaido - Route to Asian Natural Treasures	Explore the Wonderland in winter	旭山動物園、富良野、然別湖、阿寒湖、釧路、網走	台湾 香港 タイ
日本の奥の院・東北探訪ルート Exploration to the Deep North of Japan	四季が織りなす東北の宝コース	蔵王温泉、山寺、松島、平泉、角館、白神山地、羽黒山	北米 欧州 タイ
昇龍道 SHORYUDO	Dragonコース《伝承空間への誘い》	犬山城、下呂温泉、関、高山、金沢、和倉温泉	中国 台湾 香港
美の伝説 THE FLOWER OF JAPAN, KANSAI	KANSAI 〜日本の精神文化の聖地 美の伝承〜	大阪城、仁徳天皇陵、高野山、那智の滝、法隆寺、東大寺	欧州 北米
せとうち・海の道 The Inland Sea, SETOUCHI	新ゴールデンルート 〜新たな西日本発見の旅	姫路城、栗林公園、祖谷渓、倉敷、しまなみ海道、厳島神社、錦帯橋	台湾 中国
スピリチュアルな島 〜四国遍路〜 Spiritual Island 〜SHIKOKU HENRO〜	四国スピリチュアル・コース	第1番霊山寺、第3番金泉寺、足摺岬、小豆島八十八ヶ所霊場、道後温泉	欧州 米国 豪州
温泉アイランド九州 広域観光周遊ルート Extensive sightseeing route of 'Onsen Island' Kyushu	鉄道・バスで廻る九州の魅力満喫コース	嬉野温泉、長崎、熊本城、鹿児島、クルスの海、別府温泉、太宰府天満宮	中国 台湾 タイ

資料：観光庁発表資料より作成

3. インバウンドの客層動向

■訪日外国人旅行者の来訪目的

　図表3-6は、5年間の訪日外国人旅行者（全国籍・地域）の来訪目的を表したものである。2016年は7割強が観光目的で来訪しており、業務目的は2割を切っている。観光目的で訪れる旅行者が着実に増加する傾向にある。訪日外国人旅行者数全体が大幅に増加しており、業務目的旅行者も、構成比では低下しているものの、人数は増加している。

図表3-6　訪日外国人旅行者の来訪目的の変化

年	観光	業務	その他
2012年	49.0	33.2	17.8
2013年	54.6	30.2	15.2
2014年	61.2	25.1	13.7
2015年	69.5	19.6	10.9
2016年	72.7	17.4	9.9

資料：観光庁「訪日外国人消費動向調査」より作成

■訪日外国人旅行者の訪日経験回数

　図表3-7は、5年間の訪日外国人旅行者（全国籍・地域）の訪日経験回数の変化を表したものである。2016年は1回目がおよそ4割となっている。3～5回目のリピーターも2割強いる。

　5年間の推移をみると、2013年は尖閣諸島問題の影響で中国発の団体ツアーが減少したため、1回目の割合が前年を割り込んでいるが、その後は増加傾向にある。2回目以上の訪日リピーターも人数ベースでは増加している。

68　第3章　インバウンドの動向

図表 3-7 訪日外国人旅行者の訪日経験回数の変化

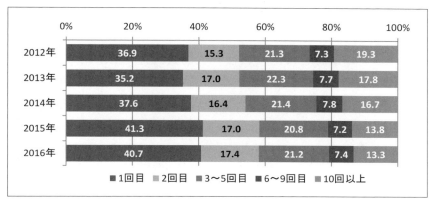

資料：観光庁「訪日外国人消費動向調査」より作成

■訪日外国人旅行者の旅行手配方法

　図表 3-8 は、5 年間の訪日外国人旅行者（全国籍・地域）の旅行手配方法の変化を表したものである。2016 年はパッケージ利用が 33％であった。個別手配の FIT が増加していることが話題になるが、パッケージ利用も決して少なくない。中国人旅行者はパッケージ利用者が多い。パッケージ利用のシェアは若干下がったが、人数ベースでは増加している。個別手配も人数ベースでは急増しており、FIT の動向に注視する必要がある。

図表 3-8 訪日外国人旅行者の旅行手配方法の変化

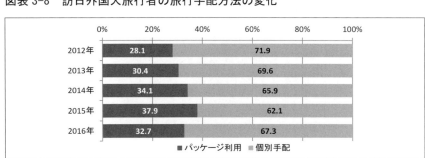

資料：観光庁「訪日外国人消費動向調査」より作成

4. インバウンドの旅行動向

■訪日外国人旅行者の同行者

　図表 3-9 は、訪日外国人旅行者（複数回答／全国籍・地域／観光目的・2016 年）の同行者を表したものである。観光を目的とした旅行者の同行者をみると、「家族・親族」が最も多く 4 割を占める。「友人」がおよそ 27％と続いている。「夫婦・パートナー」は 18％弱とやや少ない。日本人の海外旅行の同行者と比較すると、「夫婦・パートナー」が少なく、「家族、親族」「友人」の割合が多いのが特徴と言える。

図表 3-9　訪日外国人旅行者の同行者

（複数回答／全国籍・地域／観光目的・2016 年）

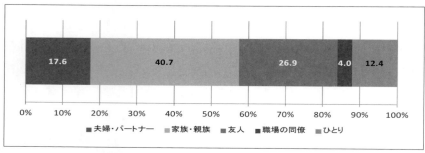

資料：観光庁「訪日外国人消費動向調査（2016）」より作成

■訪日外国人旅行者の滞在日数

　図表 3-10 は、訪日外国人旅行者（複数回答／全国籍・地域／観光目的・2016 年）の平均滞在日数を表したものである。「4～6 日」がおよそ 54％で半数以上を占める。次に「7～13 日」がおよそ 30％となっている。地理的に近い東アジア、東南アジアは「4～6 日」が多く、遠隔地となる欧米は「7～13 日」が多い。日本人の海外旅行に比べると滞在日数が長い。

図表 3-10　訪日外国人旅行者の滞在日数（全国籍・地域／観光目的・2016）

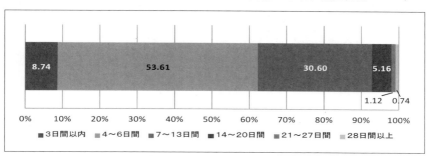

資料：観光庁「訪日外国人消費動向調査（2016）」より作成

■訪日外国人旅行者の宿泊施設

　図表 3-11 は、訪日外国人旅行者（複数回答／全国籍・地域／観光目的・2016 年）の宿泊施設を表したものである。観光を目的とした旅行者が利用した宿泊施設タイプは、圧倒的に洋室にベッドという形式の「ホテル」が主流である。しかし、ほとんどの外国人旅行者にとって不慣れな和室、畳という形式の「旅館」も 25％程度が利用している。これは積極的に日本の伝統文化を体験したいとする旅行者行動の現れだと考えられる。ユースホステル・ゲストハウスの利用者が増加傾向にある。

図表 3-11　訪日外国人旅行者の宿泊施設
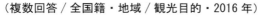
　　　　（複数回答／全国籍・地域／観光目的・2016 年）

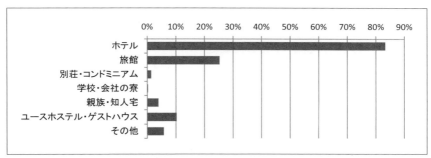

資料：観光庁「訪日外国人消費動向調査（2016）」より作成

5. インバウンドの期待と活動

■訪日外国人旅行者が訪日前に期待したこと

　図表3-12は、訪日外国人旅行者（全国籍・地域/観光目的・2016年）の「訪日前に最も期待したこと（単一回答）」「訪日前に期待したこと（複数回答）」および「今回したこと（複数回答）」を表したものである。訪日外国人旅行者の期待とその実態を知るために、「訪日前に最も期待したこと（複数回答）」の順位で並べている。

　「訪日前に期待したこと（複数回答）」の問いでは、「日本食を食べること」が71.2％でトップであった。続いて、「ショッピング」（54.5％）、「自然・景観地観光」（47.9％）、「繁華街の街歩き」（41.0％）、「温泉入浴」（29.6％）の順となっている。複数回答の「期待」においては「日本食」が他を圧倒している。

　2008年までトップであった「ショッピング」や「自然・景観地観光」「繁華街の街歩き」、日本固有の「温泉入浴」よりも「日本食を食べること」が訪日前の期待となっており、訪日の大きな動機、目的となっていると推測される。

　「訪日前に最も期待したこと（単一回答）」は、「日本食を食べること」が26.0％で群を抜いてトップであった。「自然・景観地観光」（16.4％）、「ショッピング」（14.4％）が続き、2桁なのはこの3位までで、最大の期待は分散していることも分かるが、同時に「日本食」が他の項目と比べ突出した期待であるといえる。

■訪日外国人旅行者が今回したこと

　「今回したこと（複数回答）」は「日本食を食べること」が96.1％で訪日前の期待と同様トップであった。海外旅行中にその国の食事をするのは当然のことでもあり、実現の機会が多いともいえる。続いて、「ショッピング」（83.4％）、「繁華街の街歩き」（73.3％）、「自然・景観地観光」（66.4％）の順で多く、これらは2/3以上の旅行

者が体験している。それに続き「日本の酒を飲むこと」(43.2％)、「温泉入浴」(36.7％)、「旅館に宿泊」(34.0％)と日本らしさを味わう活動が上位に挙がった。「日本食」だけではなく「日本の酒」も経験しているのが分かる。

図表3-12　訪日外国人旅行者が訪日前に期待したこと・今回したこと
　　　　　（全国籍・地域 / 観光目的・2016年）

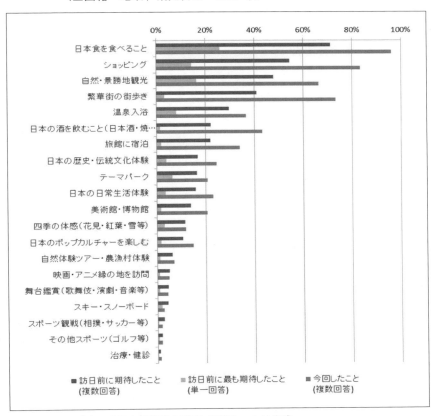

資料：観光庁「訪日外国人消費動向調査（2016）」より作成

6. インバウンドの期待と活動 – 国・地域別 –

■訪日外国人旅行者が訪日前に期待したこと

　図表3-13は、訪日外国人旅行者（国籍・地域別/観光目的・2016年）が「訪日前に期待したこと（複数回答）」について、そのベスト5を国・地域別に表したものである。

　「日本食を食べること」がすべての国・地域で1位となっている。昨年までは、「ショッピング」などが1位の国があったが、「日本食」に対する期待が高まっていることが分かる。アジアの国・地域においてはシンガポールを除いて「ショッピング」が2位になっており、欧米の国々ではロシアを除いて「自然・景観地観光」が2位になっているのが特徴的である。

　3位以下は国・地域によって異なるが、アジアの国・地域は「温泉入浴」が多く入っている。一方、欧米の国々は「歴史・伝統文化体験」「日本の酒を飲むこと」が「繁華街の街歩き」とともに入っている。

図表3-13　訪日外国人旅行者が訪日前に期待したことベスト5

（複数回答/国籍・地域別/観光目的・2016年）

	中国	韓国	台湾	香港	タイ
1	日本食	日本食	日本食	日本食	日本食
2	ショッピング	ショッピング	ショッピング	ショッピング	ショッピング
3	自然・景勝地	自然・景勝地	自然・景勝地	自然・景勝地	自然・景勝地
4	繁華街	繁華街	繁華街	繁華街	繁華街
5	温泉	温泉	温泉	温泉	温泉
	マレーシア	シンガポール	フィリピン	インドネシア	ベトナム
1	日本食	日本食	日本食	日本食	日本食
2	ショッピング	自然・景勝地	ショッピング	ショッピング	ショッピング
3	自然・景勝地	ショッピング	自然・景勝地	自然・景勝地	自然・景勝地
4	繁華街	繁華街	繁華街	繁華街	繁華街
5	旅館	温泉	テーマパーク	歴史・文化	歴史・文化

	インド	イギリス	フランス	ドイツ	イタリア
1	日本食	日本食	日本食	日本食	日本食
2	ショッピング	自然・景勝地	自然・景勝地	自然・景勝地	自然・景勝地
3	自然・景勝地	日本の酒	ショッピング	歴史・文化	ショッピング
4	繁華街	歴史・文化	繁華街	日本の酒	日本の酒
5	日本の酒	繁華街	歴史・文化	ショッピング	繁華街
	スペイン	ロシア	アメリカ	カナダ	オーストラリア
1	日本食	日本食	日本食	日本食	日本食
2	自然・景勝地	ショッピング	自然・景勝地	自然・景勝地	自然・景勝地
3	歴史・文化	繁華街	ショッピング	ショッピング	ショッピング
4	繁華街	自然・景勝地	日本の酒	歴史・文化	繁華街
5	ショッピング	歴史・文化	繁華街	繁華街	日本の酒

資料：観光庁「訪日外国人消費動向調査（2016）」より作成

■訪日外国人旅行者が今回したこと

　図表3-14は、訪日外国人旅行者（国籍・地域別／観光目的・2016年）が「今回したこと（複数回答）」のベスト5を国・地域別に表したものである。

　「日本食を食べること」がすべての国・地域で1位となっている。海外旅行中にその国の食事をするのは当然のことでもあるが、訪日前に期待していたものに挑戦し、実現しているものと思われる。アジアの国・地域においては「ショッピング」がすべての国・地域で2位になっている。ショッピングに対する意欲が感じられる。一方、欧米の国々の2位は「繁華街の街歩き」「ショッピング」「自然・景観地観光」と微妙に分かれている。3位以下は国・地域によって異なるがアジアの国・地域は、「繁華街の街歩き」「自然・景観地観光」に続き「温泉入浴」「旅館に宿泊」が入っており、欧米の国々は「日本の酒を飲むこと」が入っているのが興味深い。

図表 3-14　訪日外国人旅行者が今回したことベスト5

（複数回答 / 国籍・地域別 / 観光目的・2016 年）

	中国	韓国	台湾	香港	タイ
1	日本食	日本食	日本食	日本食	日本食
2	ショッピング	ショッピング	ショッピング	ショッピング	ショッピング
3	繁華街	繁華街	繁華街	繁華街	繁華街
4	自然·景勝地	日本の酒	自然·景勝地	自然·景勝地	自然·景勝地
5	温泉	自然·景勝地	旅館	旅館	温泉
	マレーシア	シンガポール	フィリピン	インドネシア	ベトナム
1	日本食	日本食	日本食	日本食	日本食
2	ショッピング	ショッピング	ショッピング	ショッピング	ショッピング
3	繁華街	繁華街	繁華街	繁華街	繁華街
4	自然·景勝地	自然·景勝地	自然·景勝地	自然·景勝地	自然·景勝地
5	旅館	日本の酒	日本の酒	日常生活体験	日本の酒
	インド	イギリス	フランス	ドイツ	イタリア
1	日本食	日本食	日本食	日本食	日本食
2	ショッピング	繁華街	繁華街	日本の酒	ショッピング
3	繁華街	日本の酒	ショッピング	繁華街	繁華街
4	自然·景勝地	自然·景勝地	自然·景勝地	ショッピング	自然·景勝地
5	日本の酒	ショッピング	日本の酒	自然·景勝地	日本の酒
	スペイン	ロシア	アメリカ	カナダ	オーストラリア
1	日本食	日本食	日本食	日本食	日本食
2	自然·景勝地	ショッピング	繁華街	繁華街	繁華街
3	繁華街	繁華街	日本の酒	ショッピング	自然·景勝地
4	ショッピング	日本の酒	ショッピング	日本の酒	ショッピング
5	歴史・文化	自然·景勝地	自然·景勝地	自然·景勝地	日本の酒

資料：観光庁「訪日外国人消費動向調査（2016）」より作成

04

第 4 章

インバウンドと
関連事項

Inbound Business Theory

1. インバウンドと為替

■インバウンドと円安

　今日、インバウンドの急伸の背景には「円安」傾向があると言われている。円安とは、ドル、ユーロなどの諸外国通貨に対して円の価値が低くなることをいう。例えば、1 ドル = 100 円だったのが1 ドル = 120 円になった時、円安ドル高になったと表現する。1 ドルが 100 円で買えていたのに、120 円必要になったと解釈すれば理解しやすい。逆に 1 ドル = 100 円が 1 ドル = 80 円になることを、円高ドル安と表現する。

　円安は海外から見て日本の商品が安くなるため売れやすくなり、輸出企業に有利になる。国際観光において、海外旅行は輸入、インバウンドは輸出に相当する。従って、円安は今日のインバウンドの好調を支えている大きな要素であることは間違いない。実際に為替レートはインバウンドの伸長に大きな影響を及ぼしてきた。

■為替レートの変遷

　終戦後、軍用交換相場は 1 ドル = 15 円となった。その後の急速なインフレにより、1947 年に 1 ドル = 50 円、1949 年には 1 ドル = 360 円になり、その後、360 円の固定相場の時代へと移った。

　1973 年には変動相場制へ移行し、導入直後に 1 ドル = 260 円台まで円高が進んだ。1985 年のプラザ合意によるドル安誘導政策で急激に円高が進行し、1986 年には 160 円を突破した。

　その後、為替レートは図表 4-1 の対ドル為替レートの推移のように、その変遷を俯瞰すると長い円高傾向にあるといえるが、日本や世界の金融、経済、政治や有事などの要因により円安円高が繰り返され、海外旅行やインバウンドに絶えず影響を与えてきた。2011 年にはドル円史上最安値 75.5 円を記録し、底を打った。これを契機に円安傾向に転じ、インバウンドが急速に伸びたことが分かる。

図表 4-1 対ドル為替レートの推移

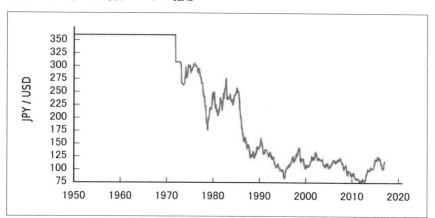

資料：日本銀行

■近年の為替とインバウンド

　2011年、1ドル76円だった為替レートが、2015年には1ドル120円台まで円安になった。日本でのインバウンド需要の推移も、為替レートの変動と強い相関関係にあると言える。2011年以降、円安に転じたことを機に訪日外国人旅行者数が増加している。

　最も来訪者の多い中国を見てみると、2011年には対中国元レートが12円を記録していたが、2014年後半には19円以上まで上昇し円安状態となった。これにより中国人旅行者にとって日本への旅行がより割安に感じられるようになった。12円の時と比べると約2/3の費用で日本旅行が楽しめるようになり、日本で「爆買い」を起こす背景となった。しかし、その後円高傾向となるが、中国人旅行者は増加している。インバウンドにとって為替レートは大きな要因の1つとなるが、今日さまざまな要因が関連しているので、円高に伴ってインバウンドが減少するとは言いきれない。

2. インバウンドとビザ

■ビザとは

　ビザ（visa）は日本語では「査証」という。国が自国民以外に対して、その人物の所持するパスポートが有効であり、その人物が入国しても差し支えないと示す書類、いわば渡航先の入国許可証である。

　日本人が海外へ渡航する際のビザは、渡航先国、渡航目的、滞在期間等によって要否、種類が異なる。基本的には、日本にある渡航先国の大使館・総領事館で取得する必要がある。しかし、日本人の海外旅行で、観光、商用、親族・知人訪問などを目的とする在留資格「短期滞在」に該当する場合は、「ビザ免除」の対象とされる国が多い。査証免除措置国・地域は、中国や韓国、台湾、アメリカ、イギリスなど100以上の国・地域に及んでいる。ただし、ビザを取得していても、入国許可の最終判断は現地の入国審査官により決定されるので、入国拒否に遭うこともある。

　逆に外国人が日本を訪問する場合、インバウンドにおいては日本のビザが必要となる。日本も60以上の国・地域の旅行者の商用、会議、観光、親族・知人訪問などを目的とする短期滞在の場合には「ビザ免除」にしている。しかし、訪日が期待される近隣のアジア諸国に対してはビザ免除の取り扱いは決して多くなく、インバウンド拡大の大きな障壁となっていた。近年、国はそれらの国に対して戦略的なビザ要件の緩和を実施している。

■ビザの緩和

　国は治安への十分な配慮を前提としつつ、インバウンド拡大に大きな効果の見込まれるタイ、マレーシアへのビザ免除、インドネシア、フィリピン、ベトナムなど東南アジアの国々、そして中国に対してビザ発給要件の緩和措置を実施している。このいわゆるビザ緩和が訪日外国人旅行者の急増に大きな影響を及ぼした。

図表 4-2 は、一般旅券保持者に対する近年のビザ発給要件の緩和を一覧にしたものである。短期間にビザの要件を緩和してきたことが分かる。

多くの国において一次ビザから数次ビザが取得できるようになり、日本への訪問が容易になりリピーターを生み出している。ボリュームのある中国に対しても大きく発給要件の緩和している。2015 年には①商用目的の者や文化人・知識人に対する数次ビザ（商用：訪日渡航要件廃止、文化人・知識人：身元保証書等省略）、②沖縄・東北三県数次ビザの発給要件の緩和（過去 3 年以内に訪日歴のある者については経済力の要件を緩和）、③訪問先条件のない数次ビザの新たな導入（相当の高所得者を対象）の措置が行われた。

さらに、2017 年には、①十分な経済力を有する者に対する数次ビザの発給開始（有効期間 3 年、1 回の滞在期間 30 日の数次ビザ）、②相当の高所得者に対する数次ビザの緩和（初回の訪日目的を観光に限定せず、商用や知人訪問等の目的でも利用でき、航空券・宿泊先等を自ら手配できる）③東北三県数次ビザの六県への拡大（過去 3 年以内の日本への渡航歴要件を廃止）、④中国国外居住者に対する数次ビザの導入、⑤クレジットカード（ゴールド）所持者の一次ビザ申請手続き簡素化、などの措置を開始した。

日本には、2 種類のビザがあり、有効期間内に一回のみ使える「一次ビザ」と有効期間内に何回でも使える「数次ビザ」がある。それぞれのビザには有効期間が定められていて、定められた有効期間内に日本へ入国しなければならない。また、別途定められる滞在期間がある。

図表 4-2　ビザ緩和（一般旅券所持者）

開始年	国名	以前の措置 （最長滞在・有効期間）	緩和措置 （最長滞在・有効期間）
2013 年	タイ	数次ビザ（90 日・3 年）	IC 旅券ビザ免除（15 日）
	マレーシア	数次ビザ（90 日・3 年）	IC 旅券ビザ免除再開（90 日）
	ベトナム	一次ビザ（90 日）	数次ビザ（15 日・3 年）
	フィリピン	一次ビザ（90 日）	数次ビザ（15 日・3 年）
	インドネシア	数次ビザ（15 日・3 年）	数次ビザの滞在期間延長 （30 日・3 年）
	アラブ首長国連邦	一次ビザ（90 日）	数次ビザ（90 日・3 年）
	カンボジア	一次ビザ（90 日）	数次ビザ（15 日・3 年）
	ラオス	一次ビザ（90 日）	数次ビザ（15 日・3 年）
	パプアニューギニア	一次ビザ（90 日）	数次ビザ（15 日・3 年）
2014 年	ミャンマー	一次ビザ（90 日）	数次ビザ（15 日・3 年）
	インド	一次ビザ（90 日）	数次ビザ（15 日・3 年）
	インドネシア	数次ビザ （30 日、15 日、15 日・ 3 年）	数次ビザ発給要件の大幅緩和 （30 日・5 年）
	フィリピン		
	ベトナム		
	インドネシア	一次ビザ（90 日）	指定旅行会社パッケージツアー参 加者の申請手続き簡素化（15 日）
	フィリピン		
	ベトナム		
2014 年	インドネシア	数次ビザ（30 日・3 年）	IC 旅券事前登録制によるビザ免除 （15 日・3 年）
2015 年	中国	①商用数次ビザ （90 日・5 年） ②数次ビザ （90 日・3 年）	①商用目的、文化人・知識人数次 ビザの緩和（90 日・5 年）
			②沖縄県・東北三県数次ビザの緩 和（30 日・3 年）
			③相当な高所得者用数次ビザの導 入（90 日・5 年）
	ブラジル	一次ビザ（90 日）	数次ビザ（30 日・3 年）2016 から 滞在期間最長 90 日
	モンゴル	一次ビザ（90 日）	数次ビザ（15 日・3 年）

2016年	インド	数次ビザ（15日・3年）	数次ビザ発給要件の大幅緩和（30日・5年）
	ベトナム	商用数次ビザ（90日・5年）	数次ビザ発給要件の緩和（90日・10年）
	インド		
	カタール	一次ビザ（90日）	数次ビザ（90日・3年）
	中国	①商用数次ビザ（90日・5年）	①商用目的、文化人・知識人数次ビザの緩和（90日・10年）
		②一次ビザ（30日）	②一部大学生・卒業生等の個人観光一次ビザ申請手続き簡素化（30日）
2017年	ロシア	①一次ビザ（90日）②商用数次ビザ（90日・3年）	①数次ビザ導入（30日・3年）
			②商用目的、文化人・知識人数次ビザの緩和（90日・5年）
			③自己支弁による渡航の場合、身元保証書等の省略
	インド	一次ビザ（90日）	大学生・卒業生等の一次ビザ申請手続き簡素化（30日）
2017年	中国		十分な経済力を有する者向け数次ビザの導入
		相当の高所得者数次ビザ	相当の高所得者向け数次ビザの緩和
		東北三県数次ビザ	東北六県数次ビザ
			中国国外居住者に対する数次ビザの導入
		一次ビザ	クレジットカード（ゴールド）所持者の一次ビザ申請手続き簡素化

資料：外務省ホームページ（2017.5）

■ビザ免除の国・地域

　図表4-3は、商用、会議、観光、親族・知人訪問などを目的とする短期滞在の日本訪問の際「ビザ免除」となる国・地域である。

　アジアの国・地域では韓国、台湾、香港に加え、シンガポール、マカオ、そして近年、タイ、マレーシア、インドネシアもビザ免除となっている。北米のアメリカ、カナダ、大洋州のオーストラリア、ニュージーランドもビザ免除国である。

　ヨーロッパはイギリス、フランス、ドイツ、イタリアなど多くの

国がビザ免除国となっている。中南米はブラジルを除く主要な国々はビザ免除の対象になっている。その他、イスラエル、トルコ、アフリカの一部の国もビザ免除対象国となっている。

　訪日旅行者の多い国でビザが必要なのは中国、フィリピン、ベトナム、インド、そしてロシアなどの国々である。

図表 4-3　ビザ免除措置国・地域一覧表（2017 年 7 月時点）

アジア	中南米	大洋州
インドネシア	アルゼンチン	オーストラリア
シンガポール	ウルグアイ	ニュージーランド
タイ（15 日以内）	エルサルバドル	**中東**
マレーシア	グアテマラ	アラブ首長国連邦
ブルネイ（15 日以内）	コスタリカ	イスラエル
韓国	スリナム	トルコ
台湾	チリ	**アフリカ**
香港	ドミニカ共和国	チュニジア
マカオ	バハマ	モーリシャス
	バルバドス	レソト
北米	ホンジュラス	
アメリカ	メキシコ	
カナダ		
欧州	**欧州**	**欧州**
アイスランド	スウェーデン	ベルギー
アイルランド	スペイン	ポーランド
アンドラ	スロバキア	ポルトガル
イギリス	スロベニア	マケドニア
イタリア	セルビア	マルタ
エストニア	チェコ	モナコ
オーストリア	デンマーク	ラトビア
オランダ	ドイツ	リトアニア
キプロス	ノルウェー	リヒテンシュタイン
ギリシャ	ハンガリー	ルーマニア
クロアチア	フィンランド	ルクセンブルク
サンマリノ	フランス	
スイス	ブルガリア	

資料：外務省ホームページ（2017. 7）

※それぞれの国・地域により条件は異なる

84　第 4 章　インバウンドと関連事項

3. インバウンドと MICE

■MICEとは

MICE（マイス）とは、Meeting（会議・研修・セミナー）、Incentive Travel（報奨・招待旅行）、Convention または Conference（大会・学会・国際会議）、Exhibition（展示会・見本市）または Event（文化・スポーツイベント）の頭文字をとった造語で、ビジネストラベルの一形態を指す。

一度に大人数が動くため、一般の観光旅行に比べ参加者の消費額が大きいことなどから、日本においてもインバウンド振興の大きな柱に位置づけられ、国や地域の自治体による海外向けの誘致活動が行われている。

観光庁は MICE の開催・誘致の推進の主要な効果として次の3つを挙げている。

①ビジネス・イノベーションの機会の創造

MICE 開催を通じて世界から企業や学会の主要メンバーが日本に集うことは、新しいビジネスやイノベーションの機会を呼び込むことにつながる。

②地域への経済効果

MICE は会議開催、宿泊、飲食、観光など消費活動の裾野が広く、また滞在期間が比較的長く、一般的な観光旅行者以上に周辺地域への経済効果を生み出す。

③国・都市の競争力向上

MICE 開催を通じた国際・国内相互の人や情報の流通、ネットワークの構築、集客力などはビジネスや研究環境の向上につながり、都市の競争力、ひいては国の競争力向上につながる。

■国際会議の現状

　日本政府観光局（JNTO）による国際会議の基準は、国際機関、国際団体、国内機関、国内団体が主催者となり、参加者総数 50 名以上、日本を含む 3 ヶ国以上が参加し、開催期間が 1 日以上の会議のことである。国際会議は、参加者が多いこと、参加者や同行者向けに開催地周辺の観光ツアーが用意されるなど経済効果が大きい。

　2015 年に日本で開催された国際会議の件数は、前年比 9.9％増の 2,847 件であった。図表 4-4 の国際会議開催件数の推移のように、東日本大震災のあった 2011 年を除くと着実に増加していることが分かる。都市別では、1 位東京 23 区（557 件）、2 位福岡市（363 件）、3 位仙台市（221 件）であった。（日本政府観光局）

図表 4-4　国際会議開催件数の推移　　　　　　　　　　　　　　　（件数）

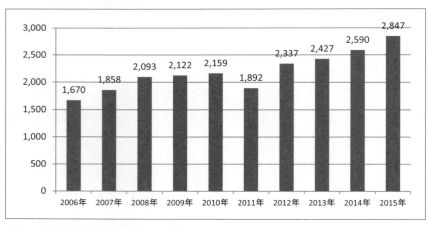

資料：日本政府観光局（JNTO）より作成

　参加者数においては、総数が約 1,767 千人で、そのうち外国人参加者数が 175 千人であった。図表 4-5 は外国人参加者数の推移である。2011 年は別としても拡大傾向にはあるものの年により波があり、不安定な数字となっている。1 件あたりの平均開催日数は 2.35 日、開催延べ日数は 6,683 日であった。（日本政府観光局）

図表4-5　国際会議の外国人参加者数の推移　　　　　　　　（人）

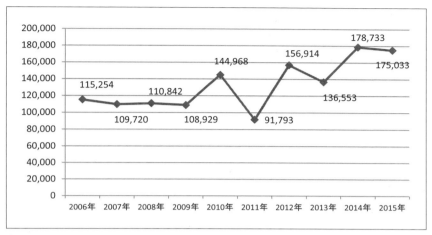

資料：日本政府観光局（JNTO）より作成

■東京オリンピック・パラリンピック

　2020年の開催が決定した東京オリンピック・パラリンピックは世界最大のスポーツイベントであり、大型のMICE案件と位置づけられる。開催期間前後に、選手団、審判団、応援の外国人旅行者が数多く日本に集まってくることは間違いない。

　それ以外にも、事前事後の各種競技連盟のミーティング、各国企業が優良顧客を招待しての報奨旅行、観戦、自国選手との交流、東京および周辺地観光、大会を前提として数年前より数次にわたり行われる国際会議、国際大会、それに伴うエクスカーション、懇親会、オフィシャルスポンサーの企業イベント、各競技団体のスポーツ合宿などが考えられる。

　オリンピックには文化芸術活動も求められている。2012年のロンドン大会では、「London 2012 Festival」が開催され、前後約3ヶ月間にわたり、多様な文化芸術イベントがロンドンを中心に開催された。また、開催までの4年間にわたり、イギリス全土でオリンピックに関連づけられた文化・芸術イベントが各地で開催された。

4. インバウンドと輸送手段

■訪日外国人旅行者の訪日手段

　島国である日本への訪問は航空機か船舶が交通手段となる。最も一般的な手段は定期航路による航空機の利用である。航空機利用だけではなく、近年の訪日外国人旅行者数増加の背景にはクルーズ客船の寄港があり、インバウンドの拡大に寄与している。

　また、LCC の就航がインバウンドを後押ししている。さらに、数はまだ少ないが富裕層が利用するビジネスジェットでの来日も増加しつつある。

■クルーズ客船

　クルーズ客船とは、長期間の船旅を楽しむことのできる客船である。クルーズ市場は欧米では長期にわたってブームが続いている。日本においても、団塊世代がリタイア時期を迎え、クルーズ客船を利用する人口が増加している。大型クルーズ客船の客室はホテルと変わらず、船内にはレストランやバーをはじめ、プール、フィットネス、スパのほか、ライブラリー、シアター、カジノ、ダンスホール、美容室、医務室などの施設が整備され、退屈せずに船旅が楽しめるようになっている。

　日本には、飛鳥Ⅱ（郵船クルーズ）、にっぽん丸（商船三井客船）、ぱしふぃっくびいなす（日本クルーズ客船）があるが、近年、多くの外国客船も日本に寄港するようになった。

　クルーズ客船は、客室数の多さゆえ、寄港地には一度に大勢の旅行者が訪れる。グルメ、ショッピングなど地域での消費が生まれるとともに、地域の人々との交流が進展する。大型クルーズ客船が寄港すると 2,000〜3,000 人が入国するが、乗客 1 人当たりの消費額は 3 万から 4 万円で、その経済効果は 1 億円を超えると試算されている。今後、外国クルーズ客船の誘致が地域の課題ともなっている。

88 第 4 章　インバウンドと関連事項

図表4-6は、クルーズ客船による外国人入国者数の推移を表したものである。2016年の訪日クルーズ旅客数は199.2万人、2013年に比べ、10倍に増加している。クルーズ客船の寄港回数は2,018回となり、いずれも過去最高を記録した。港湾別では、第1位博多港328回、第2位長崎港197回、第3位那覇港193回であった。（法務省入国管理局）国土交通省は「訪日クルーズ旅客を2020年に500万人」とする目標を掲げている。

図表4-6　クルーズ客船による外国人入国者数の推移　　　　（単位：万人）

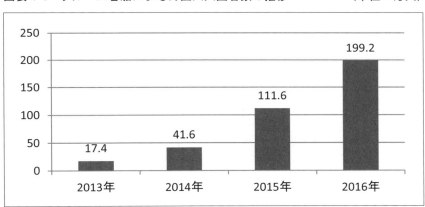

資料：法務省入国管理局の集計（乗員を除く外国人入国者概数）

■ LCC

　LCC（Low Cost Carrier）とは、効率化の向上によって低い運航費用を実現し低価格の運賃で運航する航空会社のことである。「格安航空会社」ともいわれる。運航コストの低減、人件費の節減、機内サービスの簡略化、航空券販売コストの低減による効率化を行っている。近年、アジアを中心に日本への路線が増加し、インバウンドの拡大に寄与している。

　成田、羽田、関西の各国際空港からだけではなく、地方空港からの発着も数多い。現在、ピーチ、ジェットスター、バニラエア、春

秋航空、エアアジア、スクート、タイガーエア、エアプサン、チェジュ航空、イースター航空、ティーウェイ航空、ジンエアー、香港エクスプレス、セブ航空が就航している。各空港に LCC 専用のターミナルも作られている。

■ビジネスジェット

　ビジネスジェットとは、個人や企業が旅客運送ではなく個人を輸送するための航空機のことである。数人から十数人程度を定員とする小型機で、いわゆる社用機、自家用機である。少人数であるが富裕層やエグゼクティブがその旅客となるため、日本は積極的な受入れと体制作りを始め、富裕層インバウンドの大きな要素となりつつある。

　ビジネスジェット機の機数は、世界全体で 2 万機程度（2015 年現在、一般社団法人日本ビジネス航空協会）で、欧米に多く、日本を含めアジアでは少ない。ビジネスジェットは欧米では、すでに欠くことのできない有効な移動手段として定着しており、ビジネス用途にとどまらず、著名な個人（有名スポーツ選手・歌手等）の移動手段として、富裕層のレジャーや観光にも広く使われている。

　日本ではビジネスジェット受け入れ体制の強化が急務となっており、首都圏空港（羽田・成田）発着枠の拡大、施設の充実、利用手続きの簡素化などが始まっている。

■国際航路

　国際航路は航空路線の発達により、発着便数が少なくなったが、海を隔てた隣国である韓国、中国、ロシアとの間には旅客船の定期便が運航されている。旅客船による相互訪問も、インバウンドにとって欠かすことのできない輸送手段である。特に韓国との国際航路による交流は多い。現在、日本を発着する国際航路は次の通りである。

・関釜フェリー：下関（山口県）〜釜山（韓国）
・カメリアライン：博多（福岡県）〜釜山（韓国）
・ビートル（JR 九州高速船）：博多（福岡県）〜釜山（韓国）
　対島（長崎県）〜釜山（韓国）
・上海フェリー：大阪〜上海（中国）
・DBS クルーズフェリー：境港（鳥取県）〜東海（韓国）〜ウラ
　ジオストク（ロシア）
・サハリン海洋汽船：稚内（北海道）〜コルサコフ（ロシア）
　※夏季のみ運行

5.　インバウンドと案内表記

■多言語表記

　訪日外国人旅行者の快適・円滑な移動・滞在のための環境整備を
図り、外国人旅行者の満足度を高め、リピーター化を促進するため
には、多言語表記が不可欠である、外国人目線に立った多言語対応
の改善、強化が全体的な統一感を持って進められなくてはならない。

　具体的には英語併記、また施設特性や地域特性の観点から、中国
語または韓国語の表記、その他の必要とされる言語の表記が望まれ
る。さらに、日本および日本語に予備知識のない、日本に初めて来
る外国人にも分かりやすいピクトグラムの開発や地図記号の改正な
ども行われている。

　観光庁「観光立国実現に向けた多言語対応の改善・強化のための
ガイドライン」（2014 年）、経済産業省「小売業の店内の多言語表
示にかかるガイドライン」（2016 年）などのガイドラインも示され
ている。

■多言語表記のポイント

　観光庁のガイドラインでは多言語対応の対象となる情報の「種

類」や「重要度」「対応時期」など多くの項目について記載されている。「固有名詞の表記方法」のポイントは次のとおりである。多言語表記を頼りに旅行する外国人旅行者にとって「どう表記されていれば分かりやすいか」という視点が重要である。

①施設などの正式表記が決まっている場合はその表記を優先
・東京大学　　　The University of Tokyo（Tokyo University ではない）
・帝国ホテル　　Imperial Hotel（Teikoku Hotel ではない）

②一般的な固有名詞の場合
・西新宿　　　　Nishi-Shinjuku（日本語由来）
・南アルプス　　Minami-Alps　（日本語由来＋外国由来）

③普通名詞を含む固有名詞の場合
・日比谷公園→日比谷＋公園　　Hibiya Park
・成田空港→成田＋空港　　Narita Airport
・富士山　　　Mt. Fuji　　　　・石狩川　　　Ishikari River
・琵琶湖　　　Lake Biwa　　　・熊本城　　　Kumamoto Castle

④固有名詞部分と普通名詞部分を分けられない場合
・立山　　　　Mt. Tateyama　（Mt. Tate ではない）
・荒川　　　　Arakawa River　（Ara River ではない）
・芦ノ湖　　　Lake Ashinoko　（Lake Ashino ではない）
・二条城　　　Nijo-jo Castle　（Nijo Castle ではない）
・東大寺　　　Todaiji Temple　（Todai Temple ではない）

①　施設名や駅名の補足
・国会議事堂前　　　Kokkai-Gijidomae（National Diet Bldg.）
・哲学の道　　　　　Tetsugaku-no-Michi（Path of Philosophy）

92　第4章　インバウンドと関連事項

⑥日本語由来の普通名詞の場合（日本語の表音表記が既に広く認識
　されている場合）

・寿司　　　Sushi
・温泉　　　Onsen

⑦日本語由来の普通名詞の場合（日本語の読み方を伝える必要があ
　る場合）

・茶碗　　　Chawan（Tea bowl）
・暖簾　　　Noren（Traditional shop curtain）

■小売業の多言語表記

　外国人旅行者のためには、売り場案内、商品案内のほか、禁止事
項や注意事項について、日本語のほかに英語の併記で言語表示する
ことが望まれる。トイレ、階段、エレベーターやサービスカウン
ターなどの機能表示については、ピクトグラムによる表示で十分に
分かる例もあり、言語による表示と適宜使い分けるとよい。店内表
示で対応すべき言語については、施設特性や地域特性によっても異
なる。

　土産品を購入する訪日外国人旅行者、特にアジア系外国人は、購
入希望商品が決まっている場合が多く、その商品がどこに置いてあ
るかを店員に尋ねる傾向がある。一方で、欧米系外国人は気に入っ
たものがあれば購入するというスタンスで店内を見て回る人が多い。

　店内での売り場表示は、日本語を軸に英語を補助的に表示するこ
と、日本語表記でも、外国人に難解なカタカナでの表記を避け、で
きる限り漢字での表記を採用することで、中国系旅行者は英語表記
とあわせて大まかな意味を把握できる。

　ブランド名称などの固有名詞については、原語表記を行うと理解
されやすい。価格は数字なので言語を問わず理解されるが、総額表
示が一般的な国と税抜表示が一般的な国があるので、誤解が生じな

いよう外国語表記をする必要がある。

■ピクトグラム

ピクトグラム（pictogram）とは、「絵文字」「絵単語」などとも呼ばれ、何らかの情報や注意を示すために表示される視覚記号のことである。

1960年代以降、言語の制約を受けない「視覚言語」として世界的に注目された。日本では、1964年の東京オリンピックを契機に導入され、競技施設での誘導・案内などにその効果を発揮した。訪日外国人旅行者への対応としてその活用が期待されている。ピクトグラムは、公益財団法人交通エコロジー・モビリティ財団による標準案内用図記号が広く用いられている。

図表4-7　ピクトグラムの例

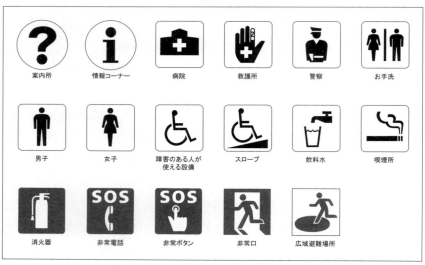

資料：標準案内用図記号　交通エコロジー・モビリティ財団

■地図記号

インバウンドの拡大、2020年東京オリンピック・パラリンピッ

ク開催を控え、訪日外国人旅行者にも分かりやすくするため、「地図記号」の表記の見直しが行われている。国土交通省国土地理院はホテルやレストランなど、外国人旅行者がよく訪れる施設の「外国人向け地図記号」（15施設）を2016年に決定した。（その後、「観光案内所」を追加）

図表 4-8　外国人向け地図記号

項目	地図記号	項目	地図記号
郵便局		コンビニエンスストア / スーパーマーケット	
交番		ホテル	
神社		レストラン	
教会		トイレ	
博物館 / 美術館		温泉	
病院		鉄道駅	
銀行 /ATM		空港 / 飛行場	
ショッピングセンター / 百貨店		観光案内所	

資料：国土交通省国土地理院

6. インバウンドの課題

■インバウンド促進の課題

　2020年に訪日外国人旅行者数を4,000万人にする目標達成に向けては大小の課題がある。

①ビザ発給要件の緩和

　ビザ発給要件の緩和はかなり進んでいるが、治安への十分な配慮を前提として、観光目的の旅行者へのビザ発給要件のさらなる緩和を図る。

②出入国手続の改善

　空港での出入国手続（CIQ：税関・出入国管理・検疫）の迅速化を図るため、自動化ゲートの利用を促進する。国際会議の参加者や重要ビジネス旅客向けに、専用の入国審査レーン（ファーストレーン）を設置する。クルーズ客船入港時の入国審査手続の迅速化・円滑化を促進する。

③航空ネットワークの充実

　空港の発着枠拡大、LCCを含めた新規就航、増便を図る。国際空港の機能強化と地方空港の活用。国際チャーター便の運航拡大、ビジネスジェットの利用環境の整備を促進する。

④宿泊施設の拡大

　東京や大阪など訪日外国人旅行者に人気の大都市圏では、宿泊施設の収容能力（キャパシティ）が限界に達している。ホテルの新設、旅館の利用誘導、民泊の利用拡大、ゲストハウス・ドミトリーの活用などが急務である。

⑤観光バス不足・通訳ガイド不足

　訪日外国人旅行者が利用する観光バス不足も深刻化している。通訳ガイドも不足している状態が続いている。インバウンドビジネス現場での人材も含め不足解消に向けた対応が必要である。

⑥地方誘致

　東京、大阪、京都などいわゆるゴールデンルートに訪日外国人旅行者は集中している。リピーター化を促進するなかで地方誘致の推進が不可欠である。

■訪日外国人旅行の受入改善

　日本において、外国人旅行者に対する「おもてなし」は定評があるが、言葉や言語表記の問題など受入のための改善事項は数多くある。

①多言語対応の改善・強化

　外国人旅行者の最大の不満と不安は言葉と言語表記の問題である。宿泊施設や飲食施設、交通機関、観光施設などにおける多言語の対応は不可欠である

②観光案内所（ツーリズム・インフォメーション・センター）

　外国人旅行者にとって、観光都市・観光地におけるツーリズム・インフォメーション・センターは最も頼りになる存在である。多言語対応を前提に拡大、整備する。同時にウェブでの情報提供を拡充する。

③免税制度の周知・拡大

　外国人旅行者に対する消費税免税制度は改善されてきているが、地域の免税店の拡大、認知向上を図る必要がある。

④交通機関の快適性

　日本の交通網の充実、安全性は世界に誇れるものではあるが、外国人旅行者にとっては利用しにくい点が多いといわれている。多言語表記や駅などでの英語対応、フリーきっぷ、フリーパスの開発などの取組みが必要である。

⑤クレジットカード・電子マネーの利用環境拡大

　外国人旅行者が利用できるクレジットカードや電子マネーの利用可能な施設の拡大を促進する。

⑥両替環境の改善

　日本においては、外貨から日本円へ両替可能な場所が極めて少ない。市中両替店やATMの設置拡大が急がれる。

⑦Ｗｉ－Ｆｉサービスの充実

　外国人旅行者にとって無料公衆無線LAN環境は重要である。民間の協力も重要だが、国、自治体が主体的に整備しなくてはならない。

⑧ムスリム旅行者への対応

　ムスリム（イスラム教徒）旅行者に配慮した食事の提供や礼拝スペースの確保、さらに、ハラール認証の取得の拡大などの対応を進めなければならない。

05

第 5 章

インバウンドと消費

Inbound Business Theory

1. インバウンドの消費動向

■訪日外国人旅行者の消費額

　訪日外国人旅行者（全国籍・地域別）の 2016 年の旅行消費額、いわゆる「インバウンド消費」は前年比 7.8％増の 3 兆 7,476 億円で、旅行者数の増加に伴って過去最高額を記録した。図表 5-1 は、訪日外国人旅行者の旅行消費額の 5 年間の推移を表したものである。順調に消費額は拡大しており、その金額は 4 年前の 3 倍以上という驚異的な伸びとなった。

図表 5-1　訪日外国人旅行消費額の推移　　　　　　　　　　（億円）

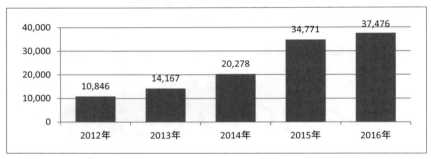

資料：観光庁「訪日外国人消費動向調査」より作成

　図表 5-2 は、2016 年の国・地域別の訪日外国人旅行消費額を表したものである。図表 5-3 を見るとそのシェアが確認できる。

　国・地域別の旅行消費額は、中国が 1 兆 4,754 億円で、消費額全体のおよそ 40％を占めた。続いて台湾が 5,245 億円で 14％を占め、韓国が 3,578 億円でおよそ 10％を占める。香港が 2,947 億円、アメリカが 2,130 億円と続き、この上位 5 ヶ国・地域で全体の 3/4 のシェアを持つ。タイ、オーストラリアも 1,000 億円を超えている。

図表 5-2　国・地域別の訪日外国人旅行消費額（2016 年）（単位：億円）

国・地域	旅行消費額	構成比
全国籍・地域	37,476	100.0%
中国	14,754	39.4%
台湾	5,245	14.0%
韓国	3,577	9.5%
香港	2,947	7.9%
アメリカ	2,130	5.7%
タイ	1,150	3.1%
オーストラリア	1,099	2.9%
シンガポール	591	1.6%
イギリス	532	1.4%
マレーシア	522	1.4%
フランス	479	1.3%
ベトナム	435	1.2%
カナダ	423	1.1%
フィリピン	390	1.0%
インドネシア	370	1.0%
ドイツ	313	0.8%
イタリア	236	0.6%
スペイン	206	0.5%
インド	177	0.5%
ロシア	105	0.3%
その他	1,794	4.8%

資料：観光庁「訪日外国人消費動向調査（2016）」より作成

図表 5-3　国・地域別訪日外国人旅行消費額シェア（2016年）

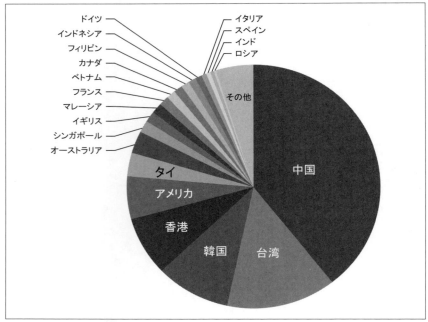

資料：観光庁「訪日外国人消費動向調査（2016）」より作成

■訪日外国人旅行者の1人当りの消費額

　1人当たりの旅行支出は為替レートや買い物動向の変化で、前年比11.5％減の15万5,896円となり、前年の支出額を下回った。図表5-4は、訪日外国人旅行者1人あたりの消費額の推移を表したものである。訪日外国人旅行者の消費額は順調に拡大し、2015年には最大の17万6,167円に達した。円安傾向に加え、消費税免税制度の充実と中国人旅行者の意欲的な買物行動である、いわゆる「爆買い」が後押しとなった。しかし、翌2016年は、前年比減となった。為替レートが円高傾向に転じたことや中国人旅行者の1人あたりの旅行支出の減少が大きく影響した。

図表 5-4　訪日外国人旅行者1人当たりの消費額の推移　　　　　　（円）

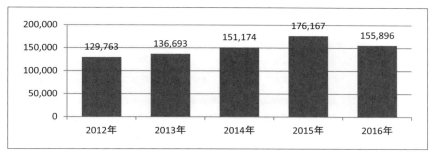

資料：観光庁「訪日外国人消費動向調査（2016）」より作成

　図表5-5は、2016年の国・地域別の訪日外国人旅行者1人あたりの消費額を表したものである。中国は18.4％減の23万1,504円に低下した。中国人旅行者の旅行支出の減少は、携行品輸入の関税引き上げと越境EC（電子商取引）の拡大などの影響を受け、旅行中の買い物支出が減少したことが原因とみられている。

　主要国で旅行者1人あたりの消費額が最も高いのは、オーストラリアで、24万6,866円であった。これはオーストラリア人旅行者の滞在日数が長いことと相関がある。2位の中国に次いで、3位にはロシア、ヨーロッパ諸国が続き、スペイン、イタリア、ロシア、フランスの順となっている。

　他の国・地域の1人あたりの旅行支出は、アメリカが2.4％減の17万1,418円、香港が7.0％減の16万230円、台湾が11.1％減の12万5,854円、韓国が6.5％減の7万281円となっている。

　観光庁は、1人あたりの旅行支出が減少した理由について、円高基調による為替レートの影響が大きく、現地通貨ベースで換算すると、必ずしも支出に対する意欲が減退したわけではないと指摘している。

　旅行消費額全体の3/4を占める中国、台湾、韓国、香港、米国について見ると、各現地通貨に対する為替レートは前年に比べて

10.8％〜17.1％の円高で、現地通貨ベースに換算した1人あたりの旅行支出は、中国を除いて前年から増加している。

図表5-5　国・地域別の訪日外国人旅行者1人あたりの消費額（2016年）（円）

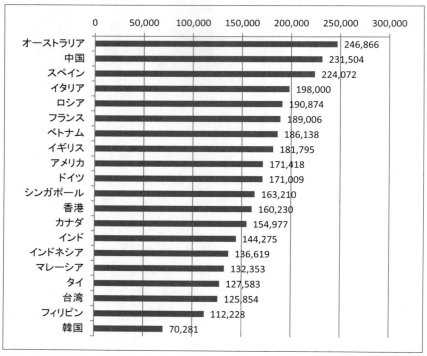

資料：観光庁「訪日外国人消費動向調査（2016）」より作成

■訪日外国人旅行者の1人あたり費目別旅行支出額

　図表5-6は、訪日外国人旅行者の一人あたりの費目別旅行支出額を表したものである。旅行支出額15.6万円のうち、最も大きなウェイトを占めているのは買い物代で、約5.9万円となっており、旅行総支出額全体の38％にあたる。宿泊費がそれに続いており、4.2万円程度となっており、全体の27％を占めている。交通費はおよそ1.8万円で、娯楽サービス費は少ない。

図表 5-6　訪日外国人旅行者1人あたり費目別旅行支出額（2016年）　　（円）

資料：観光庁「訪日外国人消費動向調査（2016）」より作成

　図表 5-7 は、国・地域別の訪日外国人旅行者1人あたりの費目別旅行支出額を表したものである。
　最も特徴的なのは、訪日中国人旅行者の買い物代の高さである。他を圧倒する 12.3 万円となっており、全体平均の倍以上を支出し、総額の 53％を占めている。支出額が減少しているとはいえ、中国人旅行者の旺盛な買い物志向は変わっていないと考えられる。
　欧米各国は、滞在日数が長いことから宿泊料金のシェアが大きくなっている。東アジア、東南アジアの国・地域の宿泊料金シェアは小さい。ロシア、ベトナム、香港は買い物代が高く、6 万円前後と全体平均の 1.5 倍となっていてそれぞれの総額に占める割合も大きい。オーストラリアはスキー参加者が多く娯楽サービス費が突出している。

図表 5-7　国・地域別の訪日外国人旅行者 1 人あたり費目別旅行支出額（2016 年）
(円)

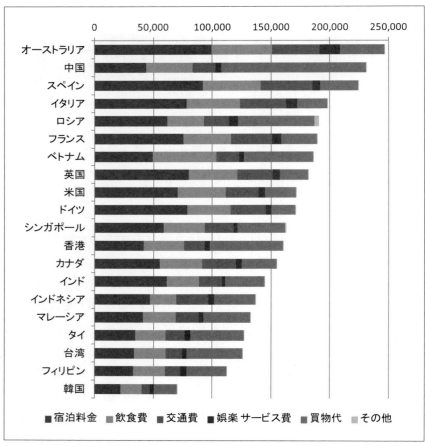

資料：観光庁「訪日外国人消費動向調査（2016）」より作成

2. インバウンドの買い物動向

■訪日外国人旅行者の 1 人あたりの買い物代

　訪日外国人旅行者の 1 人あたりの旅行支出額のうち最も大きなウェイトを占めているのは買い物代で、総額の 38％であった。買い物は観光ビジネスだけではなく小売ビジネスを中心に大きな経済

効果をもたらす。

　図表5-8は、2016年の国・地域別訪日外国人1人あたりの買い物代を表したものである。中国が突出し、12.3万円になっており、2位のロシアの倍近くに達している。ロシアは「訪日前に期待したこと」の問いに対し、日本食（1位）についでショッピング（2位）を挙げており、買い物が訪日旅行の大きな目的となっているようだ。中国、ロシア以外の上位にはアジアの国・地域が並んでおり、欧米の国々の買い物代は総じて低い。韓国が最下位となっているのは滞在日数が少ないためと考えられる。

図表5-8　国・地域別訪日外国人1人あたりの買い物代（2016年）　　（円）

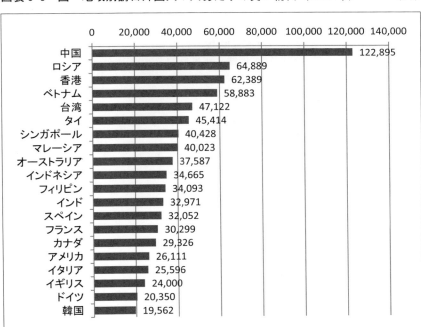

資料：観光庁「訪日外国人消費動向調査（2016）」より作成

■訪日外国人旅行者の買い物場所

　訪日外国人旅行者はどんな店で買い物を楽しんでいるのだろう。

図表 5-9 は、観光目的の訪日外国人旅行者の買い物場所（複数回答 / 全国籍・地域 / 観光目的・2016）を表したものである。

　日本国内どこにでもあり、気軽に入れる「コンビニエンスストア」の利用率がトップであった。僅差で医薬品・健康グッズ・トイレタリーなどが購入できる「ドラッグストア」が 2 位になっている。「空港の免税店」「百貨店・デパート」が続き、これらの業態を外国人旅行者の約 2/3 が利用している。

　「スーパーマーケット」も半数が利用し、「観光地の土産店」も 3 割強が利用している。よく話題になる「家電量販店」がそれに続く。郊外に立地する「アウトレットモール」も 2 割が利用している。「100 円ショップ」も 2 割近くが訪れている。

図表 5-9　訪日外国人旅行者の買い物場所
（複数回答 / 全国籍・地域 / 観光目的・2016）（%）

買物場所	利用率
コンビニエンスストア	67.9
ドラッグストア	67.3
空港の免税店	64.7
百貨店・デパート	62.6
スーパーマーケット	54.7
観光地の土産店	31.5
家電量販店	26.1
アウトレットモール	20.9
ファッション専門店	19.8
100 円ショップ	18.7
都心の複合商業施設	18.6
ディスカウントストア	15.1
宿泊施設	14.8
その他ショッピングセンター	13.3
鉄道駅構内の店舗	11.3
高速道路の SA・道の駅	6.2
その他	3.0

資料：観光庁「訪日外国人消費動向調査（2016）」より作成

108　第 5 章　インバウンドと消費

■訪日外国人旅行者の買い物の購入品の購入率と購入単価

　図表 5-10 は訪日外国人旅行者の買い物の購入品と購入率と購入単価（複数回答 / 全国籍・地域 / 観光目的・2016 年）を表したものである。

　購入率では「菓子類」がトップで 67.9％だった。日本の菓子は定番の土産になっているようだ。続いて「食料品・飲料・酒・たばこ」で 61.9％。土産だけではなく滞在中に消費するものも上位に挙がっている。3 位は「医薬品・健康グッズ・トイレタリー」で 56.8％。4 位は「化粧品・香水」で 47.9％。ここまでがおよそ半数の外国人旅行者が購入しているものである。安全で効果の高い日本の医薬品や化粧品は人気が高く、自分用や土産用として購入している。

　以下、「服（和服以外）・かばん・靴」「電気製品」「マンガ・アニメ・キャラクター関連商品」と続く。

　購入単価を見ると、購入率は高くないが、「カメラ・ビデオカメラ・時計」が 42,209 円と突出している。「服（和服以外）・かばん・靴」（29,187 円）、「電気製品」（27,925 円）も高く、「化粧品・香水」は購入率と同様購入単価も 27,523 円と高額になっている。

図表 5-10　訪日外国人旅行者の買い物の購入品の購入率と購入単価
（複数回答 / 全国籍・地域 / 観光目的・2016 年）（%・円）

品名	購入率	購入単価
菓子類	67.9	7,919
食料品・飲料・酒・たばこ	61.9	9,726
医薬品・健康グッズ・トイレタリー	56.8	18,994
化粧品・香水	47.9	27,523
服（和服以外）・かばん・靴	42.4	29,187
電気製品	17.1	27,925
マンガ・アニメ・キャラクター関連商品	15.4	9,548
書籍・絵葉書・CD・DVD	11.9	5,136
和服（着物）・民芸品	11.5	11,923
カメラ・ビデオカメラ・時計	7.6	42,209
その他買物代	7.1	27,876

資料：観光庁「訪日外国人消費動向調査（2016）」より作成

■訪日外国人旅行者の一番満足した購入商品

　図表 5-11 は、訪日外国人旅行者の一番満足した購入商品（自由回答 / 全国籍・地域 / 観光目的・2016 年）を表したものである。

　「服（和服以外）・かばん・靴」の選択が一番多かった。品質やデザインが評価されている。「化粧品・香水」「医薬品・健康グッズ・トイレタリー」が続く。安全性、ブランドなどが評価されているとともに土産物として満足度が高くなっている。以下、購入率トップである「菓子類」、購入単価が高い「電気製品」、そして日本特有のカルチャーである「マンガ・アニメ・キャラクター関連商品」が続いている。

110　第 5 章　インバウンドと消費

図表 5-11　訪日外国人旅行者の一番満足した購入商品
（自由回答 / 全国籍・地域 / 観光目的・2016 年）（%）

購入商品	選択率
服（和服以外）・かばん・靴	21.1
化粧品・香水	13.8
医薬品・健康グッズ・トイレタリー	12.5
菓子類	9.4
電気製品	8.1
マンガ・アニメ・キャラクター関連商品	7.3
和服・民芸品	5.0
その他食料品・飲料	3.4
時計	2.7
酒	2.4
カメラ・ビデオカメラ	1.7
書籍・絵葉書・CD・DVD	1.4
たばこ	0.3

資料：観光庁「訪日外国人消費動向調査（2016）」より作成

■訪日外国人旅行者の一番満足した購入商品の理由

　図表 5-12 は、訪日外国人旅行者の一番満足した購入商品の理由
（自由回答 / 全国籍・地域 / 観光目的・2016 年）を表したものである。
　「品質が良い」が選択率で群を抜いている。日本にとっては嬉し
い満足理由と言えよう。続いて、「デザインが良い・かわいい・き
れい」「価格が手頃・自国より安い」が並んでいる。品質とともに
デザインが評価されている。価格に関しては円安効果、免税効果と
考えられる。
　「美味しい」は、菓子類、食品類への評価である。「日本製」「好
きなブランド・商品」も日本の商品に対するブランド評価と考えら
れる。「伝統的・日本独特」の全体の選択率は低いが、欧米各国は
10% 前後と高い。

図表 5-12　訪日外国人旅行者の一番満足した購入商品の理由
（自由回答 / 全国籍・地域 / 観光目的・2016 年）（%）

満足した理由	選択率
品質が良い	24.9
デザインが良い・かわいい・きれい	15.7
価格が手頃・自国より安い	15.7
美味しい	8.8
日本製	8.7
好きなブランド・商品	8.1
お土産に良い・人に頼まれた	5.3
自国で入手が難しい	4.6
伝統的・日本独特	2.8
便利だから	0.8

資料：観光庁「訪日外国人消費動向調査（2016）」より作成

3.　インバウンドの飲食動向

■訪日外国人旅行者の一番満足した飲食

　訪日外国人旅行者（全国籍・地域・2016 年）が「訪日前に期待したこと（複数回答）」の１位は「日本食を食べること」で 71.2%であった。「最も期待していたこと（単一回答）」でも 26.0%とトップであった。「今回したこと（複数回答）」も 96.1%、「今回した人のうち満足した人の割合（複数回答）」も 89.9%とトップで、「次回したいこと（複数回答）」においても 58.0%といずれも１位となっている。「日本食」はインバウンドにおいて最大の観光資源となっていると言える。なお、訪日外国人旅行者の旅行支出額のうち飲食費は 20%を占めている。

　図表 5-13 は、観光目的の訪日外国人旅行者の一番満足した飲食（自由回答 / 全国籍・地域 / 観光目的・2016 年）を表したものである。１位は日本の国民食として定着しているラーメンであった。海外の各都市にも日本のラーメン店が進出していることが影響してい

る。2位は、肉料理で、寿司は3位になっている。魚料理、その他
日本料理と続く。

図表 5-13　訪日外国人旅行者の一番満足した飲食
　　　　　　（自由回答／全国籍・地域／観光目的・2016年）（%）

飲食	選択率
ラーメン	21.3
肉料理	19.5
寿司	16.3
魚料理	14.2
その他日本料理	7.2
菓子類	6.0
そば・うどん	4.7
その他料理	3.5
小麦粉料理	2.9
その他食料品・飲料	2.4
酒	1.2
果物	0.5
外国の料理	0.4

資料：観光庁「訪日外国人消費動向調査（2016）」より作成

　図表 5-14 は、観光目的の訪日外国人旅行者の一番満足した飲食
（自由回答／全国籍・地域／観光目的・2016年）を国・地域別で表
したものである。

　飲食に関しては、国・地域によりばらつきがある。中国、韓国、
香港、ベトナム、インドを除いてアジア各国の1位はラーメンで、
2位が寿司のところが多い。韓国、香港の1位は肉料理、中国の1
位は魚料理だった。台湾、香港、中国は寿司が4位と下位にとど
まっている。

　欧米各国は、寿司が1位、ラーメンが2位のところが多い。イタ
リア、スペイン、オーストラリアで小麦粉料理が4位以上に入って
いる。

図表 5-14　訪日外国人旅行者の一番満足した飲食国・地域別
（自由回答／全国籍・地域／観光目的・2016 年）

	中国	韓国	台湾	香港	タイ
1	魚料理	肉料理	ラーメン	肉料理	ラーメン
2	ラーメン	寿司	肉料理	ラーメン	寿司
3	肉料理	ラーメン	魚料理	魚料理	肉料理
4	寿司	そば・うどん	寿司	寿司	魚料理
5	菓子類	他日本料理	他日本料理	他日本料理	菓子類
	マレーシア	シンガポール	フィリピン	インドネシア	ベトナム
1	ラーメン	ラーメン	ラーメン	ラーメン	寿司
2	寿司	寿司	肉料理	寿司	魚料理
3	魚料理	魚料理	寿司	菓子類	ラーメン
4	他日本料理	肉料理	菓子類	肉料理	肉料理
5	肉料理	他日本料理	他日本料理	他日本料理	菓子類
	インド	イギリス	フランス	ドイツ	イタリア
1	寿司	寿司	寿司	寿司	寿司
2	魚料理	ラーメン	肉料理	ラーメン	ラーメン
3	他日本料理	肉料理	他日本料理	他日本料理	肉料理
4	ラーメン	魚料理	ラーメン	肉料理	小麦粉料理
5	酒	他日本料理	小麦粉料理	魚料理	そば・うどん
	スペイン	ロシア	アメリカ	カナダ	オーストラリア
1	寿司	寿司	寿司	寿司	ラーメン
2	ラーメン	ラーメン	ラーメン	ラーメン	寿司
3	小麦粉料理	肉料理	肉料理	肉料理	肉料理
4	肉料理	他日本料理	他日本料理	他日本料理	小麦粉料理
5	他日本料理	魚料理	そば・うどん	そば・うどん	その他料理

資料：観光庁「訪日外国人消費動向調査（2016）」より作成

■訪日外国人旅行者の一番満足した飲食の理由

　図表 5-15 は、観光目的の訪日外国人旅行者の一番満足した飲食の理由（自由回答／全国籍・地域／観光目的・2016 年）を表したものである。

　「美味しい」が突出し、次いで「品質が良い」が 1 割強の選択率になっている。「伝統的・日本独特」「自国で味わうことができない

から」「珍しい・新しい」が続いているが、選択率は低い。

図表 5-15　訪日外国人旅行者の一番満足した飲食の理由
（自由回答 / 全国籍・地域 / 観光目的・2016 年）（%）

満足した理由	選択率
美味しい	77.8
品質が良い	10.5
伝統的・日本独特	2.3
自国で味わうことができないから	2.2
珍しい・新しい	1.5
好きな料理・食品である	1.2
価格が手頃・自国より安い	1.1
量や種類が適切	1.0
店のサービスや雰囲気	0.5
有名である	0.4
デザインが良い・かわいい・きれい	0.4
健康に良い	0.4
宗教や信条、体質等の理由	0.1

資料：観光庁「訪日外国人消費動向調査（2016）」より作成

4.　インバウンドと決済

■訪日外国人旅行者の利用金融機関・決済方法

　訪日外国人旅行者が日本で食事や買い物などする場合、基本的に自国か日本で両替し、日本円で支払うことになる。クレジットカードでの支払いも一般化している。

　図表 5-16 は、観光目的の訪日外国人旅行者の利用金融機関・決済方法（複数回答 / 全国籍・地域 / 観光目的・2016 年）を表したものである。

　「現金」が 1 位で、ほとんどの訪日外国人旅行者が支払いに使っている。2 位は「クレジットカード」で半数以上の旅行者が利用している。3 位が商品を購入した際に代金が銀行口座から即座に引落

しとなる「デビットカード」だった。これはほとんどの中国人旅行者が利用する「銀聯（ぎんれん）カード」が主である。「空港の両替所」を含め、「銀行・郵便局」「その他両替商」の利用は少ない。

図表 5-16　訪日外国人旅行者の利用金融機関・決済方法
　　　　　（複数回答 / 全国籍・地域 / 観光目的・2016 年）（%）

金融機関・決済方法	利用率
現金	95.7
クレジットカード	55.4
デビットカード（銀聯カード等）	13.6
ATM	6.9
交通系 IC カード（Suica 等）	4.2
空港の両替所	3.4
銀行・郵便局	2.9
その他両替商	2.0
宿泊施設での両替	0.4
その他（トラベラーズチェック、Edy 等）	0.2

資料：観光庁「訪日外国人消費動向調査（2016）」より作成

■両替

　外貨両替とは、ある国の通貨を別の国の通貨に交換することである。日本円から外貨への両替は日本国内はもとより、ほとんどの旅行先の国でも可能である。また、主要国の通貨は日本国内でも日本円に両替できる。

　成田空港、関西空港などの国際空港にある銀行、両替店で両替できるほか、市中の郵便局、銀行、旅行会社、両替店、ホテルなどで両替することができる。また、クレジットカード、キャッシュカードを利用し ATM から日本円を引き出すことも可能である。しかし、海外の都市と比べて日本は両替所が少なく、海外発行カード対応の ATM の数も不十分な状況である。訪日外国人旅行者の「旅行中に困ったこと」の調査に対する回答に、「両替」「ATM の利用」

が毎回挙がっていることからも窺える。

■クレジットカード

　訪日外国人旅行者の「旅行中に困ったこと」の調査に対する回答の上位に、「クレジットカード利用」が挙がっている。

　海外ではクレジットカードの普及率が高く、欧米では「コーヒー1杯でもカードで払う」と言われるほどクレジットカードによる支払いが一般的になっている。日本でもクレジットカードを利用できる店舗は拡大しているが、小規模小売店などまだまだ利用できないところが多い。

　訪日外国人旅行者が所持している国際ブランドのクレジットカードには、VISA（ビザ）、MasterCard（マスターカード）、銀聯（ユニオンペイ）、American Express（アメックス）、Diners Club（ダイナース）、DISCOVER（ディスカバー）がある。日本のJCB（ジェーシービー）も国際ブランドの1つである。

■銀聯カードと新韓カード

　銀聯は中国人民銀行主導で2002年に設立された決済ネットワークで、銀聯カードの発行枚数は世界で60億枚を超えている（2017年現在）。訪日中国人旅行者のほとんどが銀聯カードを所持している。銀聯カードはキャッシュカード兼デビットカードであり、デビットカードとして利用できる。日本国内でも銀聯カードが利用できる店舗は増えている。

　新韓カードは、韓国において、会員数、取扱規模でNo.1のクレジットカードである。本カードの種類には、VISAやMasterCardなどの国際ブランドが付帯したカードのほかに、国際ブランドが付帯されず、主に韓国国内での利用を目的とした「新韓ハウスカード（韓国ハウスカード）」がある。新韓ハウスカードを所持する韓国人は非常に多く、地理的に韓国と近く訪日韓国人旅行者の多い九州な

どでは、新韓ハウスカードを使うことができる店舗も増えている。

■新しい決済方法

　訪日外国人旅行者の決済方法の多様化は急速に進んでいる。中国人旅行者においては、「WeChat Payment」と呼ばれる決済サービスもかなり浸透している。また「アリペイ」や「スクエア」「コイニー」という、スマートフォンがクレジットカードの決済端末になる決済サービスも注目されている。図表5-17は、注目される新しい決済方法である。

　経済産業省は2020年までに、外国人が訪れる主要な商業施設、宿泊施設及び観光スポットにおいて「100％のクレジットカード決済対応」および「100％の決済端末のIC対応」を実現し、クレジットカードや電子マネーなど現金を必要としない「キャッシュレス決済」を目指している。

図表5-17　新しい決済方法

決算手段	概　要
微信支付 (WeChat Payment)	WeChat（微信）のユーザーが銀行に情報を登録するだけで、簡単に利用することができる。オンライン上の決済、実店舗での決済も可能。4億人がこの決済サービスを利用している。
支付宝銭包 (Alipay Wallet)	中国のオンライン決済サービス。年間アクティブユーザー数は2億人以上。ショッピングモール、コンビニ、タクシー、病院にまで利用可能。訪日中国人旅行者も利用拡大。
Square	モバイル決済サービスの先駆的存在で、北米市場でシェアトップ。日本では後発であるにもかかわらず一気に浸透している。
Coiney	スマートフォンやタブレットでクレジットカードの決済機能を提供するサービス。クレジットカード対応が遅れている小規模店舗に利用されている。
Google Wallet	日本のほか、アメリカ、カナダ、香港、オーストラリアなどでも提供。Google版「おサイフ」サービス。Androidスマートフォンにインストールされた専用アプリを使って代金支払が行える。

| Apple Pay | Apple が提供する決済サービス。クレジット・デビットカードを登録し、店頭で機器に iphone などをかざして支払いをしたり、アプリ内で決済をすることができる。 |

資料：各ホームページ等より

06

第 6 章

インバウンドと
免税制度

Inbound Business Theory

1. インバウンドと免税店制度

■消費税免税店制度

インバウンドの拡大の要因の1つに近年の免税店制度の充実が挙げられている。

免税とは、出国する旅行者に対して、商品にかかる税金（消費税や酒税、輸入品の関税など）を免除して販売することをいう。

消費税免税店制度とは、消費税免税店（輸出物品販売場）を経営する事業者が外国人旅行者などの非居住者に対して一定の方法で販売する場合には、消費税が免除される制度のことである。

免税店とは外国人旅行者などの非居住者に対して特定の物品を一定の方法で販売する場合に消費税を免除して販売できる店舗のことで、「輸出物品販売場」が正式名称だ。事業者が経営する販売場ごとに、事業者の納税地を所轄する税務署長の許可を受けなければならない。

対象者は「非居住者」であること。外国人でも、日本国内の事業所に勤務する者、6ヶ月以上日本に在住する者は非居住者には該当しない。

免税対象物品は、次の条件を満たす物品に限られる。

①通常生活の用に供されるものであること。

②同一の非居住者に対して、同一店舗における1日の一般物品の販売合計額が5,000円以上。

③同一店舗の非居住者に対して、同一店舗における1日の消耗品（食品類、飲料類、たばこ、薬品類、化粧品類、その他消耗品）の販売合計額が5,000円以上、50万円までの範囲であること。

2016年5月より、一般物品について、免税の対象となる最低購入金額が「10,000円超」から「5,000円以上」に引き下げられた。これに合わせ、消耗品についても最低購入金額が「5,000円超」から「5,000円以上」に引き下げられた。これにより、例えば民芸品

や伝統工芸品など単価の低い商品も免税で購入しやすくなり、外国人旅行者が地方でより多くの買い物をすることを促す効果が期待される。

免税店は「輸出免税物品購入記録票」を作成し、旅券などに貼付して割印すること、「購入者誓約書」に免税物品を購入する非居住者の署名を受け、7年間保存することなどが義務づけられている。非居住者は、出国の際に、購入記録票を税関に提出し、購入した免税物品を携帯して国外へ持ち出さなくてはならない。

■一般物品と消耗品

免税対象物品は、通常生活の用に供される一般物品、消耗品であり、非居住者が事業用または販売用として購入することが明らかな場合は、免税販売対象外になる。

図表 6-1 のように、一般物品とは、家電製品、バッグ、衣料品などの消耗品以外のもの。消耗品とは、飲食料品、医薬品、化粧品などである。一般物品と消耗品の明確な区別は事業者に委ねられている。

図表 6-1　一般物品と消耗品

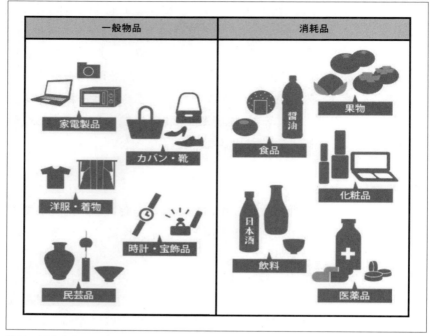

資料：観光庁ホームページより
※当項参考資料：観光庁・経済産業省「消費税免税店の手引き」

2. インバウンドと免税店

■消費税免税店の種類

　免税店には、「一般型消費税免税店」と「手続委託型消費税免税店」の2種類がある。外航クルーズ客船の寄港時に埠頭へ免税店を臨時出店する「事前承認港湾施設内における輸出物品販売場（臨時販売場）」の制度もある。
　「一般型」とは商品を販売する店舗で免税手続を行う免税店を指し、「手続委託型」とは商店街やショッピングセンター内に出店している店舗で免税手続カウンターに免税手続を委託する店を指す。

■消費税免税店になるには

一般型消費税免税店になるには、納税地を所轄する税務署に申請しなくてはならない。

企業規模を問わず誰でも免税店になることができる。次の①～③の要件すべてを満たしていることが必要である。

①認可条件は、次のイおよびロの要件を満たす事業者（消費税の課税事業者に限る）が経営する販売場であること。

イ．現に国税の滞納がないこと。

ロ．輸出物品販売場の許可を取り消され、その取消しの日から3年を経過しない者でないこと。その他輸出物品販売場を経営する事業者として特に不適当と認められる事情がないこと。

②現に非居住者の利用する場所または非居住者の利用が見込まれる場所に所在する販売場であること。

③免税販売手続に必要な人員を配置しかつ免税販売手続を行うための設備を有する販売場であること。

許可要件の考え方は、次のとおりである。

「免税販売手続に必要な人員の配置」とは、免税販売の際に必要となる手続を非居住者に対して説明できる人員の配置を求めているもの。なお、外国語については、母国語のように流暢に話せることまでは求めておらず、パンフレットなどの補助材料を活用して、非居住者に手続きを説明できる程度で差し支えない。

「免税販売手続を行うための設備を有する」とは、非居住者であることの確認や購入記録票の作成など免税販売の際に必要となる手続を行うためのカウンターなどの設備があれば十分であり、免税販売を行う特別なカウンターを設けることまでを求めているものではない。

■申請のために必要な書類

前述の条件を満たしていれば、消費税免税店を経営しようとする

事業者の納税地を所轄する税務署へ申請し、認可を受ける流れとなる。その際、以下の書類の提出が必要となる。

・輸出物品販売場許可申請書（一般型用）
・許可を受けようとする販売場の見取図
・免税販売の方法を販売員に周知するための資料（免税販売手続マニュアルなど）
・免税販売手続を行う人員の配置状況が確認できる資料（免税販売手続を行う場所の見取図に人員の配置状況を付記したものなど）
・申請者の事業内容が確認できる資料（会社案内やホームページ掲載情報など）
・許可を受けようとする販売場の取扱商品が確認できる資料（取扱商品リスト・商品カタログなど）
・許可を受けようとする販売場において作成する購入記録票のサンプル

　なお、申請に費用は特段かからず、通常1～2ヶ月程度で所轄税務署が審査し、許可を得ることができる。

■手続委託型輸出物品販売場制度

　2015年度の税制改正において、「手続委託型輸出物品販売場制度」が創設され、商店街やショッピングセンターなどの特定商業施設内で免税手続きを代理者に一括で引き受けさせることが可能になった。訪日外国人旅行者に対する事業の後押しとなっている。

　免税販売手続の委託を可能とする免税手続カウンターの設置が認められ、手続委託型輸出物品販売場では通常の客と同様に外国人旅行者に販売し、免税手続については承認を受けた免税手続カウンターに委託できるようになる。特定商業施設とは、商店街、ショッピングセンター、テナントビルなどである。その商店街やショッピングセンターの中の複数の店舗で同一の日に同一の非居住者に購入された商品は、合算して免税販売手続きができる。

販売場を「手続委託型消費税免税店」にしようとする事業者は販売場ごとに、納税地の所轄税務署長の許可を受ける必要がある。免税手続カウンターを設置する事業者も納税地の所轄税務署長の承認を受け、「承認免税手続事業者」となる必要がある。

　認可要件は、一般型消費税免税店の要件に加え、販売場を経営する事業者と当該販売場の所在する特定商業施設内に免税手続カウンターを設置する承認免税手続事業者との間において、次の要件のすべてを満たす関係があること。

①販売場において譲渡する物品に係る免税販売手続につき、代理に関する契約が締結されていること。

②販売場において譲渡した物品と免税手続カウンターにおいて免税販売手続を行う物品とが同一であることを確認するための措置が講じられていること。

③免税販売手続につき必要な情報を共有するための措置が講じられていること。

　また、申請書の手続き書類については、一般型消費税免税店の「販売場の見取図」に代えて、

・許可を受けようとする販売場が所在する特定商業施設の見取図
・免税販売手続の代理に関する契約書の写し
・特定商業施設に該当することを証する書類
・承認免税手続事業者の承認通知書の写し
　が必要となる。

図表 6-2　手続委託型輸出物品販売場制度

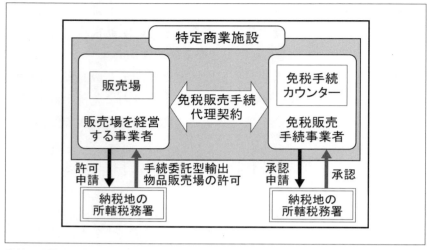

資料：国税庁ホームページより

■事前承認港湾施設内への免税店の臨時出店

　増加傾向にある外航クルーズ客船が寄港する際、埠頭に免税店を臨時出店する手続きが簡素化された。「事前承認港湾施設内における輸出物品販売場に係る届出制度」である。

　施設内への免税店の臨時出店を希望する事業者は、あらかじめ税務署長から臨時出店の承認を受けることにより、クルーズ客船の寄港にあわせて前日までに届出書を提出すれば、免税店の臨時出店ができるようになった。また、「船舶観光上陸許可」制度に伴い、免税手続の際に必要なパスポートに代わるものとして、「船舶観光上陸許可書」が認められることとなった。
※当項参考資料：観光庁・経済産業省「消費税免税店の手引き」

3. インバウンドと免税販売

■免税販売手続の流れ

　外国人旅行者が消費税免税店を訪れ、一般物品、消耗品を購入する時、免税措置を希望する場合は、次のような手続きを行う。

①パスポート等の確認

　パスポート現物が必要（代替証あり）

※一般物品の1日の販売価格が100万円を超える場合はパスポート等の写しを保管。

※確認事項

　非居住者か？入国から6カ月たっていないか？販売品は免税対象か？（品目、金額下限、上限）商用利用ではないか？

②購入物品の確認

　免税範囲の金額確認と物品区別

　一般物品：5,000円以上、消耗品：5,000円以上50万円まで

※一般物品と消耗品は事業者が判別し、別々に計算する。それぞれの合計額が5,000円以上である場合に免税対象となり、合算はできない。

③購入記録票作成

　販売者情報、購入者情報、購入品情報を「購入記録票」に記載し、パスポート等に貼り付けて割り印を押す。

④出国時の手続き説明

　一般物品は国外に持ち出すこと。消耗品は使用せず、購入から30日以内に国外に持ち出すことを説明。

⑤旅行者による署名

上記の説明の同意を得て、「購入者誓約書」にサインをもらう。誓約書は店舗で7年間保管の義務あり。

⑥精算・商品渡し

税抜き価格（非課税）で精算、もしくは消費税を徴収して販売後、免税カウンターなどで消費税分を返金。消耗品は指定方法にて包装する。

⑦輸出

非居住者は、出国の際に税関にパスポート等に貼付された購入記録票を提出する。非居住者は、購入した免税物品を携帯して国外へ持ち出す。

※非居住者は免税物品を出国前に他人に譲渡してはならない。

※飲料類、化粧品類等における液体物は、国際線においては客室内への持込制限があるので、受託手荷物とする。

■梱包の方法

消耗品を免税販売する際は、梱包が必要となる。包装は「プラスチック製の袋」または「ダンボール製等の箱」が可能。包装は以下のような要件を満たすこと

・出国までに破損しない十分な強度を有すること。

・開封した場合に開封したことが分かるシールで封印すること。

・包装の中の内容物や個数が確認できること。

・出国まで開封しないこと等を日本語および外国語で注意喚起する記載または記載した書面を貼付すること。

図表6-3 梱包の方法

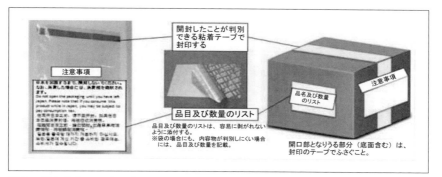

資料：観光庁ホームページより

■免税販売ツール

　免税店において外国人旅行者に物品を販売するとき、免税手続きについて説明するのは容易ではなく、英語だけではなくさまざまな言語に対応する必要もあり、現実的には難しいことが多い。

　そこで、外国人旅行者向け消費税免税制度を分かりやすく、多言語で説明するためのシート、「免税手続の多言語説明シート」が観光庁のホームページからダウンロードできるので、店舗への掲載、手続カウンターでの説明などに活用したい。英語のほか、中国語（簡体字・繁体字）、韓国語、タイ語のシートが用意されている。その中の「買い物おたすけシート」は、指差し会話シートとして、コミュニケーションの手助けになる。

図表 6-4　買い物おたすけシート（英語）

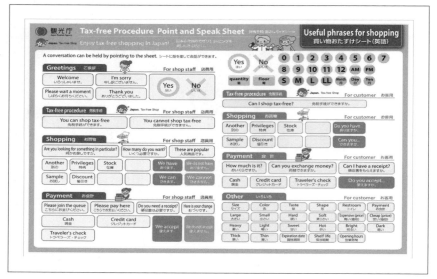

資料：観光庁ホームページより
※当項参考資料：観光庁・経済産業省「消費税免税店の手引き」

4. インバウンドと免税店拡大

■消費税免税店

　消費税免税店は全国に広がっている。図表 6-5 は、消費税免税店数の推移を表したものである。2016 年 10 月時点の免税店数は、全国で 38,653 店となり、2 年間で 4 倍以上になっているのが分かる。免税店立地の内訳としては、三大都市圏で 23,826 店、三大都市圏を除く地方で 14,827 店となり（観光庁）、まだ都市圏に集中しているものの、地方でも着実に増加している。
　免税店では、「免税」「TaxFree」の POP や看板を掲げ外国人旅行者に対し視認性を高めるよう工夫している。また、「免税店シンボルマーク」の掲示も進められている。市中で時折見られる「Duty Free（保税免税店）」は「外国製品を日本に輸入する際に課せられ

る関税を免除する」ことを指し、日本国内では一部の店舗に限られている。

図表 6-5　消費税免税店数の推移　　　　　　　　　　　　（店）

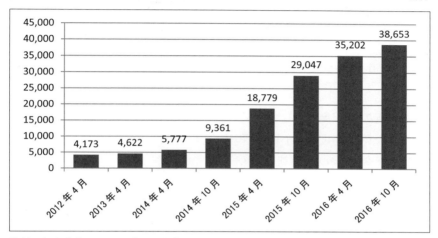

資料：観光庁ホームページより作成

■免税店シンボルマーク

　免税店のブランド化、認知度向上のために「免税店シンボルマーク」がある。店頭にシンボルマークを掲示することにより、外国人旅行者からの識別性を向上させ、外国人旅行者の利便性を高める。

　また、「免税手続カウンターシンボルマーク」も作られ、このシンボルマークを手続カウンターなどに表示することで、外国人旅行者に免税手続きをどこですればよいか、分かりやすく示すことができる。

　使用できる対象者は、免税店（輸出物品販売場）の許可を得ている事業者。申請方法は所定の資料をWeb、もしくは郵送のいずれかにより提出する。提出資料は、免税店シンボルマーク使用申請書、免税店一覧、輸出物品販売場許可書の写しである。

図表 6-6「免税店シンボルマーク」と「免税手続カウンターシンボルマーク」

資料：観光庁ホームページより

■免税店の情報発信

　消費税免税制度や全国の免税店を訪日外国人旅行者に広く知らせるため、各レベルで情報が発信されている。

　日本政府観光局は、ホームページやフェイスブックにおいて、免税店の利用方法および免税店のリストを情報発信している。店舗検索も可能。また、各国の日本政府観光局の現地事務所から現地旅行会社、メディア、出版社などへ情報提供し、ガイドブックなどへの掲載を働きかけている。

　さらに、国内外のエアラインの機内誌において消費税免税制度や免税店の利用方法を紹介している。

5. インバウンドと免税手続実施状況

■訪日外国人旅行者の免税手続き実施率

　訪日外国人旅行者に対する消費税免税制度は徐々に浸透し、免税店も増加しているが、実際に訪日外国人旅行者は買い物の際に免税手続きを実施しているのだろうか。

　図表 6-7 は、訪日外国人旅行者の免税手続き実施率（全国籍・地域別・2016 年）について全体の実施率と主要 20ヶ国・地域の実施率を表したものである。全体の実施率はおよそ 50％で、半数の外国人旅行者は消費税免税制度を認知し実際に手続を行っている。

しかし、国・地域によりその実施率はばらつきがある。旅行者数が多く、かつ買い物行動が盛んな中国が群を抜き、73％の実施率だった。香港、台湾も70％近くの実施率になっている。これらの国・地域は消費税免税制度が認知されていることが分かる。以下、アジアのほとんどの国は30～40％の実施率になっている。一方、欧米各国はほとんどの国で20％以下と実施率が低い。

図表6-7　訪日外国人旅行者の免税手続き実施率（全国籍・地域別・2016年）

(％)

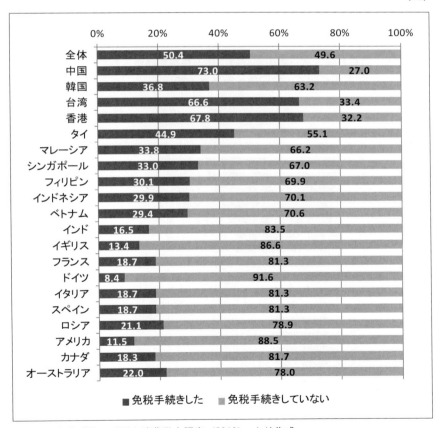

資料：観光庁「訪日外国人消費動向調査（2016）」より作成

■訪日外国人旅行者の消費税に関わる免税物品購入総額

図表 6-8 は、訪日外国人旅行者の消費税に関わる免税物品購入総額（消費税を除く・全国籍・地域別・2016 年）の全体の購入総額と主要20ヶ国・地域の購入総額を表したものである。

全体の 1 人あたり平均購入総額は、56,679 円であった。国・地域別では、中国が群を抜き 1 人あたり平均 90,164 円であった。香港が 64,950 円と続いている。3 位がロシアで 45,715 円と高額になっている。以下、アジアの国・地域が 3〜4 万円で、欧米各国は 2 万円前後となっている。買い物金額自体が低い韓国は免税物品購入総額も低い。

図表 6-8　訪日外国人旅行者の消費税に係る免税物品購入総額
　　　　　（消費税を除く・全国籍・地域別・2016 年）　　　　　　　　　（円）

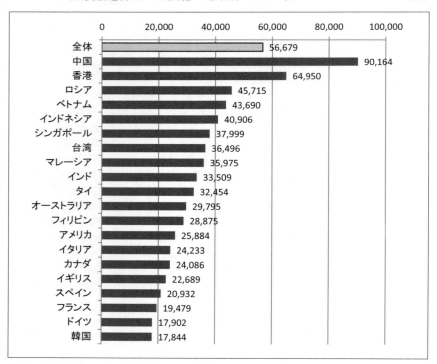

資料：観光庁「訪日外国人消費動向調査（2016）」より作成

■訪日外国人旅行者が消費税免税の手続きをした品目

　訪日外国人旅行者が実際に消費税免税手続きをした購入品目は
どんなものがあるのだろうか。図表 6-9 は、訪日外国人旅行者が消
費税免税の手続きをした品目（複数回答 / 全国籍・地域・2016 年）
を表したものである。

　最も消費税免税の手続きをした品目は、「医薬品・健康グッズ・
トイレタリー」であり、「化粧品・香水服」「服（和服以外）・か
ばん・靴」が続く。

図表 6-9　訪日外国人旅行者が消費税免税の手続きをした品目
　　　　　（複数回答 / 全国籍・地域・2016 年）（%）

購入商品	実施率
医薬品・健康グッズ・トイレタリー	27.8
化粧品・香水	25.2
服（和服以外）・かばん・靴	16.8
菓子類	13.3
食料品・飲料・酒・たばこ	11.1
電気製品	8.8
カメラ・ビデオカメラ・時計	4.0
マンガ・アニメ等関連商品	1.7
和服（着物）・民芸品	1.6
書籍・絵葉書・CD・DVD	0.7
宝石・貴金属	0.2
その他	0.7

資料：観光庁「訪日外国人消費動向調査（2016）」より作成

07

第 7 章

インバウンドとビジネス
―ツーリズム―

Inbound Business Theory

1. インバウンドビジネスとは

■インバウンドビジネスとは

　インバウンドビジネスとは、海外から訪れる外国人旅行者をターゲットとしたビジネス、またはその訪問に付随して発生するビジネスのことである。訪日外国人旅行者に商品やサービスを提供しているビジネス、商売全般と言ってもよい。

　インバウンドは訪日外国人の旅行のことである。したがって、ツーリズムに関わるビジネスがまず該当する。旅行業、宿泊業、鉄道交通、航空交通、道路交通、観光土産店、観光案内、観光施設、飲食業、ショッピング、さらに、レジャー施設、スポーツ施設、エンタテインメントなど、訪日外国人が訪れて、利用する可能性のあるビジネスは、すべてインバウンドビジネスに関わっていることになる。情報産業やIT産業なども大きく関わりを持ち始めており、また例えば、かつてはビジネスモデルが存在していなかったシェアリングエコノミーも大きなインバウンドビジネスとなっている。

　訪日外国人旅行者が増加し、大都市や有名観光地だけではなく日本全国の地域を訪れ、多様な人々が今までの観光行動とは異なる活動をしている。例えば、街の飲食店や居酒屋に、スーパーマーケットや小売店に外国人旅行者が日常的に訪れ、実質的にその店舗はインバウンドビジネスのプレイヤーになっている。美容室やカラオケ、スポーツ施設などでも、インバウンドビジネスに積極的に取り組み始めているところも出現している。インバウンドビジネスはこうしたさまざまな業界へ広がっており、これに合わせて、物流業界や人材派遣業界などからの参入も相次いでいる。

　訪日外国人旅行者の着実な増加とともに、インバウンドビジネスの市場は年々拡大している。インバウンドビジネスはさまざまな分野に波及しており、インバウンドに関連しない業界は皆無と言っても過言ではないだろう。実際に、既存のビジネスモデルを利用して新た

なビジネスモデルを立ち上げて、成功している企業が増えている。

■インバウンドビジネス戦略

インバウンドビジネスを展開するにあたって、ビジネスを拡大し、成功するためには積極的にインバウンドと向きあうことが必要である。

もちろん外国人旅行者の受入れに消極的で、やむを得ず受け入れているというケースもあるであろうが、拡大するインバウンド需要を取り込むことは、もはやすべてのビジネスにおいて避けては通れなくなっている。

①外国人の本質的ニーズを知る

外国人旅行者といっても、自社の商品・サービスを提供する以上、自社の顧客であることに変わりはない。自らが顧客のニーズを正確に把握し、ニーズに即した商品・サービスを提供することが重要である。外国人は多様な価値観や行動特性を持っているだけに、できる限りさまざまな方法を駆使して、訪日前に本質的なニーズを掴むことがポイントとなる。

②入口を押さえる

顧客に一番近いところをいかに押さえるかがポイントとなる。インバウンドビジネスの場合は、訪日前の入口である、現地旅行会社や現地企業にアプローチするのが効果的である。また、日本の入り口となる日本側の旅行会社やランドオペレーターも鍵を握っている。

③需要吸収・需要創造・異業種連携

外国人旅行者の日本国内における行動の中心は消費活動である。その消費ニーズを取り込む受入体制、販売促進が必要である。また、新たな需要を創造することが重要である、旅の途中の外国人旅

行者の財布のひもは緩い。とはいえ、外国人旅行者のニーズは多様化しているだけに、個別のコンテンツだけでは不十分なことも多く、その場合は異業種間のプレイヤーの連携が効果を生み出す。

④再訪促進・越境EC

　訪日外国人旅行者を顧客として捉え、Web上で繋がり、帰国後も相互コミュニケーションをとることがグローバル戦略となる。訪日外国人は、訪日中は旅行者だが、帰国すれば現地で生活する一消費者となる。日本の、そして自社の最新情報を送ることにより再訪問を促すことができる。また、形のある商品であれば越境EC（国境をまたいだインターネット通販）により市場を拡大する可能性もある。

図表7-1　インバウンドビジネス戦略のイメージ

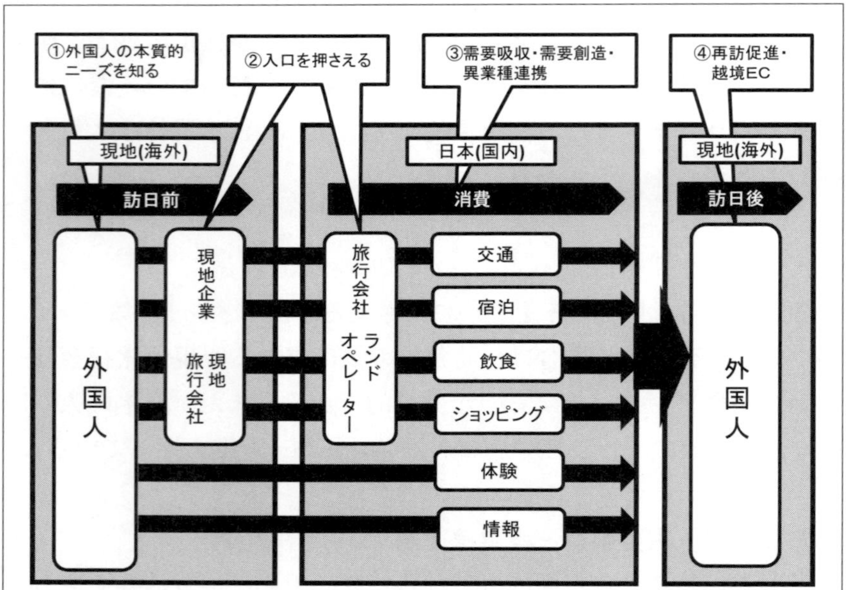

142　第7章　インバウンドとビジネス　―ツーリズム―

2. 旅行業ビジネス

■ランドオペレーター

　ランドオペレーターとは、旅行会社の依頼を受け、旅行先のホテルやレストラン、ガイド、バス・鉄道などの手配・予約を専門に行う会社のことである。インバウンドにおいては、海外の旅行会社からの依頼を受け、企画やコンサルティングを行い、ホテル、旅館、レストラン、鉄道、航空、バス、イベント、観光施設、通訳ガイドなどの予約、手配を行う日本側旅行会社のことである。ツアーオペレーターとも呼ばれる。

　日本の主要旅行会社もランドオペレーターの役割を果たしているが、シェアは小さい。海外出身者が日本でランドオペレーターとして事業を立ち上げ、自国とのパイプを生かし事業展開している会社が多い。

　訪日旅行の分野は国内旅行や海外旅行に比べ法制度の整備が遅れており、ランドオペレーターのレベルに差がある。その状況を是正するために、2013年、日本旅行業協会（JATA）は、訪日外国人旅行者に対し旅行の品質を保証する目的で、「ツアーオペレーター品質認証制度」を発足させている。

　観光庁の調査（2016年）によると、ランドオペレーターとして取引を行っている事業者数が864社にのぼり、このうち旅行業登録を行っているのは170社であった。業務範囲については、拡大するインバウンドを取り扱う企業が全体の約7割であった。2017年の旅行業法改正によって、旅行業登録をしていない事業者に対しては新たに「旅行サービス手配業」の登録制度を導入し、営業所ごとに1人以上の管理者の選任、サービス内容の書面交付などを義務づけ、登録事業者には禁止行為と違反に対する罰則が整備された。

■着地型旅行商品

着地型旅行商品とは、旅行者の旅行目的地、着地である地域の側で商品企画・造成・販売を行う旅行商品や体験プログラムのことである。

着地型旅行を推進するために、国は 2007 年、旅行業法を改正し、それまで企画旅行を企画・実施できなかった第 3 種旅行業者に地域限定で国内募集型企画旅行の企画・実施を認めた。また、2012年には営業保証金の供託額と基準資産額を引き下げて、「地域限定旅行業」を創設し着地型旅行商品の普及を進めた。

さらに、インバウンド拡大が進む中、着地型旅行を推進することが地方の活性化に直結するとの考え方から、2017 年、旅行業登録の要件を緩和した。地域に限定した知識だけで取得できる「地域限定旅行業務取扱管理者」資格を創設、旅行業務取扱管理者 1 営業所 1 人の選任基準を緩和し、1 人が近接する複数営業所を兼務できるようになった。これにより、地域の観光協会、旅館・ホテル、NPO 法人などが地域発着のパッケージツアーを企画・造成・販売するハードルが低くなった。

■OTA

OTA（Online Travel Agent）とは、店舗を構えず、インターネット上だけで取引を行う旅行会社のことで、「オンライン旅行会社」とも呼ばれる。24 時間いつでも膨大な数の商品を閲覧・検索でき、店舗へ出向く必要のない利便性が消費者・旅行者の支持を得ている。インバウンドにおいては、海外の個人旅行者の多くが利用している。

オンライン取引なので国境の概念はなく、Booking.com、Expedia、Agoda など大手海外 OTA が大きなシェアを持っている。日本の OTA には、JAPANiCAN、楽天トラベル、じゃらん net、MAPPLE トラベルなどがあるが、インバウンドにおいては苦戦を強いられている。

■パッケージツアー

　訪日外国人旅行者向けパッケージツアーは、インバウンド拡大に合わせて、数やバリエーションを増やしている。JTB の「サンライズツアーズ」をはじめ、インバウンド取扱いの旅行会社が企画・造成しており、日帰りから数泊するツアーが用意されている。日光、箱根、富士山、京都、奈良などの定番コースから、ヘリコプター夜景観賞やロボットレストランツアーなど外国人旅行者のニーズを掴まえた個性的なコースも用意されている。

3.　宿泊業ビジネス

■旅館とホテルの定義

　日本の宿泊業ビジネスは、日本の伝統的な宿である旅館と西洋から入ってきたホテルに大きく分類することができる。

　観光地に行くと、○○ホテルと名付けられた宿泊施設が多くあり、旅行者の多くも旅館とホテルの区別をはっきりとしないまま利用していることが多い。旅館に宿泊しても、「ホテルに宿泊してきた」と言うこともあり、ホテルという言葉が宿泊施設全般を指す言葉として使われていることも多い。

　旅館とホテルの違いは、旅館業法によって定められている。旅館は主に和式の構造・設備を持つ施設、ホテルは主に洋式の構造・設備を持つ施設と定義されている。旅館は和室の部屋数が 5 室以上、1 部屋あたりの広さが 7 ㎡以上、ホテルは洋室の部屋数が 10 室以上、1 部屋あたりの広さが 9 ㎡以上と定められている。

　ホテルと旅館の本質的な違いは、歴史的背景から生まれた「和」と「洋」という文化表現に由来する。ホテルは世界標準となっているが、その国の伝統文化を守る独自の宿泊形態である旅館が全国的に存在し多くの旅行者に利用されている現実は、世界的に見ても稀有なことである。

145

■旅館とホテルの相違

　旅館とホテルの違いは、ハード、ソフトどの観点からも極めて大きく、利用の仕方も異なっている。日本人の旅行者はこのふたつの宿泊施設を見事に使い分けている。インバウンドにおいて、訪日外国人旅行者は日頃から使い慣れている洋室、ベッドで、かつプライバシーが守られるホテルを一般的に好むが、日本固有の旅館の宿泊体験を希望する外国人旅行者も多い。

　図表7-2は、旅館とホテルの相違を表にまとめたものである。このように旅館とホテルでは見事なまでに相違がある。ともにホスピタリティが経営の基本になっていることは共通している。旅館は特に人的な対応を密にしたおもてなしを前面に打ち出し「和」の文化を強調している。一方、ホテルは宿泊客のプライバシーを大切にし、セキュリティの高さを謳っている。

図表7-2　旅館とホテルの相違

	旅館	ホテル
立地	主に観光地	主に都市
建物	主に和風建築	洋風建築
客室	和室（和洋室・洋室も一部ある） 靴は脱ぐ 就寝は布団 定員は4〜6名が基本	洋室（ベッドルーム） 靴のまま入る 就寝はベッド 定員は2名基本(1名・3〜4名もある)
浴室	大浴場（客室内にも和式風呂がある）	原則客室内（洋式風呂）
パブリックスペース	原則宿泊者のみが利用 スリッパ・浴衣で利用できる	外来客も利用できる スリッパ・浴衣での利用はできない
食事	主に和食（洋食を選択できるところもある）	主に洋食（和食を選択できるところもある）
食事場所	主に客室・館内食事処・和式宴会場	洋食レストラン・洋式宴会場
従業員	和装仲居（客室係）	洋装（フロント・ベル・ウェイター・ウェイトレス）
販売形態	主に一泊二食料金制	主に室料制
経営形態	小規模施設・地場事業者・家族経営	大規模施設・企業経営・ホテルチェーン
キーワード	おもてなし・伝統文化	ホスピタリティ・プライバシー・セキュリティ

■旅館とホテルの現状

　施設数は旅館が 40,661 軒に対しホテルは 9,967 軒と、旅館が圧倒している。しかし、客室数においては 2009 年に逆転しホテルは約 85 万室に対し旅館は約 70 万室となっている。旅館は小規模なものが多く平均客室数は 17.3 室に対しホテルは 84.9 室である。(厚生労働省調べ・2015)

　日本人のライフスタイルの変化から、旅館は施設数の減少とともに客室数も減少傾向にある。一方で、ホテル数は着実に増加している。

　2016 年の宿泊施設の延べ宿泊者数(全体)は 4 億 9 千万人泊であった。日本人延べ宿泊者数は 4 億 2 千万人泊、外国人延べ宿泊者数は 6,939 万人泊となり過去最高となった。旅館は 1 億 3 百万人泊でホテルは 3 億 6 千万人泊と、ホテルが 3 倍以上の利用になっている。

　客室稼働率は全体で 59.7%であり、旅館は 37.1%だったが、シティホテルは 78.7%、ビジネスホテルは 74.4%と高い稼働率を示した。リゾートホテルも 56.9%と過去最高値となった。特に、大阪府では、シティホテルの稼働率が年間を通じて、すべての月で 80%を超えた。訪日外国人旅行者の増加と USJ 人気によるものと考えられる。(観光庁「宿泊旅行統計調査 2016」)

■インバウンドと宿泊業ビジネス

　観光ビジネスはいずれも需要変動型産業であるが、宿泊業ビジネスのその需要の変動幅は大きく、従業員を多く抱えているためその影響は大きい。需要変動の原因となるものは、「景気」と「季節・曜日」である。特に冬季などのオフシーズンと平日の対策が最大の課題となっている。

　訪日外国人旅行は、その課題解決の大きな要素となっている。外国人旅行者は日本の平日、休日に関係なく日本国内で行動するので、宿泊施設の平日と週末、休日との繁閑差を埋めてくれる。季節的にも日本人旅行者はまとまった休暇の取れる GW やお盆、年末

年始に集中するが、外国人旅行者の行動は日本の連休とは関係がない。それだけではなく、外国人旅行者は旅行日数が長く、連泊する傾向にあり、2～3泊、長い場合は数週間の滞在もある。

さらに国・地域によって休暇時期が異なることも大きなプラス要素である。中国系の国・地域は1～2月頃に春節（旧正月）、10月に国慶節があり、この時期に訪日旅行を予定する人が多い。タイのソンクラーン（旧正月）は4月、欧米の国々にはクリスマス休暇が1週間程度ある。

■旅館のインバウンド対応

訪日外国人旅行者にとって、日本的情緒を味わうことができる宿泊施設である旅館だが、受入体制はまだ十分とはいえない。

第一に、旅館の宿泊施設としての認知度が不足している。訪日外国人旅行者に、旅館という日本固有の宿泊施設が存在することが知られていない。ホテルとの違いが認識されておらず、日本旅館の魅力が伝わっていない。

また、予約経路が不足している。旅館の自社ホームページが多言語対応していないところが多く、電話でも日本語でしか予約できない。海外の宿泊予約サイトに出稿していない、など外国人にとって予約しづらい点が多い。

ホテルに比べ外国語対応が遅れており、館内においても多言語表示がされていない旅館が多い。外国人旅行者は就寝の時、布団ではなく、ベッドを求める人が多い。食事付きのプランは求めていない人も多いなど、そもそもの受入の課題がある。ベッドも設置された「和洋室」、和のスタイルを壊さない畳の部屋に合った和室用ベッドの活用、食事に関しては、洋食、中華を含めた「メニュー選択性」、さらに客室と食事を別々に販売する「泊食分離」の導入などが試行されている。

しかし、旅館はハード、ソフトの両面で日本の伝統・文化の素晴

らしさを味わえる数少ない空間である。どの旅館にも日本独特のおもてなしの心が根付いている。インバウンドにとって他の国と差別化できる魅力的な観光資源でもあることを忘れてはならない。

■ホテルの種類

　ホテルは、立地や規模、業態、機能などからさまざまに分類されるが、一般的に次のようになる。訪日外国人旅行者は目的、滞在地、宿泊料などによりこれらを使い分けている。

①シティホテル

　都市部に立地する高級大型ホテル。部屋数も多く建築も豪華で設備も充実している。宿泊だけでなくレストランや宴会場、プール、スポーツジムなどの付帯施設を十分に備えたホテル。ブティック、美容院、フラワーショップ、ギフトショップなどのテナント店舗を有している。また、外国人旅行者にも快適に利用できるよう国際的な仕様となっている、いわゆる有名一流ホテルが多い。欧米のホテルでは、第3者格付け組織により、そのホテルを総合的に評価して、「星の数」などで格付けされているが、日本ではこのような格付けは行われていない。

②リゾートホテル

　主にビーチ、高原、湖畔、温泉など風光明媚な環境の一等地に立地するホテル。観光、保養、スポーツなどを目的とする旅行者が主要な宿泊客となる。長期滞在向きのホテルで、ゆったりしたタイプの部屋が多い。プールやプライベートビーチ、テニスコート、ゴルフ場、スパ、エステなど多くの付帯施設を持つものもある。

③ビジネスホテル

　都市中心部に立地、ビジネス客の出張利用に特化したホテル。企

業の出張旅費の範囲内で宿泊料金を設定してあるホテルで、日本特有の形態である。シングルルームの比率が高く、レストランなどの飲食部門は重視しない傾向にある。ホテルチェーンとして全国に展開されているホテルも多く、訪日外国人旅行者の宿泊率が高い。

　その他に、自動車でそのままルーム近くまで入ることができるカーホテル、都市の繁華街に立地しカプセル型の簡易ベッドが提供されるカプセルホテルがある。カプセルホテルは日本固有のもので、訪日外国人旅行者が興味を持って宿泊することもある。

　また、レジャーホテル（旅館業法に基づくラブホテル類似ホテル）が、ホテル不足の受け皿として注目されている。ホテル全体を一般旅行者向けに改修したり、客室をリニューアルする施設もでてきた。

■その他宿泊業ビジネス
　日本の観光を支える宿泊業ビジネスには次のようなものがある。比較的安価で宿泊することができる経済的な宿泊施設である。

①民宿
　民宿は、主に海水浴場、スキー場、観光地に立地する小規模で客室が和室の宿泊施設のことである。レジャーや観光目的の旅行者を対象としている。多くは家族単位での経営である。旅館業法の分類では施設基準により、簡易宿所営業の許可を取得していることが多い。

②ペンション
　民宿のうち、建物が西洋風の外観・内装で、客室はベッドとフローリングの床などを備えた洋室で、食事も主に西洋料理を提供する宿泊施設のことである。主に高原リゾートや山岳リゾート、スキー場、海水浴場、離島などに立地する。民宿同様、家族経営であることが多く、小規模である。訪日外国人のスキー客が宿泊する

ケースが多い。

③公共の宿

　公共の宿とは、国、地方公共団体、厚生年金、国民年金など公の機関が出資設立、運営している宿泊施設のことである。宿泊料金は低価格だが、設備、食事、サービスも旅館やホテルと遜色のない宿が多い。ほとんどの施設が基本的には誰でも利用できる。

　「休暇村」（財団法人休暇村協会）は、国立・国定公園の中にある宿泊のできるリゾート施設で全国に 37 施設（2016 年）ある。訪日外国人旅行者の誘致も積極的に行っている。その他に、「公営国民宿舎」「かんぽの宿」（日本郵政株式会社運営）、「ハイツ＆いこいの村」（厚生労働省出資設立・財団法人日本勤労福祉センター等運営）、「旅と宿」（全国市町村職員共済組合連合会運営）などがある。

■民泊

　民泊とは、従来、主に民家に宿泊することを呼んでいたが、最近では、一般家庭などが空き部屋などに有料で旅行者を宿泊させることをいう。訪日外国人旅行者の増加により宿泊施設が不足する中で、インターネットを利用して部屋の貸し手と借り手を仲介する新たな民泊ビジネスが登場している。

　しかし、旅館業に当たる実態がありながら営業許可を得ていない貸し手が多いため、2017 年に民泊サービスに対する新しい法律が成立した。いわゆる「民泊新法」である。民泊新法の正式名称は「住宅宿泊事業法」で、訪日外国人旅行者が急増する中、多様化する宿泊ニーズに対応して普及が進む民泊サービスについて、その健全な普及を図るため、事業を実施する場合の一定のルールを定めた法律で、2018 年 1 月の施行を目指している。

　その成立の背景には、民泊サービスが世界各国で展開されており、我が国でも急速に普及していること、急増する訪日外国人旅行

者のニーズや大都市部での宿泊需給の逼迫状況を解消する必要があることなどがある。

4. 鉄道交通ビジネス

■駅案内

　訪日外国人旅行者が「旅行中に困ったこと」の調査に対する回答として、「公共交通の利用方法・乗り場情報・経路情報の入手」「割引チケット・企画乗車券の情報の入手・利用」など鉄道交通に関する不満が挙げられている。

　訪日外国人旅行者が頻繁に利用する駅の案内表示の多言語化や切符の購入に際しても多言語対応が進められている。案内表示の連続性の確保、事業者間で異なる案内表示の統一、ピクトグラムの強調、日本語、英語、中国語、韓国語の4ヶ国語による外国語表記の推進なども課題である。駅ナンバリングの整備は着実に進んでいるものの、十分に普及しているとはいえない。

　多言語対応の駅観光案内所、訪日外国人旅行者に向けた無料公衆無線LANサービスの提供の拡大、Suica電子マネーに関する案内の充実、タブレット端末を活用した多言語による情報提供の強化など訪日外国人旅行者向けサービスの拡充が急がれている。

■レールパス

　JRや私鉄などでは訪日外国人旅行者向けのチケットを販売している。代表的なものは次の通りである。

・Japan Rail Pass

　JRグループ6社が共同で発売する外国人旅行者向けの北海道から九州まで乗り放題で利用できるチケット。「のぞみ」「みずほ」以外の新幹線、特急列車を含むすべてのJR線が利用可能。JRバス会社の各ローカル線、宮島フェリー、東京モノレールも利用できる。

対象は、外国から「短期滞在」の入国資格により観光目的で日本を訪れる外国人旅行者である。外国に永住権を持つ日本人、日本国外に住んでいる外国人と結婚している日本人も利用できたが、2017年に発売が終了した。日本国外で購入する必要があるが、2017年から日本国内の一部でも試験的に発売されるようになった。グリーン車用と普通車用の2種類があり、7日、14日、21日間用パスに分かれている。価格はリーズナブルで、訪日外国人旅行者に人気がある。

　他にも、JR各社が地域限定で販売している外国人旅行者専用のレールパスがある。
・Hokkaido Rail Pass（JR北海道）
・JR East Pass（JR東日本）
・Tourist Pass（JR東海）
・JR West Rail Pass（JR西日本）
・ALL SHIKOKU Rail Pass（JR四国）
・JR Kyushu Rail Pass（JR九州）
　その他の主な外国人旅行者向けパス。
・N'EX TOKYO Round Trip Ticket
　JR東日本が提供している成田空港から東京都内までの外国人旅行者向けの特別チケット。
・WELCOME! Tokyo Subway Ticket
　「都内の地下鉄」と「羽田空港国際線ターミナル駅〜泉岳寺駅間の京急線」がセットになった乗車券。
・KANSAI ONE PASS
　訪日外国人限定の関西のJR・地下鉄・私鉄・バスの利用に便利なチャージ式交通ICカード。
・KANSAI THRU PASS
　関西私鉄の各線に2日・3日間乗り降り可能となるチケット。外国人および行動を共にする日本国内の居住者が対象。

153

・KINTETSU RAIL PASS

外国人旅行者を対象とした、近鉄線が5日間乗り降り自由になるチケット。

■クルーズトレイン

クルーズトレインとは、クルーズ客船のような贅沢な旅を鉄道で提供する豪華観光寝台列車のことである。JR各社の営業エリア内の観光地を数日間かけて巡るもので、座席指定ではなく旅行商品として販売される。高級感のある客室やダイニングルーム、ラウンジ、景色が楽しめる展望車などを備えている。2013年にJR九州が運行開始した「ななつ星in九州」が日本初。2017年には、JR東日本の「TRAIN SUITE 四季島」、JR西日本の「TWILIGHT EXPRESS 瑞風」が運行を開始した。

「ななつ星in九州」の場合、3年を経た2016年でも定員の20倍を超える予約が殺到し、抽選による参加受付けが続いている。その中で2014年度から受付けている外国人利用の販売は、2016年12月の出発分までで、29の国・地域からの参加があり、累計で1,070名と全参加者7,969名の約13%を占めている。（JR九州）

いずれの旅行商品も数十万円と高額なもので、日本の富裕層のみならず、インバウンド富裕層向けのコンテンツの少ない日本にとって貴重な観光資源となる。

■駅弁

駅弁とは、鉄道駅や列車内で販売されている鉄道旅客向け弁当のことである。駅弁の基本は、ごはんとおかずのワンセットになっており、おかずには、魚や肉、野菜、海藻などの多彩な食材が使われている。地域ならではの食材を使用することも多い。衛生面から、あえて冷ましてから詰め、冷めても美味しく食べられる味付けや調理方法で作られるのが特徴である。訪日外国人旅行者も新幹線をは

じめ鉄道の旅が多くなり、日本の「OBENTO」が注目されている
のと同様に、日本固有の「EKIBEN」にもファンが増えている。

しかし、駅弁がさらに多くの訪日外国人旅行者に受け入れられる
ためには、文化の違いを理解し、その対応策を考えることが必要で
ある。1つ目が、外国人旅旅行者は冷えてしまった米飯に慣れてい
ないため、米飯が冷めてもおいしく味わえることを理解してもらう
ことである。2つ目は、大半の駅弁が中身が見えないパッケージを
採用しているため、食べられない食材が入っているかもしれないと
感じさせる点を理解することである。

5. 航空交通ビジネス

■訪日外国人旅行者向け割引航空運賃

航空会社も訪日外国人旅行者のための国内線運賃を設定してい
る。時期や区間によってはLCCよりも安くなる場合がある。

・ANA Experience JAPAN Fare

国内線1区間10,800円で利用することができる（札幌発着道内
路線は5,400円）。利用条件は、日本国外に居住していること、日
本以外のパスポートを持つ外国籍の人または海外永住権を持つ日本
人、日本国外発日本着、日本発日本国外着の国際航空券（他航空会
社含む）を持っていること。

・JAL Japan Explorer Pass

国内線1区間10,800円で利用することができる。利用条件は、
日本国外に居住していることで、海外の永住権を持つ日本人でも利
用できる。

・Welcome to HOKKAIDO Fare

AIR DOが訪日外国人旅行者向けに提供する運賃で、東京－札幌
間に格安の設定がされている。利用条件は、日本以外のパスポート
を所持している外国籍の人で、日本着および日本発の国際航空券を

所持していれば、その航空券で日本に滞在する期間中の便でのみ利用できる。

・JAL JTA Okinawa Island Pass

日本トランスオーシャン航空（JTA）の訪日外国人旅行者向けの特別割引料金。旅行者は、沖縄にある4つの島間ルートを利用することができる。対象となる乗客は、日本を訪れる日本国外在住者。運賃はセクターあたり9,000円、2セクターから購入可となっている。

■国内LCC

海外からLCC（格安航空会社）で訪日した外国人旅行者の多くは日本国内の移動にも気軽にLCCを利用している。LCCは、従来の航空会社に比べてサービスを簡素化したり、コスト削減を徹底することで格安運賃を実現し提供している航空会社で、機内食や手荷物預りが有料であるなどデメリットの部分もあるが、外国人旅行者にとって短時間の国内移動には大きな障壁にはなっていない。

2016年現在、ピーチ、スカイマーク、ジェットスター、バニラエア、春秋航空の各航空会社が、成田、羽田、関西、中部、札幌、福岡、那覇の主要空港はじめ、仙台、茨城、神戸、広島、高松、松山、佐賀、熊本、長崎、大分、宮崎、鹿児島、奄美大島の各空港間に就航している。

■空港ビジネス

日本を代表する空港である成田国際空港は、訪日外国人旅行者に対してさまざまなサービスを行っている。2015年にはLCC専用の第3ターミナルをオープンさせている。

成田国際空港は外国人旅行者向けに「TABIMORI」というアプリを配信している。このアプリは空港だけではなく、天気予報から乗換案内、通貨計算に大使館情報など日本滞在中における必要な情報を配信している。また、このアプリは「japan-guide.com」とも連

携している。

さらに、成田国際空港では、言語の壁を撤去するために空港内サービスカウンターで「テレビ電話案内サービス」を実施している。カウンターに設置されたディスプレイ端末を使用することで、オペレーターによる多言語でのサポートを受けることができる。現在では各ターミナルに約20ヶ所設置されている。また、乗り継ぎ旅客の入国促進を目指し、外国人に対しツアーガイドを行っている。これは「Narita Transit Program」と呼ばれ、短い乗り継ぎ時間でも日本を楽しめるよう、空港周辺で日本の自然や文化を体験できるコースを用意している。

成田国際空港内には、出発前エリア、出発後エリアそれぞれにムスリムのための礼拝室が設置されている。また、出国前エリアにある有料待合室ではハラールミールのケータリングサービスを行っている。成田空港内にはハラール認証レストランもある。このようなムスリム旅行者に対する取り組みは関西国際空港はじめ各空港で進んでいる。

6. 道路交通ビジネス

■観光バス

インバウンドの急激な拡大に伴い、訪日外国人旅行者向けの観光バスの不足が深刻化している。

2000年代以降に急増したアジアからの多くの旅行者が求めたのが安価な貸切バスであった。大手バス事業者はこの要望にこたえる供給数が見込めたものの、需要に応える価格設定では採算が合わないとして参入を見送ったため、中小貸切バス事業者が受け皿とならざるを得なかった。これが観光バス不足を引き起こす原因であり、日本のインバウンドの構造的な問題となっている。

その一方で、バス会社は、今までは週末やハイシーズン以外は稼

働率が低かった貸切バスがインバウンド需要により平日でも稼働するようになり、売上げも大幅に上がっている。また、インバウンドの拡大とともに運送会社などが出資して新規参入するケースも増えてきている。

観光バスに関わるもう1つの問題が深刻な運転士不足である。バス運転士の数はこの10年間ほぼ横ばい状態で、高齢化も進んでいる。運転士が不足している理由の1つは、バスの運転に必要な大型2種免許の保有者数が少ないことにある。

インバウンド需要の取り込みの中で、豪華観光バスが登場している。大型観光バスは通常4列45席程度あるが、3列シート、さらに全10席などのものも登場している。座席は革張り、各席には映画などが見られるモニターが設置されシャワートイレが備えられているもの、無料Wi-Fiがあるものなど進化している。

■タクシー

訪日外国人旅行者は日本国内の都市や観光地での移動の際、バスなどに比べ利便性が高いことからタクシーを利用することが多い。近年、都市部のタクシードライバーは1日に数回外国人乗せることが珍しくないと言う。FITの訪日外国人旅行者が増加する傾向の中でタクシーの需要はますます増えると予想されている。

日本のタクシーは、「親切である」「道に迷うことなく目的地まで行ける」「どこでも乗車できる」「不当な料金をとられない」さらに、「ドアが自動ドア」「忘れ物をしても出てくる」など、日本では当たり前のことが、外国人旅行者には高く評価されている。

一方で日本のタクシー運賃は諸外国の都市に比べ非常に高いと言われている。多くの海外の都市では、タクシーの初乗り運賃は2〜4ドル（約200〜400円）程度である。

東京（東京都23区、武蔵野市、三鷹市）のタクシーは、2017年1月から初乗り運賃を2キロ730円だったところ、1.052キロ410

円とした。日本人乗客の「ちょい乗り」需要の喚起、高齢者の短距離移動のニーズへの対応とともに、訪日外国人旅行者の金銭感覚に合わせることも大きな目的となっている。

また、日本のタクシーには言語対応、無料 Wi-Fi、多様な決済方法などの課題も残されている。

東京のタクシー業界には「TSTiE（タスティー）認定制度」がある。TSTiE とは、「Tokyo Sightseeing Taxi in English」、つまり「英語による東京観光タクシー」の意味で、東京ハイヤータクシー協会が認定している資格である。この資格は高い英会話力と東京観光の知識を有したドライバーであることを認めるものだが、まだわずかなドライバーしか認定を受けていない。インバウンド対応として、認定者が増えることが期待されている。

全国のタクシー会社もそれぞれインバウンド対策に積極的に乗り出している。ある市のタクシー会社は、2011 年から訪日外国人旅行者向けのサービスとして、「1,000 円タクシー」のサービス提供を行っている。利用料金は 1 人あたり 3 時間 1,000 円で、観光地の歴史、文化を学んだドライバーが観光案内をしている。あるタクシー会社は「インバウンドおもてなしタクシー」を運行している。大型のバンタイプの車両を使用したタクシーでドライバーが英語で対応し、観光情報の提供やフリーWi-Fi サービス、クレジットカード決済、英語での予約サービスを行っている。

「英会話ドライバー制度」を整備し、社内での英語研修を強化するだけでなく、ドライバーの「海外留学制度」を導入しているタクシー会社もある。あるタクシー会社は外部のオペレーターを通じ、外国人旅行者との会話の翻訳を英語、中国語、韓国語など 5 ヶ国語に対応するシステムを導入した。さらに、リアルタイムに相互の翻訳ができる多言語音声翻訳システムの実証実験を開始しているタクシー会社もある。

また、ある大手タクシー会社はタクシー運賃の支払いにクレジッ

トカードだけではなく、「Origami Pay（オリガミペイ）」「Alipay（アリペイ）」などのスマートフォンを利用する決済サービスを開始している。このように全国で、訪日外国人旅行者にとって使いやすいタクシーの実現に向けて、取り組みが進んでいる。

■レンタカー

　近年では訪日外国人旅行者の移動手段の一つとしてレンタカーの利用が増えている。

　2015年度、北海道では41,361件の訪日外国人旅行者のレンタカー利用があった。香港、台湾、韓国などアジア圏からのシェアが特に高く、全体の80％を占めた。一方、沖縄県では、北海道と比べて公共交通機関があまり発達していないため、車での移動は必須であり、北海道の約3倍になる133,318件の訪日外国人旅行者によるレンタカー利用が記録された。そのうち全体の90％以上がアジア圏からだった。他県の利用数も加算すると、およそ20万件以上の訪日外国人旅行者によるレンタカー利用が推測できる。

　国土交通省北海道運輸局は、北海道をレンタカーで旅行する訪日外国人旅行のドライバーに対し、安全・安心・快適にドライブ観光を楽しんでもらうことを目的に「北海道ドライブまるわかりハンドブック」を作成した。大手レンタカー業界でも訪日外国人旅行者用のガイドブックを作成している。また、多言語カーナビゲーションの提供も始めている。

　NEXCO東日本では、高速道路を利用する訪日外国人観光客向けの通行料金割引サービス「Hokkaido Expressway Pass」を提供している。また、JTBとNEXCO中日本は、外国人旅行者向けにレンタカーと高速道路乗り放題パスを発売した。

　訪日外国人が日本で自動車を運転する場合、次のいずれかの免許証を所持している必要がある。

1.　日本の免許証

2. 道路交通に関する条約（ジュネーブ条約）に基づく国際免許証
3. 自動車等の運転に関する外国（国際免許証を発給していない国又は地域であって日本と同等の水準にあると認められる免許制度を有している国又は地域）の免許証。政令で定める者が作成した日本語による翻訳文が添付されているものに限る。

以下に主な国・地域の旅行者の日本での運転の可否を示す。

図表 7-3　重点市場各国・地域旅行者の日本での運転の可否

		国・地域名
日本で運転可能	ジュネーブ交通条約加盟国・地域	韓国　香港　フィリピン　シンガポール　タイ　マレーシア　インド　イギリス　フランス　イタリア　スペイン　ロシア　アメリカ　オーストラリア　カナダ
	非加盟だが、特別な条約で認められている国・地域	ドイツ　台湾
日本で運転不可		中国　ベトナム　インドネシア

資料：JNTO「訪日ドライブ旅行の現状と課題」を基に作成

■道の駅

　道の駅とは、全国の主要道路に設けられた、道路利用者のための「休憩機能」、道路利用者や地域の人々のための「情報発信機能」、そして道の駅をきっかけに活力ある地域づくりをともに行うための「地域の連携機能」の3つの機能を併せ持つ休憩施設である。全国で1,117駅が登録されている。（国土交通省・2017年4月現在）

　道の駅には、24時間利用可能な一定数の駐車スペース、トイレ、24時間利用可能な電話、情報提供施設が備えられている。それに加え、訪日外国人旅行者の受入環境整備の一環として、全国63ヶ所の道の駅が「外国人観光案内所」として認定されている。多言語に対応した外国人案内所や地域の特産品が購入できる免税店、無線LAN、海外発行カード対応ATMなど、外国人旅行者ドライバーのニーズに応えることを目指している。

08

第 8 章

インバウンドとビジネス
― 関連ビジネス ―

1. 観光土産ビジネス

■観光土産店

　土産は、旅行先で家族や友人・知人に配る目的で買い求めるその土地にちなむ品物のことである。「土産」は元来、「どさん」または「とさん」と読む漢語で、「土地の産物」を意味する。

　観光土産店とは、主に観光目的の旅行者に対して、土産品を販売する店のことである。いわゆる観光地や観光施設の内外とその周辺、それらのアクセスポイントとなる鉄道駅や空港、港など交通機関のターミナル施設に立地する。多くの旅行者を集める観光地では、土産店が軒を連ねることが多い。地域経済において、土産の製造・販売は大きな比重を占めている。

　観光土産としては、その地域に関わりのある土産菓子、農水産物、加工品、民芸品、工芸品などがある。通常はその土地の名産品、特産品が多い。

　インバウンドにおいては、東京、大阪などの大都市自体も観光地と認識され、各国・地域の旅行者専用の総合土産店もあり、その国の言葉で買物ができることから、多くの団体客が訪れている。

　また、実際にはデパート、スーパーマーケット、コンビニエンスストア、ドラッグストア、家電量販店、100円ショップ、ディスカウントショップなど、日本人が日常的に利用する場所も訪日外国人旅行者の土産購入場所になっている。

■観光土産品

　観光庁の調査によると、外国人旅行者の購入商品としては、菓子類、食料品・飲料・酒・たばこ、医薬品・健康グッズ・トイレタリー、化粧品・香水、服・かばん・靴、電気製品、マンガ・アニメ・キャラクター関連商品などが購入されている。

　地方の観光地においては、日本人旅行者と同様に地域の名産品、

164　第8章　インバウンドとビジネス　―関連ビジネス―

特産品も外国人旅行者の観光土産の対象となる。しかし、いわゆる
地域らしい土産品である、「民芸品」は観光庁調査では購入の上位
にはなっていない。

　外国人旅行者にとっては、「地域らしい」より以前に、「日本らし
い」がポイントになっている。図表8-1は、在日外国人が運営する
サイトで紹介されている「外国人が喜ぶお土産」である。これらが
日本らしい観光土産の事例である。外国人旅行者の国・地域、世
代、ライフスタイルにより大きく異なるとはいえ、参考になる。

図表8-1　外国人が喜ぶ日本の観光土産

土産品	土産品（英語）
文房具	Japanese Stationery
英語に翻訳されている漫画	Manga
日本のカレンダー	Japanese Calendars
折り紙	Origami Paper
食品サンプル	Food Replica Samples
電車に関連する商品	Train Goods
漢字が書いてある物	Anything With Kanji
お守り	Good Luck Charms
弁当箱	Bento Box
風呂敷	Furoshiki Wrapping Cloth
扇子	Folding Fans
団扇	Non-Bending Flat Fans
手拭	Washcloth/Dishcloth or Headband
暖簾	Traditional Japanese Split Curtains
箸	Japanese Chopsticks
陶磁器	Japanese Ceramics
招き猫	Manekineko/The Waving Cat
浴衣・甚平	Yukata&Jinbei
風鈴	Japanese Wind Chimes
浮世絵	Ukiyo-e/Pictures of the Floating World
達磨	Daruma Doll
こけし	Traditional Japanese Dolls
けん玉	Kendama

資料：外国人が運営するサイトを基に筆者作成

2. ショッピングビジネス

■デパート

デパート各社の売上げは、日本人客の売上げが低迷する中、外国人旅行者の購入によって押し上げられてきた。外国人旅行者の購入が拡大する転機になったのが2014年である。それまで家電や衣料品などの一般物品に限定されていた消費税免税対象商品が化粧品や食料品などの消耗品にまで拡大されたからだ。これを背景に2015年には社会現象といわれた中国人旅行者の「爆買い」が日本各地を席巻した。爆買いによる売上げは拡大したが、2016年にはその買い物行動が沈静化した。

2016年の全国デパートの年間売上高は既存店ベースで前年比2.9%減の5兆9,780億円となり、2年連続の前年割れとなった。外国人旅行者の年間売上高も同5.3%減の1,844億円と前年を割った。しかし、購買者数は同18.5%増の約297万人と拡大している。外国人旅行者の売上の内訳は、一般物品1,277億円（前年同月比80.7%）、消耗品567億円（前年同月比155.3%）と、一般物品は減少し、消耗品は大きく拡大している。図表8-2は、2016年のデパートの外国人旅行者の月別売上高である。（日本百貨店協会発表）

図表 8-2　デパートの外国人旅行者の月別売上高（2016 年）

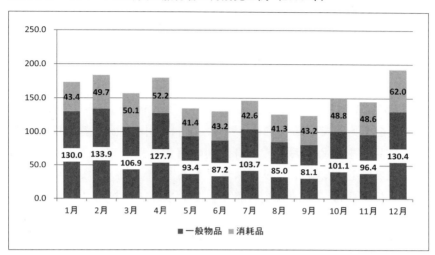

資料：日本百貨店協会発表（外国人観光客誘致委員会委員店 84 店舗）2017 年 1 月

　デパート各社はインバウンド対策を強化している。免税カウンターの拡大や移設をはじめ、外貨両替機や無料 Wi-Fi の設置、通訳スタッフの増員、メイド・イン・ジャパンにフィーチャーしたプロモーションなどを実施。さらに、訪日外国人の固定客化に注力し始めている。あるデパートでは、来店頻度や購入金額が高い訪日外国人を対象に「VIP 会員証」の発行を始めた。メールアドレスなどの連絡先に新商品の情報を提供するとともに、来店時には通訳に加えて接客専門の「コンシェルジュ」を配置している。

■コンビニエンスストア・ドラッグストア・家電量販店
　コンビニエンスストアは、外国人旅行者のスピーディな免税手続が可能な「免税サービス」の対象店舗数を拡大していくと発表している。食料品、化粧品などの消耗品が免税対象になったことで、コンビニは外国人旅行者にとっても使いやすい店になった。各カード決済だけでなく、「微信支付（Wechat Payment）」など電子決済の導入も進んでいる。また、各国語を記載した指差しシートの用

意、さらに「コールセンター」による多言語対応サービスも開始されている。

　ドラッグストアも、中国人旅行者の大量購入が減少したとはいえ、日本製の化粧品、薬などの人気が高く、外国人旅行者には根強い人気スポットとなっている。外国人旅行者は、自国にいる家族や友人と連絡を取って購入するケースが多いことから店内に無料Wi-Fiを導入しているところが多い。訪日外国人旅行者は日本の商品に高品質を求めており、出身国別の消費行動をデータ化し、商品開発に反映しているドラッグストアもある。

　家電量販店は、中国人旅行者による大量購入の鎮静化に最も大きく影響を受けているが、平日の午前中に家電量販店を訪れる外国人旅行者は依然多く、店にとって重要な客となっている。各店舗とも、英語、中国語などを話せるスタッフを備え、外国人旅行者に対応している。日本製品の信頼性は高く、ドライヤー、一眼レフカメラ、シェーバー、マグボトル、炊飯器、空気清浄機、電気便座、高級オーブンレンジなども人気がある。

　ショッピング施設が訪日外国人旅行者によりよく対応するには、多言語対応、電子決済の導入、免税手続きの対応などがポイントとなる。

3. 飲食ビジネス

■訪日外国人旅行者が実際に行った飲食店・美味しかった料理

　前述したが、「日本食を食べること」は、訪日外国人旅行者が「訪日前に期待したこと」も「今回したこと」「今回した人のうち満足した人の割合」、そして「次回したいこと」においていずれも1位となっている。「一番満足した飲食」の1位は日本の国民食として定着しているラーメンで、「一番満足した飲食の理由」の1位は「美味しい」が突出していた。

168　第8章　インバウンドとビジネス　―関連ビジネス―

日本の飲食ビジネス、外食産業にとっては、インバウンドの拡大は大きなビジネスチャンスと言える。

図表 8-3、図表 8-4 は、訪日外国人旅行者が実際に行った飲食店・実際に食べて美味しかった料理（複数回答 / 主要 6 ヶ国 2014）を表したものである。

実際に行った飲食店では、ラーメン店が 1 位で、寿司、回転寿司が続く。そば・うどん店、牛丼店、定食屋など日本人が昼食でよく利用する庶民的な飲食店が上位にある。また、日本独特な飲食形態といわれる居酒屋が入っている。

実際に食べて美味しかった料理は、ラーメン、刺身に続き、とんかつが上位に入っている。寿司では巻きずし・かっぱ寿司が入っている。アニメなどで描かれる日本の典型的な食事風景によく登場するカレーライスも入っている。

図表 8-3　訪日外国人旅行者が実際に行った飲食店

（複数回答 / 主要 6 ヶ国 2014 年）

順位	飲食店	選択率
1	ラーメン店	48.7
2	寿司	44.3
3	回転寿司	34.7
4	そば・うどん店	31.2
5	焼肉店	28.2
6	牛丼店	27.8
7	定食屋	27.5
8	居酒屋	26.8
9	お好み焼き店	25.3
10	しゃぶしゃぶ店	24.3

図表 8-4　訪日外国人旅行者が実際に食べて美味しかった料理
（複数回答 / 主要 6ヶ国 2014 年）

順位	美味しかった料理	選択率
1	ラーメン	32.0
2	刺身	21.8
3	とんかつ（かつ丼・カツカレー含む）	20.2
4	巻き寿司・かっぱ寿司	17.3
5	天ぷら（天丼含む）	16.0
5	焼き魚	16.0
7	カレーライス	15.8
7	焼肉	15.8
9	お好み焼き	15.5
9	すき焼き	15.5

資料：訪日旅行者の実態調査（リクルートライフスタイル『HOT PEPPER』調べ）より
調査方法：インターネット調査・調査時期：2014 年 8 月〜 9 月
調査対象：過去 1 年以内に日本を旅行した 20 〜 59 歳男女 600 名
（中国・台湾・香港・韓国・タイ・アメリカ各 100 名）

■ミシュラン星付レストラン

　2007 年、『ミシュランガイド東京 2008』（日本語版・英語版）が刊行された。ミシュランガイド東京版は欧米以外で初となる版であり、日本料理店や寿司屋が 3 つ星を取得した初めての例でもあった。また、英語版は日本国内だけでなく世界 90ヶ国で販売された。この出来事は、日本のグルメ文化が世界で高く評価され始めたことを端的に示している。

　発売当初の東京版では、最上位の 3 つ星がパリの 10 軒に次ぐ 8 軒だったのをはじめ、150 の掲載店すべてが 1 つ星以上を獲得し、星の累計は 191 でパリの 64 軒 97 個の倍以上を獲得して世界最多となり話題となった。3 つ星の評価の条件は「それを味わうために旅行する価値がある卓越した料理」となっている。欧米では、星付のレストランで食事することを目的に、遠隔地まで旅行することが定着している。

実際に、日本でも星付の日本料理店、寿司屋などは早くから外国人旅行者の予約で満席になり、日本人客の予約が取れないという状況が続いている。現在は、東京版のほかに、京都・大阪を対象エリアとした関西版、特別版として北海道、宮城、兵庫、富山・石川などが発売されている。

■飲食店のインバウンド対応

インバウンドが拡大する中、すべての飲食店は外国人旅行者の訪門を受ける可能性がある。また、積極的に受入れることにより売り上げを伸ばすことができるかもしれない。

外国人旅行者の来店を促すには、外国人の目に触れ、入ってみようかな、と思わせることが必要である。外国人の目に触れるためには、外国語メニューが用意されていること、各種クレジットカードが使用できること、外国語を話せるスタッフがいることなどの表記が有効である。「We Have English Menu」「店内有中文菜単」などの店頭表示は外国人旅行者を安心させる。

外国語メニューには、料理の説明文か、料理の写真を添えるのが有効である。外国人にとっては、日本の飲食店のメニューは自国の言葉で解説されても、イメージが湧かず、どんな食べ物かを想像できない、といわれているからである。

また、自店のためにも、日本の飲食ビジネスのためにも、外国人旅行者に口コミをしてもらうことが大切で、SNSを有効に活用したい。外国人旅行者本人の再訪はそれほど望めないとしても、友人・知人だけでなくその国の訪日希望者に対して、「この飲食店は良かった」ということを情報発信してもらいたい。Facebook やTwitter、Instagram などでの情報発信を上手に促すことがポイントとなる。

4. 観光施設ビジネス

■観光施設ビジネスとは

観光施設ビジネスとは、観光に関連したすべての施設を運営する事業を指す。したがって、観光の中で大きなウェイトを占める、宿泊施設や観光交通も観光施設ということができる。また、清水寺や伊勢神宮、姫路城、兼六園など歴史的な価値のある観光資源も、観光旅行者の利用に供されることから観光施設のひとつといえる。しかし、一般的には、観光施設は近代以降に観光やレクリエーションの旅行者を誘引する目的で作られたもの、また、観光旅行者に対するサービスを提供する施設を指すことが多い。

■歴史観光資源

歴史観光資源とは、おおむね江戸期以前に人間によって作られた歴史的な価値のある建造物などのことである。観光施設ビジネスの範囲に入れるのは違和感があるが、インバウンドにおいては、訪日外国人旅行者が日本の歴史文化を知る上で欠かすことのできない観光施設となっている。

具体的には、史跡、神社、仏閣、城郭、庭園、名園、記念碑、像、歴史的建造物（武家屋敷、町家、古民家、芝居小屋、蔵等）などのことであり、いずれも外国人旅行者が訪れてみたい観光スポットといわれている。

外国人旅行者の人気の観光スポットとして、常に上位に登場する、伏見稲荷大社、厳島神社、東大寺、金閣寺、清水寺、三十三間堂、浅草寺、兼六園、栗林公園などがその代表例である。

■近代観光資源

近代観光資源とは、明治以降に人間が作り旅行者を誘引する観光資源として定着している施設のことである。動物園、水族館、植物

園、博物館、美術館、近代公園、遊園地、テーマパーク、近代的建造物（ビル、タワー、橋、ダムなど）などを指す。

旭山動物園、沖縄美ら海水族館、国立西洋美術館、箱根彫刻の森美術館、TDR（東京ディズニーリゾート）、USJ（ユニバーサル・スタジオ・ジャパン）、東京スカイツリーなどがその代表例である。

■レクリエーション施設

レクリエーション施設とは、スポーツやリラクゼーションや体験のための施設のことである。スキー場、ゴルフ場、テニス場、海水浴場、ダイビング施設、温泉施設、エステ施設、農業公園、観光農園、観光牧場、農業体験施設、漁業体験施設などが挙げられる。

特に日本のスキー場には、オーストラリアや韓国、台湾からのスキーヤーが数多く訪れている。観光庁のアンケートによればスキー場を訪れる訪日外国人旅行者は全体の5％以上で大きな市場となっている。滞在日数が長く、消費額も多い傾向にある。日本人のスキー人口が減少し、厳しい経営状況にあるスキー場が多いだけに、訪日外国人の取り込みは非常に重要である。

その他に、観光農園、農業体験施設などで果実狩りを楽しむ訪日外国人旅行者も多い。

■観光施設のインバウンド対応

訪日外国人旅行者の利用増加により、基本的な対応として多言語対応がどの施設にも求められている。対応する言語については、施設特性や地域特性の観点および多言語対応の対象となる情報の種類により異なるが、名称・標識・サイン・情報系に関しては、英語併記することが基本となる。

また、解説系すなわち、「展示物等の理解のための文章での解説」については、スペースの都合があれば、まず世界の共通語と言える英語を優先して併記する。また、施設特性や地域特性の観点から、

中国語または韓国語などの表記の必要性が高い施設では、中国語または韓国語を併記する。パンフレット・チラシなどの紙媒体やモバイル媒体による情報提供、係員による口頭での案内、音声案内（放送、音声ガイドなど）で、多言語対応を補うことも効果的である。

■訪日外国人旅行者SNS発信地点

　図表8-5は、訪日外国人旅行者のSNS解析ツールによって解析したデータをもとに、訪日外国人の口コミ発信地点情報を中心に集計・分析を行い、訪日外国人旅行者の動向を調査し、ランキング化したものである。（『インバウンドレポート2016』RJCリサーチ・ナイトレイ）訪日外国人旅行者が微博（ウェイボー）やTwitterなどで日本国内滞在中に発信した投稿のうち、約92万件のSNS解析結果データを集計対象としたものだ。

　年間のSNS投稿量が最も多かった場所第1位は「USJ」、第2位「東京ディズニーランド」、第3位「富士山」だった。USJと東京ディズニーランドは、季節変動が小さくオールシーズン型であることや、人気テーマパークで多様な感動を提供していることが投稿の年間総量を押し上げたと分析されている。外国人旅行者の日本の観光施設への興味の傾向が分かる。

図表8-5　訪日外国人旅行者SNS発信地点ランキング　TOP20（2016年）

順位	SNS発信地点	都道府県	SNS投稿量スコア(pt)
1	USJ	大阪府	22,555
2	東京ディズニーランド	千葉県	19,178
3	富士山	山梨県	11,814
4	東京タワー	東京都	11,373
5	大阪城	大阪府	10,713
6	浅草寺	東京都	10,197
7	東京ディズニーシー	千葉県	9,127
8	東京スカイツリー	東京都	8,581
9	伏見稲荷大社	京都府	8,516

10	明治神宮	東京都	7,177
11	清水寺	京都府	6,764
12	上野公園	東京都	6,220
13	東京ドーム	東京都	6,083
14	金閣寺	京都府	5,431
15	築地市場	東京都	5,314
16	琉球王国遺跡	沖縄県	4,548
17	六本木ヒルズ	東京都	4,418
18	渋谷交差点	東京都	4,314
19	皇居	東京都	3,559
20	かに道楽	大阪府	3,436

資料：『インバウンドレポート 2016』RJC リサーチ・ナイトレイ
※「SNS 投稿量スコア」：「inbound insight」により取得された各投稿の構成要素（テキスト、イメージ、プレイス情報の有無）を合計し、情報量を測る指標としてスコア化したもの

5. エンタテインメントビジネス

■歌舞伎

　インバウンド消費は、「モノ」から「コト」へと変化しつつある。多くの訪日外国人旅行者は、日本でしか体験できないエンタテインメントを求め始めている。

　その代表格は歌舞伎だといえる。歌舞伎は日本の代表的な伝統芸能の 1 つだ。歌舞伎の始まりは 1600 年頃に一人の女性が始めた踊りとされており、400 年以上の歴史がある。歌舞伎は最初から最後まですべて観ようとすると、4〜5 時間を要する。そこで、好きな演目だけを観ることができる一幕見席という席も設けられている。ほぼ毎日公演している上、日本語が分からなくても鑑賞できるよう、東京の国立劇場や歌舞伎座などでは英語のイヤホンガイドなどが用意されている。外国人旅行者にとっては気軽に日本文化の味わえるエンタテインメントといえる。

■落語

　落語とは、1人の落語家が高座の上でオチのある物語を話す日本の伝統的な演芸のこと。落語は江戸時代にできたといわれており、今なお大衆の娯楽として人気がある。落語は寄席で体験することができる。落語は基本的にすべて日本語で語られ、話の内容が分からないとおもしろくない芸のため、落語家の背後にスクリーンを設け、そこに英語と日本語の字幕を映し出す字幕落語が、外国人旅行者の集客を促している。今後、このような取り組みが外国人旅行者をさらに呼ぶことになろう。

■文楽

　文楽とは、江戸時代にできた日本の伝統芸能である。もともと浄瑠璃と呼ばれる語り物と人形を合わせたことでできたもので、今は文楽のことを人形浄瑠璃とも呼ぶ。文楽は太夫、三味線、人形遣いの「三業」と呼ばれる役割で成り立つ総合芸術である。文楽のチケットは比較的安価で、外国人旅行者も観に行きやすい。文楽の公演は大阪が多いので、関西を訪れる外国人旅行者に観てもらいたい。

■大相撲

　相撲の聖地、両国国技館に多くの外国人旅行者が訪れるようになり、東京観光の際は訪れたいスポットとして人気の地となっている。外国人客用の券売機では毎場所約 3,000 枚のチケットが販売される盛況ぶりで、旅行会社主催の相撲ツアーもすぐに完売するほど人気を博している。

　また、相撲部屋の見学や体験入門も人気で、事前予約すれば間近で朝稽古を見学できる部屋もある。相撲部屋の見学を希望する外国人旅行者の数は増加しており、相撲部屋を訪れた外国人旅行者がSNSや動画投稿サイトなどで情報を発信している。

■競馬

競馬場観戦ツアーも訪日外国人旅行者、特に中国本土に競馬がない中国人旅行者に人気がある。競馬体験は独特の内容で満足度が高いという。東京競馬場に併設されている競馬博物館では、競馬の歴史、競馬が日本に導入されてからのストーリー、模擬レースの参加などを通じて、競馬は日本の文化であることを伝えている。

■非言語劇

言葉に頼らない、ノンバーバル・パフォーマンス『ギア-GEAR-』（京都市）が、訪日外国人旅行者に大人気になっている。ロングラン5年目に突入、2016年7月には100席限定の劇場で観客動員数10万人を突破した。

光や映像と連動したマイム、ブレイクダンス、マジック、ジャグリングによる迫力のパフォーマンスで感動のストーリーを描くとともに、セリフを使わない「ノンバーバル」という演出により、外国人も言葉の壁を越えて楽しめる。このような非言語の催しに対する取組みは各地で始まっている。

6. 観光案内ビジネス

■観光案内所

観光案内所とは、観光地、鉄道駅、空港などで旅行者に無償で観光情報を提供する場所のことである。外国人旅行者向けには「ツーリストインフォメーションセンター（Tourist information center）」と表示されることが多い。外国人旅行者の多い地域では、外国語を話すことができるスタッフを配置するなど多言語対応が進められている。当該の市町村が直接運営しているところと、観光協会などに委託して運営しているところとがある。

一般的なサービス内容は、当該地域の観光情報の提供、宿泊予約

サービス、劇場・博物館・美術館などのチケット販売・観光バス、観光ツアーの予約、乗車券販売などで、その他に外国通貨の両替所、土産物販売、レンタサイクルの貸し出しなどを行うところもある。

■JNTO認定外国人観光案内所

日本政府観光局（JNTO）では、外国人観光案内所の認定制度を運用している。JNTOでは、外国語ウェブサイトや海外事務所を通じてJNTO認定外国人観光案内所ネットワークの情報を海外にPRし、外国人旅行者の利用を促進している。

認定区分（カテゴリー）は次のようになっている。

・カテゴリー3　常時英語による対応が可能。英語を除く2つ以上の言語での案内も常時可能な体制がある。全国レベルの観光案内を提供。原則年中無休。Wi-Fiあり。ゲートウェイや外国人来訪者の多いところに立地。
・カテゴリー2　少なくとも英語で対応可能なスタッフが常駐。広域の案内を提供。
・カテゴリー1　常駐でなくとも何らかの方法で英語対応可能。地域の案内を提供。
・パートナー施設　観光案内を専業としない施設であっても、外国人旅行者を積極的に受け入れる意欲があり、公平・中立な立場で地域の案内を提供。

■手ぶら観光カウンター

外国人の訪日旅行はFITも多数あり、その多くは自分で大きな荷物を持って日本国内を移動している。自ら荷物を運ぶ必要がなければ、訪日外国人旅行者の利便性が向上する。国土交通省は、訪日外国人旅行者が日本の宅配運送サービスを利用し、手ぶらで観光できる環境を定着させるため外国人対応の「手ぶら観光カウンター」を設置、共通ロゴマークを使用しアピールしている（2017年3月

現在163ヶ所設置）。

■通訳ガイド

通訳ガイドの業務は基本的には「通訳案内士」が行う。通訳案内士とは、有償での外国語ガイドが可能となる資格で、他国語の語学力はもとより、日本の地理や歴史から産業、経済、および文化に至るまで幅広い知識と素養を必要とする国家資格である。

通訳案内士法が改正され、通訳案内士資格は業務独占から名称独占へと変更され、幅広い主体による通訳ガイドが可能になった。また、通訳案内士は、全国対応のガイドである「全国通訳案内士」に加えて、地域に特化したガイドである「地域通訳案内士」の資格制度が創設された。全国通訳案内士に対しては定期的な研修の受講を義務づけ、質の向上を図っている。

■観光ボランティアガイド

観光ボランティアガイドとは、地域を訪れる旅行者に対し、原則無料で、自発的に継続して、自分なりのやり方で観光案内・ガイドを行う人のことである。地域のリタイアしたシニア層が多い。全国の多くの観光地で観光ボランティア組織が誕生している。訪日外国人旅行者向けに外国語でガイドをしている人も多く、訪日外国人旅行者の満足度の向上に大きく寄与している。

7. インバウンド支援ビジネス

■インバウンド支援ビジネスとは

専業として、あるいは兼業として訪日外国人旅行者を相手にビジネスを展開する企業・組織、個人をサポートするビジネスのことである。直接、外国人旅行者とは接しないがインバウンドビジネスの推進に重要な役割を果たしている。

■語学関連

インバウンドビジネスに関わっていくためには、英語をはじめとした多言語対応が欠かせず、そのサポートが必要となる。

・語学支援機関

実際に外国人旅行者と接するスタッフが語学スキルを習得するための研修を実施する学校・会社である。短期間で必要最低限の語学スキルが身につく外国人旅行者対応語学講座を開催している学校・会社も数多くある。

・翻訳支援会社

インバウンドビジネスで必要となる言語の翻訳を支援する会社である。店頭表示、チラシ、パンフレット、レター、メニュー、商品・展示物解説、ホームページなどさまざまなシーンで必要となってくる。

・多言語コールセンター

電話で英語をはじめとした多言語でオペレーターが対応するコールセンターである。インバウンドビジネスでは心強いサポートとなる。24時間365日、テレビ通話、タブレット端末、専門分野などさまざまな対応がある。

・外国人スタッフ派遣

外国人旅行者が多くなると、それぞれの言語を話す外国人スタッフが必要となってくるケースがある。正社員、契約社員、短期アルバイトなどのニーズに対応する外国人専門の人材派遣会社がある。

■インフラ整備

インバウンドビジネスを始める場合必要となるインフラ整備をサポートする会社がある。

・決済関連サポート

クレジットカード、電子マネーなどの決済のための端末などの整備。

・免税関連サポート

　免税のための専用レジスターやパスポートリーダーなど機器、免税品包装用のバッグなど設備、消耗品を用意する会社。

・Wi-Fi 環境整備

　Wi-Fi 環境が必要な場合、その機器の設置をサポートする会社。

■プロモーション関連

　積極的にインバウンドビジネスを展開する時に、外国人旅行者を集客するためのプロモーションのサポートが必要となる。

・コンサルティング会社

　インバウンドビジネスに特化したコンサルティングサービスを提供する会社が数多くできている。

・広告会社

　インバウンドビジネス専門の広告・販促を提供する会社もある。

■メディア関連

　インバウンド支援をする既存メディア、専門のメディアが数多くあり、外国人旅行者の集客の手助けをしている。

・フリーペーパー

　外国人旅行者に特化したフリーペーパーがあり、空港ターミナル、鉄道駅、観光案内所、ホテル・旅館、現地旅行会社などに配備されている。

・ガイドブック

　世界各国で発行されているガイドブックが多数あり、影響力は大きい。

・ウェブメディア

　インバウンドメディアと呼ばれ多数あり、外国人旅行者の利用が多い。

8. シェアリングエコノミー

■シェアリングエコノミーとは

シェアリングエコノミー（Sharing Economy）とは、スマートフォンやパソコンを使って個人が保有する無形のものも含む遊休資産の貸出しを仲介するサービスである。空き部屋や空き家など、目に見えるものから料理やDIYの代行など目に見えないものまでがその対象となっている。貸主は遊休資産の活用による収入を得、借主は所有することなく利用できるというメリットがある。

欧米を中心に広がる中、日本でも普及し始め、その経済効果は非常に大きなものになると予想されている。英国大手コンサルファームPwCによると、2013年に約150億ドルだった市場規模は、2025年には約3,350億ドルまで成長する見込みだ。（総務省ホームページより）

代表的な例が、登録された空き部屋などを仲介するAirbnb（エアビーアンドビー）、ハイヤー会社やタクシー会社に加え個人ドライバーと契約し仲介を行うUber（ウーバー）、空いている駐車場を仲介するakippa（アキッパ）などで、日本でも近年サービスが開始されている。

インバウンドにおいても、個人旅行者の増加に伴い、さまざまなウェブサービスが利用されているが、シェアリングエコノミーは特に注目されており、実際の活用も増加し始めている。

資産を有効に利活用するという観点から、環境的負荷や経済的負荷の軽減につながると期待される一方、既存のサービスを規制する法律との整合性が課題になっている。

■Airbnb

Airbnb（エアビーアンドビー）とは、空き部屋や不動産などの貸借をマッチングするオンラインプラットフォームである。個人・法

人を問わず利用でき、共用スペースから戸建て住宅、アパート、個室をはじめ、個人が所有する島に至るまで幅広い物件が登録されている。アパートを1泊でも、城を1週間でも、ヴィラを1ヶ月でも、物件、期間、費用を自由に組み合わせて宿泊する、ユニークな旅行体験ができる。190ヶ国以上の65,000を超える都市で100万以上の宿（2016年現在）が提供されている。

■Uber

Uber（ウーバー）とは、スマホアプリを使ったタクシー配車サービスで、一般的なタクシー・ハイヤーの配車に加え、一般人が自分の空き時間に自家用車を使って他人を運ぶ仕組みを構築しているのが特徴である。移動ニーズのある利用者とドライバーをマッチングさせるサービスといえる。世界54ヶ国、250都市以上（2015年現在）でサービスを展開している。

図表 8-6　代表的なシェアリングエコノミー

サービス名	内　容
Airbnb	部屋を提供する人と泊まりたい人を結びつけるサービス、旅先で現地の人の家に安価で泊まることができる
Uber	移動ニーズのある利用者とドライバーをマッチングさせるサービス
Lyft	スマートフォンのアプリを通じて自動車を持つドライバーと乗客を結びつけるサービス
Voyagin	旅行者に体験を提供したいと思う現地の人が企画したツアーを楽しむことができる
DogVacay	旅行にペットを連れていけない時に預けたい人と預かりたい人をマッチングするサービス
KitchHike	料理をつくる人（COOK）と食べる人（HIKER）を結びつける交流コミュニティサイト
Feastly	食事を作りたい人と食べたい人をつなぐサービス、作りたい人は時間と場所、料理などを登録する
Taskrabbit	掃除や買い物などの用事の代行を頼みたい人とその用事を受けてくれる人を結びつけるサービス

資料：各サービスのホームページより

09

第 9 章

訪日外国人旅行者の理解
―ベスト3ヶ国・地域の旅行者―

1. 訪日外国人旅行者への対応姿勢

■外国人旅行者への対応の心構え

　訪日外国人旅行者と接するインバウンドビジネスの実務に携わる人々、旅行会社、ホテル・旅館、交通機関、観光施設、土産物店、小売店、飲食店などでの対応は、日本を訪れる外国人にとって、日本の印象を決める大きな要因となる。親切で心温まる対応を受け、とても楽しい旅行だった、もう一度日本に来たい、日本はいい国だと皆に伝えたい、日本が大好きになった、と感じてもらう大きな役割を担っている。

　しかし、外国人だからといって、基本的には日頃の日本人客への対応と変わりはない。「お客様に喜んでいただける商品・サービスを提供する」ことが、何より優先されるべき基本的な心構えである。

　しかし、外国人旅行者の場合は、言葉や人種、宗教、教育、価値観、文化、習慣、風習、食生活などが大きく異なるため、日本人客への対応以上に、細やかな配慮、気配りが必要とされる。日本人には誰にでも「おもてなし」の心がある。その気持ちをしっかりと表現すれば良い。

■外国人旅行者への対応の基本

　訪日外国人旅行者との対応の基本は、人と人とのコミュニケーションである。英語をはじめとしたそれぞれの国の言葉による応対が望ましいが、現実的には難しい。多言語表示などによる案内はその一助になる。外国人旅行者が求めているサービスは、自国と同様のサービスではない。大切なのは、日本流のスタイルで、日本流のおもてなしを提供する中で、それぞれの国の習慣や考え方を十分に理解し相手に合わせた、心の通ったコミュニケーションを図ることである。外国人旅行者を受け入れるために特別な商品やサービスを準備する必要はない。今ある商品・サービスを、今ある形で提供す

れば良い。

■外国人旅行者との対応のポイント
①笑顔の挨拶
　人と人とが出会って、最初に交すのが挨拶である。笑顔できっちり挨拶することが大切である。日本人は無表情で何を考えているか分からないと言われることがある。そのイメージを最初に払拭したい。

②心のこもったサービス
　ビジネスにおいて、相手が何を求めているかを見極めるのが、最大のサービスであり、おもてなしの真髄である。相手の立場を配慮した誠意ある対応は、国や文化の違いを超えて必ず伝わるものである。

③積極的な姿勢
　日本人は外国人旅行者を前にすると消極的になってしまう傾向がある。それは、言葉の壁や日本人の性格などからくるものであるが、外国人に対しては、積極的にコミュニケーションをとろうとする姿勢が重要である。

④多言語で対応する
　外国人旅行者のそれぞれの言語で対応できれば良いが、なかなか困難である。多言語案内表示、指差しシートなど多言語の対応の用意や工夫があれば、彼らの安心感は増す。

⑤自分の商品・サービスを知る
　自分の取扱う商品やサービスはどういうものか、どんな魅力があるのか、他とどのように違うのか、外国人旅行者にとってどのようなものなのかを知ることが必要である。そして、それを正確に伝えることが大切である。

⑥相手のニーズを知る

　まず外国人旅行者を理解する努力が必要である。そのためには、それぞれの国・地域の特徴や国民性などを事前に学習しておくことも大切である。また、旅の途中の今何を求めているかを感じることも必要だ。

⑦差別をしない

　外国人旅行者の対応において、最もしてはいけないことは、国籍や人種、年齢、性別、肌の色などによって応対の仕方を変えることである。外国人は日本人よりもはるかに差別に敏感である。一人ひとりを、大切な「お客様」として尊重し、分け隔てなく対応することが最大のポイントである。

2.　中国人旅行者の理解

■中国の基礎データ

正式名称	中華人民共和国 People's Republic of China, PRC	1人あたりGDP	8,100ドル（2015）
		実質GDP成長率	6.8% （2016第4四半期の年率）
首都	北京	平均初任給	46,795円
人口	13億7,349万人（2015）	海外旅行者数／出国率	4,200万人（2016）／3.1%
言語	中国語（北京語）※文字は「簡体字」	訪日旅行者数／日本シェア	637万人（2016）／15.2%
宗教	仏教、道教、イスラム教、キリスト教	主な海外旅行先	①タイ　②韓国　③日本
日本との時差	－1時間	物価：地下鉄初乗り運賃	約54円
通貨	元（CNY）1元＝16.2円（2017.4）	：ビッグマック価格	約314円

資料：『訪日インバウンド市場トレンド2017』JTB総合研究所・訪日ラボ等参照
※主な海外旅行先は香港を除く　※日本シェア＝訪日旅行者数÷海外旅行者数

中国は、インバウンド市場において、訪日旅行者数、インバウンド消費ともに最大の主要顧客である訪日外国人旅行者の国であり、インバウンド対策において、必ず考慮しなければならない国である。2016年の訪日中国人旅行者数は637万人で全体の26.5％のシェアを占め、インバウンド消費額は1兆4,754億円で全体の4割弱となっている。「爆買い」現象は沈静化したものの、中国の出国率はわずか3.1％にすぎず、まだまだ伸び代がある。中国人旅行者について知ることが大切であるが、中国は広大であり、南部と北部、都市と地方、沿岸部と内陸部などで言葉や文化・風習も異なり、ひと括りにするのは難しい。文字は簡体字が使われている。

■中国人の国民性

- 中国は広大な国土を有するため、地域によって国民性、風俗、習慣などが大きく異なる。（日本のほぼ26倍の国土面積）
- 強い行動力を持ち、団体行動はあまり得意ではない。
- メンツを重んじる。
- 特別なもてなしをされるのを好む。
- 家族・親戚を大事にする。
- 親しい人に対してはとても親切だが、無関係な人には冷たい。
- 頑固なところがあり、あまり他人には譲らない。

■中国人の訪日旅行動向

- 海外旅行先 …… タイ、韓国に次いで日本は3位（香港除く）。
- 入国空港　 …… 関西国際空港が34％、成田国際空港が29％、羽田空港が11％。
- 性・年代　 …… 男性41％、女性59％、20・30代女性がそれぞれ2割程度。
- 滞在日数　 …… 4〜6日間が50％、7〜13日間が38％。
- 訪日回数　 …… 初訪問が59％で最も多い。

- 同行者　　……　家族・親族が 37％、次いで友人 20％。
- 来訪目的　　……　観光が 75％と圧倒している。
- 宿泊施設　　……　ホテルが 87％、旅館も 32％と少なくない。
- 旅行手配　　……　団体・パッケージツアー利用が 52％。
- 申込方法　　……　ウェブサイトからが 52％、店頭は 43％。
- 手配時期　　……　出発の 1～2ヶ月前が 52％。
- 世帯年収　　……　500 万未満が 69％、2,000 万円以上が 3％いる。

資料：観光庁「訪日外国人消費動向調査」（全国籍・地域・2016）※同行者・宿泊施設
は複数回答、『訪日インバウンド市場トレンド 2017』JTB 総合研究所

■中国人の訪日旅行トレンド

- 初訪日旅行者はゴールデンルートを好み、リピーター向けツアーは多様化している。
- 中国文化の影響を受けた寺社仏閣がある京都やテーマパーク、温泉、グルメに加え、日本の四季が味わえる桜、花火、紅葉などが注目されている。
- ビザの発給条件の緩和により、個人旅行が急増している。
- 買い物できる「モノ」だけでなく、体験やサービスなどの「コト」で日本を楽しもうという傾向がでてきている。
- 「深度游」という言葉が流行し、個人的な趣味趣向、ディープな目的、テーマを持った旅行の増加が予想される。

■中国の休暇

- 春節（1～2 月頃）、国慶節（10 月）に長期休暇がある。
- 一般的に日本に比べ、まとまった休暇が取りやすい。

■中国人の買い物傾向

日本滞在中の買物代	122,895 円	買物代 国・地域別順位	1 位
免税手続き率	73.0%	免税品の買物代	90,164 円
クレジットカード利用率	62.0%	デビッドカード利用率	40.6%

資料：観光庁「訪日外国人消費動向調査」（全国籍・地域・2016 年）

　「爆買い」現象は沈静化したが、1 人当たりの買い物代は 12.3 万円で、群を抜き主要国トップである。免税手続き率も極めて高く、免税店ショッピングを楽しんでいることが分かる。このショッピングにはメンツや意地を重んじ、家族や親族、圏子（チュエンズ・経済力、ライフスタイル、価値観などを共有する仲間）を大切にする国民性が背景にある。大量の土産品を購入し、それらの人々にプレゼントすることで、自他のメンツを立てているのだといわれている。クレジットカード利用率も高いが、デビッドカード利用率が他の国・地域と比べると極端に突出している。これは銀聯カードの利用によるものである。

(%・円)

	買物場所（複数回答）	利用率		品名（複数回答）	購入率	購入単価
1	ドラッグストア	91.0	1	化粧品・香水	78.2	44,894
2	空港の免税店	79.8	2	医薬品・健康グッズ・トイレタリー	76.1	31,943
3	百貨店・デパート	76.1	3	菓子類	67.2	10,951
4	コンビニエンスストア	70.0	4	食料品・飲料・酒・たばこ	57.7	10,951
5	スーパーマーケット	57.2	5	服(和服以外)・かばん・靴	47.3	46,654

資料：観光庁「訪日外国人消費動向調査」（全国籍・地域／観光目的・2016 年）

　以前、中国人旅行者の間では炊飯器、魔法瓶、温水洗浄便座、セラミック包丁が「四宝」と呼ばれ、日本で買うべき定番商品とされていた。これらの製品が売れる背景には日本製品の品質に対する信頼の高さがあった。2016 年を見ると、ドラッグストアの利用率が極めて高く、質が高く安全な化粧品や医薬品、健康グッズを大量購

入している。ネット上の口コミや評判により購入品を決めるとともに、体験を通して購入する傾向があり、例えばデパートでメイクを体験したあとに化粧品を購入したり、食品を試食をしてから購入することが多い。

■中国人の飲食傾向

・滞在中の飲食費は、3.9万円で平均よりも高い。
・一番満足した飲食は、①魚料理、②ラーメン、③肉料理、④寿司。
・広大な中国には多様な食文化・食習慣が存在し地域により嗜好は大きく異なる。
・「医食同源」の思想のもと、健康にも気を遣っている。
・肉が大好きなため、特に焼肉の人気が高い。
・天ぷら、鍋料理、ラーメンも人気がある。
・寿司、刺身、和食を好む人も増えてきている。
・温かい料理が好まれ、冷たい食事は好まない。
・日本人よりたくさんの分量を食べる。食べ放題のビュッフェスタイルに人気がある。
・宴会を楽しむ文化であり、食事を取りながら他人と交流する。
・食事中にお茶や水を飲むと消化に良くないとされている。
・食後に日本のフルーツを出すと喜ばれる。
・相手から勧められたお酒などの飲物は断らない。

■中国人の旅行情報収集

(%)

出発前の情報源	選択率	日本滞在中の情報源	選択率
SNS	20.2	インターネット（スマートフォン）	65.4
旅行会社ホームページ	19.7	インターネット（パソコン）	13.3
自国の親族・知人	19.1	観光案内所（空港除く）	13.2
個人のブログ	17.4	空港の観光案内所	13.0
旅行ガイドブック	16.6	宿泊施設	11.2

資料：観光庁「訪日外国人消費動向調査」（全国籍・地域・2016）

出発前は SNS と旅行会社のホームページ、親戚・知人から情報を得ている。日本滞在中はスマートフォンが圧倒している。

・人気ポータルサイト

　　百度（バイドゥ）、捜狐（ソーフー）、新浪（シナ）、

　　網易（ワンイー）、騰訊（テンセント）

・人気 SNS

　　新浪微博（シナウェイボー）、微信（ウィーチャット）、

　　騰訊 QQ（テンセント QQ）、人人網（レンレンワン）

3. 韓国人旅行者の理解

■韓国の基礎データ

正式名称	大韓民国 Republic of Korea	1 人あたり GDP	27,200 ドル（2015）
		実質 GDP 成長率	1.6 %（2016 第 4 四半期の年率）
首都	ソウル特別市	平均初任給	46,795 円
人口	5,062 万人（2015）	海外旅行者数／出国率	2,238 万人（2016）/44.2%
言語	韓国語	訪日旅行者数／日本シェア	509 万人（2016）/22.7%
宗教	仏教、キリスト教、儒教など	主な海外旅行先	①日本　②中国　③タイ
日本との時差	±0 時間	物価：地下鉄初乗り運賃	約 131 円
通貨	ウォン（KRW）1 W＝0.098 円（2017.4）	：ビッグマック価格	約 417 円

資料：『訪日インバウンド市場トレンド 2017』JTB 総合研究所・訪日ラボ等参照

　韓国は、インバウンド市場において、訪日旅行者数第 2 位、500万人を超えた最も近い隣国である。滞在日数が少ないため、インバウンド消費額は決して大きくはないが、日本の製品やコンテンツに強い関心を持っており、距離的に近い韓国はインバウンドにおいて無視できない国である。

韓国人旅行者は、若者のリピーターが多く、自分の興味に合わせた旅行プランを練る傾向があり、東京、大阪、京都や福岡などの定番の観光都市以外にも気軽に足を延ばしている。さまざまな地域にとって影響の大きい存在になっている。韓国は日本と文化的に多くの類似点を持っている一方で、異なる点も少なくない。韓国人旅行者の動向を理解することが大切である。

■韓国人の国民性

・儒教の影響が色濃く残っており、年長者を敬い家族や親族を大切にする。

・体面を重んじ、周囲からの目を気にする。

・愛国心が強い。

・気が強く直接的な感情表現を行い、曖昧なことを嫌う。

・せっかちで待つのは苦手。

・日本語が分かる人が多いので、言葉遣いや話題には配慮が必要。

■韓国人の訪日旅行動向

・海外旅行先 …… 日本が1位、2位中国、3位タイ。

・入国空港　 …… 関西国際空港が30％、福岡空港が20％、成田国際空港13％。

・性・年代　 …… 男女の構成比が男性52％、女性48％、年代・性別では20代女性23％、20代男性17％。

・滞在日数　 …… 4～6日間が57％、3日以内も34％。

・訪日回数　 …… 初訪問が33％。2回目20％、10回以上が17％いる。

・同行者　　 …… 友人が31％、家族・親族27％、ひとりが19％いる。

・来訪目的　 …… 観光が78％と圧倒している。

・宿泊施設　 …… ホテル71％、ユースホステル・ゲストハウスが

17%いる。

- 旅行手配　……　個別手配が82%と圧倒的。
- 申込方法　……　ウェブサイトからが73%、店頭は21%と少ない。
- 手配時期　……　出発の1〜2ヶ月前が40%、1週間以内が15%いる。
- 世帯年収　……　500万未満が49%、2,000万円以上は3%弱。

資料：観光庁「訪日外国人消費動向調査」（全国籍・地域・2016）※同行者・宿泊施設は複数回答、『訪日インバウンド市場トレンド2017』JTB総合研究所

■韓国人の訪日旅行トレンド

- 訪日旅行者は20・30代の若者が全体の60%以上を占めている。
- 若者のリピーターが多い。
- 週末を利用した3日間以下の気軽な旅行が多い。
- 80%がFITで、団体旅行は少ない。
- 福岡空港、博多港からの入国が多く、福岡や大分、熊本の温泉が人気。
- LCCの利用が多く、特に大阪を中心に関西が人気デスティネーション。
- 音楽ライブやドラマのロケ地、アニメの聖地を訪れる人も少なくない。
- 女性が多く、マッサージ、美容などのサービスを求める傾向がある。
- 健康を目的としたハイキング、本格的な登山を目的に訪れる人も増加。

■韓国の休暇

- 大型連休は少ない。
- サラリーマンは旅行に合わせて休暇をとる習慣ができつつある。
- 冬休みが長く12月末から2月初旬まで。

■韓国人の買い物傾向

日本滞在中の買物代	19,562 円	買物代 主要国・地域別順位	20 位
免税手続き率	36.8%	免税品の買物代	17,844 円
クレジットカード利用率	42.8%	デビッドカード利用率	2.1%

資料：観光庁「訪日外国人消費動向調査」（全国籍・地域・2016 年）

　日本滞在中の買い物代は主要国・地域の中で最下位の 20 位である。免税手続き率は決して低くないものの、免税品購入額は低い。韓国人旅行者の大半を占める若い旅行者が、土産品などにとらわれず、いかに気軽に日本の観光を楽しんでいるかが分かる。しかし、訪日旅行者の人数が多く、総買い物代は第 4 位と上位なだけに、しっかりと対応しなくてはならない。クレジットカード利用率が決して高くないのは、高額の買い物をしていないためと思われる。VISA や Master などの国際ブランドが付帯した「新韓カード」や、国際ブランドが付帯されていない「新韓ハウスカード」を利用する旅行者も多い。

(%・円)

	買物場所（複数回答）	利用率		品名（複数回答）	購入率	購入単価
1	コンビニエンスストア	66.9	1	菓子類	84.4	5,214
2	空港の免税店	63.1	2	食料品・飲料・酒・たばこ	62.7	4,890
3	ドラッグストア	49.7	3	医薬品・健康グッズ・トイレタリー	49.1	7,050
4	百貨店・デパート	39.7	4	化粧品・香水	34.5	6,649
5	スーパーマーケット	35.4	5	服（和服以外）・かばん・靴	23.9	13,294

資料：観光庁「訪日外国人消費動向調査」（全国籍・地域 / 観光目的・2016 年）

　気軽に入ることができるコンビニエンスストアの利用率がトップなのが特徴である。全体的に、訪れた買い物場所に対する回答の絶対数が少なく、買い物に重きを置かない傾向が見てとれる。土産品については、韓国国内で購入すると高い日本の菓子や食料品、化粧品、医薬品など、最寄品の買い物を好む傾向にある。特に菓子の購

入率は突出して高い。他の国・地域と比較すると女性のひとり旅が多く、美容関連のグッズや普段に使える日常的なアイテムを購入していく人が多い。最近では輸入ビールの流行を背景に、口コミで日本のビールもファンの数を増やしている。友人や職場などで配りやすい個別包装で、比較的安価なものが好まれると考えられる。また、おまけが好きで、ちょっとした特典が喜ばれる。

■韓国人の飲食傾向

・滞在中の飲食費は、1.8万円、滞在日数が短いため少ない。
・一番満足した飲食は、①肉料理　②寿司　③ラーメン
・他人と一緒に食事をとり、会話を楽しむ習慣を持つ。
・「薬食同源」の食観念があり、食は体の調和を図る薬という意識がある。
・旅先では食事をたくさん食べて楽しむ。
・食器は持ち上げない（机に置いたままで食べる）。
・海の幸全般を好み、寿司は高級料理として喜ばれる。
・B級グルメ（ラーメン、お好み焼き、トンカツなど）の人気が高い。
・キムチと汁物がないと不満を持つ。キムチ風漬け物は嫌われる。
・温かい鍋物を好む。冷たくなった食事を嫌う（弁当、ざるそばなど）。
・お代わりを注文すると追加料金が取られることに不満を持つ。
・食事中、お酒を楽しむ人は多い。しかし、相手の許可がない限り目上の人の前でお酒は飲まない。飲む場合は目上の人から顔をそむけて飲む。

■韓国人の旅行情報収集

(%)

出発前の情報源	選択率	日本滞在中の情報源	選択率
個人のブログ	54.2	インターネット（スマートフォン）	68.5
SNS	22.8	観光案内所（空港除く）	13.4
旅行ガイドブック	19.1	インターネット（パソコン）	13.3
その他インターネット	19.0	フリーペーパー（無料）	9.6
自国の親族・知人	11.6	空港の観光案内所	9.1

資料：観光庁「訪日外国人消費動向調査」（全国籍・地域・2016）

　出発前は個人のブログと SNS から情報を得ている旅行者が多い。日本滞在中はスマートフォンが圧倒的。フリーペーパーも読まれている。

・人気ポータルサイト

　NAVER（ネイバー）、Daum（ダウム）、NATE（ネイト）

・人気 SNS

　Facebook（フェイスブック）、Twitter（ツイッター）、

　Instagram（インスタグラム）、KakaoTalk（カカオトーク）

4. 台湾人旅行者の理解

■台湾の基礎データ

正式名称	台湾 Taiwan	1人あたり GDP	22,300 ドル（2015）
		実質 GDP 成長率	1.8% （2016 第 4 四半期の年率）
首都	台北	平均初任給	91,520 円
人口	2,349 万人（2015）	海外旅行者数／ 出国率	1,459 万人（2016）/62.1%
言語	中国語（北京語） ※文字は「繁体字」	訪日旅行者数／ 日本シェア	417 万人（2016）/28.6%
宗教	仏教、道教、キリスト教	主な海外旅行先	①中国　②日本　③香港

198　第 9 章　訪日外国人旅行者の理解　―ベスト 3 ヶ国・地域の旅行者―

日本との時差	－1時間	物価：地下鉄初乗り運賃	約70円
通貨	ニュー台湾ドル（TWD）1NT$ ＝ 3.72円（2017.4）	：ビッグマック価格	約242円

資料：『訪日インバウンド市場トレンド2017』JTB総合研究所・訪日ラボ等参照

　台湾は、インバウンド市場において、中華圏訪日外国人旅行者のひとつとして、訪日中国人旅行者と並ぶ大きな存在感を示している。海外旅行の出国率が極めて高く、また親日国ということもあり、日本のインバウンド需要が高い。一般に漢文化を主体としていると思われるが、台湾原住民による南島文化や日本文化の影響を強く受け、また最近では欧米文化の影響もあり、変化に富む多様性のある文化が特徴である。文字は繁体字が使われている。訪日台湾人旅行者はリピーターが多く、テレビ番組などから日本の情報をリアルタイムで入手していて、人気のエンタテイメントや話題の商品・サービスについてよく知っている。インバウンドビジネスにおいて非常に重要な地域である。

■台湾人の国民性
・開放的な明るい性格で、初対面でもすぐに打ち解ける。
・血縁関係による結びつきが強く、家族を大切にする。
・冒険心に富み、失敗を恐れない行動をとる。
・メンツを重んじ、個人の自由を重視する。
・勝負事を好む。
・流行に敏感で、台湾で人気が出たものは中国、香港でも流行する。
・日本の文化、サブカルチャーに興味をもつ若者が多い。

■台湾人の訪日旅行動向
・海外旅行先 …… 中国が1位、日本は2位、3位に香港。
・入国空港　 …… 関西国際空港28％、成田国際空港27％、新千

歳・那覇空港 10％弱。

- ・性・年代 ……… 男女比では、男性 43％、女性 57％、年代・性別では 30 代女性 18％、20 代女性 15％。
- ・滞在日数 ……… 4〜6 日間が 69％、7〜13 日間が 21％。
- ・訪日回数 ……… 初訪問が 19％と少ない。10 回以上 20％、リピーターが多い。
- ・同行者 ……… 家族・親族 43％、友人が 21％。
- ・来訪目的 ……… 観光が 83％と圧倒している。
- ・宿泊施設 ……… ホテル 86％、旅館 24％と少なくない。
- ・旅行手配 ……… 個別手配が 53％と、団体・パッケージツアーと半々。
- ・申込方法 ……… ウェブサイトからが 53％、店頭も 41％と多い。
- ・手配時期 ……… 出発の 1〜2ヶ月前が 47％、3〜6ヶ月前が 23％いる。
- ・世帯年収 ……… 500 万未満 70％、500 万円以上 1,000 万円未満 21％。

資料：観光庁「訪日外国人消費動向調査」（全国籍・地域・2016）※同行者・宿泊施設は複数回答、『訪日インバウンド市場トレンド 2017』JTB 総合研究所

■台湾人の訪日旅行トレンド

- ・団体ツアーでの参加が多いが、リピーターも多い。
- ・男女比は女性の方が多く、特に 20・30 代女性が全体の 1/3 を占める。
- ・日本に慣れている人が多いので、内容の濃い体験・サービスを求める。
- ・サイクリングを楽しむ人が増加しており、サイクリングツアーが人気。
- ・沖縄、九州などを巡る 3〜4 日間のクルーズツアーが好評。
- ・インセンティブツアーでは上質で特別感を味わえる内容が求めら

れる。

・日本のテレビドラマ、旅番組などの影響がすぐに出てくる。

・若者は日本のエンタテインメントに関わる場所を訪ねている。

■台湾の休暇

・春節（旧正月）は1～2月頃で長期連休となる。

・夏休みは7月から約2ヶ月。

・祝日による4連休も多い。

■台湾人の買物傾向

日本滞在中の買物代	47,122 円	買物代 主要国・地域別順位	5 位
免税手続き率	66.6%	免税品の買物代	36,496 円
クレジットカード利用率	55.8%	デビッドカード利用率	1.4%

資料：観光庁「訪日外国人消費動向調査」（全国籍・地域・2016 年）

　日本滞在中の買い物代は4.7万円と、滞在日数が決して長くない割には多い。主要国・地域の中で5位である。免税手続きは2/3の旅行者が利用し、免税品購入額も高い。テレビなどを通じて日本の情報をリアルタイムで入手している台湾人旅行者は日本人以上に日本のブームに敏感で、訪日旅行の際には、あらかじめ欲しい商品を決めていることが多いのが特徴である。旅に慣れ、ショッピングにも慣れていて、リピーターの多くは目的の店を決め、何度も足を運んでいる。

(%・円)

	買物場所（複数回答）	利用率		品名（複数回答）	購入率	購入単価
1	ドラッグストア	89.5	1	医薬品・健康グッズ・トイレタリー	74.5	15,259
2	コンビニエンスストア	74.1	2	菓子類	68.0	7,824
3	空港の免税店	69.0	3	食料品・飲料・酒・たばこ	64.7	8,146
4	スーパーマーケット	67.1	4	服（和服以外）・かばん・靴	47.8	19,615
5	百貨店・デパート	62.7	5	化粧品・香水	41.3	15,097

資料：観光庁「訪日外国人消費動向調査」（全国籍・地域 / 観光目的・2016）

ほとんどの台湾人旅行者はドラッグストアに立ち寄っている。日本に関する最新情報を持っている台湾人旅行者は、日本の商品・サービスについてよく知っている。日本のドラッグストアで購入すべき医薬品を紹介する本が出版されるなど、医薬品や健康グッズ、化粧品は定番の土産品になっている。気軽に買い物ができるコンビニエンスストア、空港の免税店もよく利用されている。菓子についても日本で話題になり、人気の出たものを購入していく傾向にある。また、台湾では、現在でも日本酒好きの人が多く、日本酒の輸入も盛んに行われている。しかし自国では高値で販売されているため、日本を訪れ、美味しい日本酒、特に高額な吟醸酒を求める人が多い。

■台湾人の飲食傾向

・滞在中の飲食費は、2.7万円と、比較的低い。
・一番満足した飲食は、①ラーメン、②肉料理、③魚料理、④寿司
・台湾には「吃喝玩樂」（チー・ホ・ワン・ロー）という言葉があり、食べて（＝吃）、飲んで（＝喝）、遊んで（＝玩）、楽しむ（樂）ことを好む。
・「医食同源」の思想のもと、温かい食事を好み、冷たい食事は好まない。夏でも鍋料理を食べる。
・料理の量も品数も味も重視する。特に、食事の量と品数が多いことが大事である。
・気に入るとリピートする傾向が強く、同じレストランに何回も訪れる。
・箸とレンゲを使う。音を立てて食事をすることは厳禁である。
・料理は全部食べても残しても構わない。
・日本の牛肉が好まれ、焼肉が人気、寿司、トンカツ、カレーも好き。
・日本の中華料理は、日本人向けに味付けされているため好まれない。
・正座やあぐらは苦手で、畳の上での料理は不得手。

・肉と魚を一切食べない「素食家」と呼ばれる菜食主義の人が一定
　数いる。

■台湾人の旅行情報収集

(%)

出発前の情報源	選択率	日本滞在中の情報源	選択率
個人のブログ	38.0	インターネット（スマートフォン）	65.5
日本政府観光局ホームページ	30.7	空港の観光案内所	22.9
旅行会社ホームページ	23.8	インターネット（パソコン）	20.9
旅行専門誌	21.2	宿泊施設	20.1
宿泊施設ホームページ	18.1	観光案内所（空港除く）	18.3

資料：観光庁「訪日外国人消費動向調査」（全国籍・地域・2016）

　出発前は個人のブログの他日本政府観光局ホームページが参考に
されている。日本滞在中はスマートフォンが圧倒的。観光案内所の
利用もある。
・人気ポータルサイト
　Yahoo! 奇摩（ヤフーキームオ）、Google 台湾（グーグル）、
　PChome（ピーシーホーム）
・人気 SNS
　Facebook（フェイスブック）、Twitter（ツイッター）、
　Instagram（インスタグラム）、LINE（ライン）

10

第 10 章

訪日外国人旅行者の理解
―主要国・地域と増加する旅行者―

1. 香港人旅行者の理解

■香港の基礎データ

正式名称	中華人民共和国香港特別行政区 Hong Kong	1人あたりGDP	42,300ドル（2015）
		実質GDP成長率	2.5% （2016第4四半期の年率）
首都	中環（行政の中心地区）	平均初任給	223,840円
人口	731万人（2015）	海外旅行者数／出国率	1,129万人（2016）/154%
言語	広東語 ※文字は「繁体字」、英語	訪日旅行者数／日本シェア	184万人（2016）/16.3%
宗教	仏教、道教、キリスト教	主な海外旅行先	①日本　②台湾　③タイ
日本との時差	－1時間	物価：地下鉄初乗り運賃	約68円
通貨	香港ドル（HKD） 1HK$＝14.4円（2017.4）	：ビッグマック価格	約290円

資料：『訪日インバウンド市場トレンド2017』JTB総合研究所・訪日ラボ等参照
※主な海外旅行先は中国を除く

　香港は中国の一部、特別行政区となっているが、日本のインバウンド市場では中国本土とは全く別の対応が必要な地域である。歴史的な背景からイギリスの強い影響を受けており、香港人は中国とは異なる文化、習慣、感性を持っている。近年は中国語（北京語）の教育が進んでいるが、言葉も広東語が中心で、文字も繁体字が使用されている。また、英語もかなり通用する。香港人は海外旅行好きで、出国率はなんと154％で、日本は最も人気のあるデスティネーションとなっている。日本に初めて訪れる訪日香港人旅行者は全体のわずか19％で、37％は日本に6回以上訪れているリピーターである。日本の情報に明るく流行に敏感なため、彼らの行動を中国人が参考にしていることも多いので、重要な顧客と言える。

■香港人の国民性

・自立心が強く、周囲の意見に左右されない。
・植民地としての歴史が長く、中国人としてのアイデンティティが弱い。
・損得勘定に敏感だが、気にいったものに対してはお金を使う。
・西欧的な個人主義の考えをしっかり持っている。
・文化や歴史への関心が希薄で、流行には敏感。
・せっかちで常に動き回っている。

■香港人の訪日旅行動向

・海外旅行先 …… 日本が1位、2位台湾、3位タイ。（中国を除く）
・入国空港 …… 関西国際空港30％、成田国際空港24％、那覇空港12％。
・性・年代 …… 男女比は男性43％、女性57％、20代から40代各2割以上。
・滞在日数 …… 4〜6日間が55％、7〜13日間が40％。
・訪日回数 …… 初訪問が19％と少ない。6回以上37％、リピーターが多い。
・同行者 …… 家族・親族43％、友人が22％。
・来訪目的 …… 観光が89％と圧倒している。
・宿泊施設 …… ホテル89％、旅館21％と少なくない。
・旅行手配 …… 個別手配が67％とFIT化が進んでいる。
・申込方法 …… ウェブサイトからが70％、店頭は26％。
・手配時期 …… 出発の1〜2ヶ月前が41％、3〜6ヶ月前が25％いる。
・世帯年収 …… 500万未満54％、1,000万円以上が21％もいる。

資料：観光庁「訪日外国人消費動向調査」（全国籍・地域・2016）※同行者・宿泊施設は複数回答、『訪日インバウンド市場トレンド2017』JTB総合研究所

■香港人の訪日旅行トレンド

・海外旅行が好きで、年に1回は必ず海外旅行する人が多い。

・個人主義的な傾向が強く、団体ツアーの利用率は低い。

・個人手配で家族・親族とともにグループで訪日する人が多い。

・20～30代の若い人が多いが、各年代も満遍なく訪日旅行者がいる。

・日本の雪や桜、紅葉などの四季が感じられる自然とグルメを楽しむ。

・好奇心が旺盛で、農業体験やエコツアーの人気が上がっている。

・北海道、沖縄などレンタカーを利用して移動するケースも多い。

■香港の休暇

・1～2月頃の春節（旧正月）、10月の国慶節は長期連休。

・キリスト教徒が多いため春のイースター（復活祭）、冬のクリスマス休暇もある。

■香港人の買い物傾向

日本滞在中の買物代	62,389円	買物代 主要国・地域別順位	3位
免税手続き率	67.8%	免税品の買物代	64,950円
クレジットカード利用率	55.1%	デビッドカード利用率	4.9%

資料：観光庁「訪日外国人消費動向調査」（全国籍・地域・2016年）

　日本滞在中の買い物代は6.2万円と、主要国・地域の中で3位である。免税手続きは2/3の旅行者が利用し免税品購入額は中国に次いで高い。リピーターが多いので、親戚、友人に配るいわゆる土産品や日常品よりも、自分のためのショッピング、特に服やカバンなどのファッションに関する買い物を楽しむ傾向があり、単価の高い買い物をしていると思われる。香港は物価が高いため、円安傾向の中で、日本の商品価格がリーズナブルに感じられているようだ。

（％・円）

	買物場所（複数回答）	利用率		品名（複数回答）	購入率	購入単価
1	ドラッグストア	75.7	1	医薬品・健康グッズ・トイレタリー	64.4	13,342
2	百貨店・デパート	74.5	2	服（和服以外）・かばん・靴	61.0	32,622
3	コンビニエンスストア	69.4	3	食料品・飲料・酒・たばこ	59.4	11,757
4	スーパーマーケット	69.1	4	菓子類	59.1	8,324
5	空港の免税店	61.5	5	化粧品・香水	50.9	20,595

資料：観光庁「訪日外国人消費動向調査」（全国籍・地域／観光目的・2016）

　香港人旅行者はドラッグストアにも多く立ち寄っているが、デパートをよく利用しているのが特徴である。香港人旅行者は何度も訪日しているリピーターが多く、買い物は他人よりも自分のためにする傾向があり、特にファッションに詳しく、デパートでのブランド品購入が多い。自分の好きなブランド品のセールに合わせて旅行日程を組むケースもある。はっきりとした個人の好みを持っていて、訪日前に欲しい商品が決まっていることも少なくない。食べ物では、香港ではあまり入手できない高級食材や高級フルーツなども人気の土産品となっている。また、若い香港人旅行者の、日本でしか手に入らない限定のキャラクターグッズなどの購入も目立っている。

■香港人の飲食傾向
・滞在中の飲食費は、3.5万円、全国籍・地域の平均より高い。
・一番満足した飲食は、①肉料理、②ラーメン、③魚料理、④寿司。
・食は最大の喜びとして、大きな価値が置かれ、お金もかける。
・美食家が多く、舌が肥えており、美味しいものと不味いものを見分ける。
・レンゲと箸を併用する。
・食事のシーンと飲酒のシーンを明確に分けている人が多い。
・温かい料理を好み、夏場でも鍋物を食べることがある。
・冷たい水よりも温かいお茶やお湯を好む傾向がある。

・気に入った料理は繰り返し注文する傾向が強い。

・自国で食べた日本料理を本場の日本で食べたいと希望している。

・寿司や刺身が好物。居酒屋、回転寿司、鉄板焼きも好む。

・夕食後、さらに夜食を食べる習慣がある。

・チップを支払う習慣がある。

■香港人の旅行情報収集

(%)

出発前の情報源	選択率	日本滞在中の情報源	選択率
日本政府観光局ホームページ	36.0	インターネット（スマートフォン）	66.0
個人のブログ	33.7	インターネット（パソコン）	22.6
旅行専門誌	24.8	空港の観光案内所	21.1
宿泊施設ホームページ	22.3	観光案内所（空港除く）	18.6
旅行会社ホームページ	20.5	宿泊施設	18.5

資料：観光庁「訪日外国人消費動向調査」（全国籍・地域・2016）

　出発前は日本政府観光局ホームページが参考にされているのが特徴的で、日本滞在中はスマートフォンが圧倒的である。観光案内所の利用もある。

・人気ポータルサイト

　Yahoo! 雅虎香港（ヤフーホンコン）、新浪香港（シナホンコン）

・人気 SNS

　Facebook（フェイスブック）、Instagram（インスタグラム）、
　WeChat（ウィーチャット）、WhatsApp（ワッツアップ）

2. タイ人旅行者の理解

■タイの基礎データ

正式名称	タイ王国 Ratcha Anachak Thai	1人あたりGDP	5,700ドル（2015）
		実質GDP成長率	1.7% （2016第4四半期の年率）
首都	バンコク	平均初任給	50,150円
人口	6,884万人（2015）	海外旅行者数/出国率	644万人（2014）/9.3%
言語	タイ語	訪日旅行者数/日本シェア	90万人（2016）/14.0%
宗教	仏教、イスラム教、キリスト教など	主な海外旅行先	①マレーシア　②日本 ③中国
日本との時差	−2時間	物価：地下鉄初乗り運賃	約48円
通貨	バーツ（THB） 1฿＝3.2円（2017.4）	：ビッグマック価格	約361円

資料：『訪日インバウンド市場トレンド2017』JTB総合研究所・訪日ラボ等参照

　タイの出国率は9.3%、所得水準は日本や韓国などの東アジアの国々と比べ依然として低いが、バンコクなど都市部の富裕層を中心に海外旅行市場が成長している。人気の旅行先のトップはマレーシアで、日本が2位、訪日旅行者は100万人に迫っている。2013年のビザ発給要件緩和以降、円安効果とバーツ高効果もあり、急激に日本のインバウンドにおいて存在感を示し始めている。タイは熱帯に位置しているため、日本のようなはっきりとした四季を求めて訪日する旅行者が多い。桜や紅葉、特に雪など四季を感じられるものの人気が高く、北海道への訪問者数が多いのも特徴である。LCCの拡充でリピーターも増加しつつある。

■タイ人の国民性
・敬虔な仏教徒が多く、王室をとても尊敬している。

・家族や親族をとても大切にする。

・目上の人に接する時は常に敬意の心を忘れない。

・おおらかで、細かいことは気にしない人が多い。

・会話をするときは笑顔が基本とされている。

・好奇心旺盛で楽しいことを見つけるのが得意である。

・女性の地位が高く、男らしさの意識が低い。

■タイ人の訪日旅行動向

・海外旅行先 …… マレーシアが1位、日本は2位、3位中国。

・入国空港　…… 成田国際空港43％、関西国際空港23％、新千歳空港が11％いる。

・性・年代　…… 男女比は男性46％、女性54％、年代・性別では30代女性20％、20代女性17％。

・滞在日数　…… 4〜6日間が50％、7〜13日間が35％。

・訪日回数　…… 初訪問が35％。2回目が22％とリピーター増加傾向。

・同行者　　…… 家族・親族38％、友人が25％。

・来訪目的　…… 観光が72％。

・宿泊施設　…… ホテル80％、旅館15％、親族・知人宅が11％いる。

・旅行手配　…… 個別手配が70％とFIT化が進んでいる。

・申込方法　…… ウェブサイトからが61％、店頭は30％。

・手配時期　…… 出発の1〜2か月前が38％、3〜6か月前が20％いる。

・世帯年収　…… 500万未満76％、1,000万円以上が15％もいる。

資料：観光庁「訪日外国人消費動向調査」（全国籍・地域・2016）※同行者・宿泊施設は複数回答、『訪日インバウンド市場トレンド2017』JTB総合研究所

■タイ人の訪日旅行トレンド

・桜、紅葉、雪など、タイにはない四季を感じられる自然を好む。

・親日家で日本というブランドは魅力的な存在になっている。

・タイのテレビ番組やメディアで日本の旅行が特集されているため、訪日旅行の人気観光地の知名度が高い。

・スマートフォンの利用率が高く、自撮りして写真映えするコンテンツに関心が高い傾向にある。

・映画やアニメの舞台に訪問をする「聖地巡礼」も多い。

・グルメと温泉が好きな人が多い。

・長距離を歩く習慣がないので、徒歩での移動は苦手。

■タイの休暇

・4月中旬にソンクラーン（タイの旧正月）の休暇がある。

・夏休みは3～5月。

■タイ人の買い物傾向

日本滞在中の買物代	45,414円	買物代 主要国・地域別順位	6位
免税手続き率	44.9%	免税品の買物代	32,454円
クレジットカード利用率	49.3%	デビッドカード利用率	1.9%

資料：観光庁「訪日外国人消費動向調査」（全国籍・地域・2016）

　日本滞在中の買い物代は4.5万円と、主要国・地域の中で6位である。免税手続きは45％、東南アジア諸国の中ではトップであり、クレジットカード利用率も決して低くない。日本でのショッピングに意欲的な旅行者が多いとみられる。これは訪日タイ人のほとんどが都市部の裕福層であるから、という見方もあるが、ショッピング好きの女性が多いことによるものとも考えられる。

（％・円）

	買物場所（複数回答）	利用率		品名（複数回答）	購入率	購入単価
1	百貨店・デパート	76.7	1	菓子類	79.2	11,027
2	空港の免税店	56.0	2	服（和服以外）・かばん・靴	61.5	22,040
3	コンビニエンスストア	54.5	3	化粧品・香水	58.5	16,029
4	スーパーマーケット	51.9	4	食料品・飲料・酒・たばこ	50.7	11,288
5	ドラッグストア	48.5	5	医薬品・健康グッズ・トイレタリー	25.7	7,362

資料：観光庁「訪日外国人消費動向調査」（全国籍・地域／観光目的・2016）

　買い物場所のトップは、デパートであった。タイの首都バンコクには、日本のアパレルメーカーが数多く出店しており、それらのメーカーの製品を日本で手に入れたいという思いがあり、訪日インバウンド消費の中でもファッション関係の買い物需要が多い。また、訪日タイ人旅行者は女性の割合が高いこともあって、日本製の化粧品の人気が高い。訪日中国人旅行者と同様、自国内では日本製化粧品が高価なため、日本滞在中にまとめ買いするショッピング行動が見られる。菓子類もタイ人旅行者が必ず購入する土産品である。近年、タイでは「日本ブーム」とも言うべき現象が起こっており、特に菓子類の人気が高く、日常的に販売・購入されているが、国内では高価なため、日本滞在中に土産としてまとめ買いをしているようだ。また、若者を中心に日本でしか買えないマンガ、アニメなどのキャラクターグッズも購入されている。

■タイ人の飲食傾向

・滞在中の飲食費は 2.6 万円で、平均を下回る。
・一番満足した飲食は、①ラーメン、②寿司、③肉料理。
・食に対する関心が非常に高く、日本食に期待をもって訪日する。
・タイ人には食に関するタブーが少ない。
・日本食や緑茶は、身体に良いというイメージがあり人気が高い。
・雰囲気や環境よりも料理の美味しさを重視する傾向にある。

・食事中の飲み物は冷たい水、酒類だと冷たいビールが主流。

・食後には必ず甘い物を食べる習慣がある。

・スプーンとフォークを使い、麺類と中華料理は箸を使う。

・焼肉、しゃぶしゃぶ、すき焼き、天ぷら、うな丼も人気がある。

・ナンプラー、唐辛子、砂糖、酢などの調味料があると喜ぶ。

■タイ人の旅行情報収集

(%)

出発前の情報源	選択率	日本滞在中の情報源	選択率
日本政府観光局ホームページ	29.2	インターネット（スマートフォン）	57.6
自国の親族・知人	23.3	空港の観光案内所	24.6
旅行会社ホームページ	20.8	インターネット（パソコン）	22.2
旅行ガイドブック	19.0	宿泊施設	20.4
個人のブログ	18.8	観光案内所（空港除く）	16.2

資料：観光庁「訪日外国人消費動向調査」（全国籍・地域・2016）

　出発前は日本政府観光局ホームページと自国の親族・知人の話が参考にされているのが特徴的。日本滞在中はスマートフォンで、観光案内所の利用もある。

・人気ポータルサイト

　Pantip.com（パンティップドットコム）、Sanook（サヌック）、
　Mthai（エムタイ）、Kapook.com（カプックドットコム）、
　Dek-D（デックディー）

・人気SNS

　Facebook（フェイスブック）、Instagram（インスタグラム）、
　LINE（ライン）

3. アメリカ人旅行者の理解

■アメリカの基礎データ

正式名称	アメリカ合衆国 the United States of America, USA	1人あたり GDP	56,100 ドル（2015）
		実質 GDP 成長率	1.9%（2016 第4四半期の年率）
首都	ワシントン D.C.	平均初任給	45 万円程度
人口	3億2,160万人（2015）	海外旅行者数／出国率	3,278 万人（2016）／10.1%
言語	英語	訪日旅行者数／日本シェア	124 万人（2016）／3.7%
宗教	キリスト教など	主な海外旅行先※	①中国　②香港　③日本
日本との時差	− 13～16 時間	物価：地下鉄初乗り運賃	約 307 円
通貨	米ドル（US$） 1$ = 111.8 ドル（2017.4）	：ビッグマック価格	約 566 円

資料：『訪日インバウンド市場トレンド 2017』JTB 総合研究所・訪日ラボ等参照
※主な海外旅行先はアジア方面に限った順位

　アメリカは世界を代表する超大国にもかかわらず、出国率は10％程度と低水準になっている。そのアメリカ人旅行者に人気の国はイギリス、フランス、イタリアで、アジアにおいては中国、香港、次いで日本である。日本を訪れるアメリカ人旅行者は年々着実に増加し 120 万人を超え、5 位となっている。ビジネス目的での訪日が多く、観光目的は 4 割程度である。訪日アメリカ人は買い物にはお金を費やさないが、宿泊費のほか、飲食費にお金をかける傾向がある。個人旅行と長期滞在が基本である。訪日アメリカ人のおよそ半数が 40 才以上で、のんびりと大人の旅行を楽しむ傾向が強い。

■アメリカ人の国民性
・地域や人種、宗教などにより、考え方や嗜好は大きく異なる。
・外向的な性格で、自分の意見を遠慮なく堂々と述べる。

- 初対面でもとてもフレンドリーで、ハグなど相手に触る習慣がある。
- 個人を尊重し個性を認める。
- 平等という考え方があり、上下関係はあまりない。
- 長い歴史のある日本文化に敬意を表し、日本の歴史文化に感銘する。
- 愛国心がとても強く、愛国心を表現することが普通にある。

■アメリカ人の訪日旅行動向

- 海外旅行先 …… 1位中国、2位香港、日本は3位。（アジア方面順位）
- 入国空港 …… 成田国際空港73％、羽田空港10％であり、計83％が東京から。
- 性・年代 …… 男女比は男性68％、女性32％、年代・性別では30代男性17％、20代男性16％。
- 滞在日数 …… 7〜13日間が40％、4〜6日間が26％。
- 訪日回数 …… 初訪問が50％と、半数が初訪問。
- 同行者 …… ひとり50％、夫婦18％。
- 来訪目的 …… 観光が43％と、半数以下。ビジネス目的が多い。
- 宿泊施設 …… ホテル75％、親族・知人宅が16％いる。
- 旅行手配 …… 個別手配が90％と、ほとんどがFIT。
- 申込方法 …… ウェブサイトからが68％、店頭は26％。
- 手配時期 …… 出発の1〜2ヶ月前が36％、3〜6ヶ月前が25％いる。
- 世帯年収 …… 1,000万円以上が56％もいる。

資料：観光庁「訪日外国人消費動向調査」（全国籍・地域・2016）※同行者・宿泊施設は複数回答、『訪日インバウンド市場トレンド2017』JTB総合研究所

■アメリカ人の訪日旅行トレンド

- ビジネス目的旅行者が多いが、オフには東京周辺を観光する。
- 個人主義的な傾向が強く、団体ツアーの利用率は極めて低い。

・旅行雑誌で日本の都市・観光地が頻繁に紹介されている。
・日本の伝統的建造物のある京都、奈良、日光などは定番のデスティネーションとなっている。
・原爆ドームと厳島神社のある広島が人気観光地になっている。
・見学するだけでなく、自分が体験・参加できることを求めている。
・体験型のエコツアーの人気が上がっている。
・最先端工場などの見学・体験への関心が高い。
・中国へ帰郷する途中で日本を訪れる中華系アメリカ人が多い。

■アメリカの休暇
・夏休みが3週間以上あり長期旅行に出かける。
・春のイースター（復活祭）を中心に1週間程度の休みがある。

■アメリカ人の買い物傾向

日本滞在中の買物代	26,111 円	買物代 主要国・地域別順位	16 位
免税手続き率	11.5%	免税品の買物代	25,884 円
クレジットカード利用率	72.1%	デビッドカード利用率	5.1%

資料：観光庁「訪日外国人消費動向調査」（全国籍・地域・2016）

　日本滞在中の買い物代は2.6万円と低く、主要国・地域の中で16位にとどまり、全国籍・地域平均の半分以下である。免税手続き率もわずか12%である。ビジネス目的の旅行者が多く、男性が7割弱なので、買い物に対する意欲は全体的に低いと考えられる。しかし、宿泊、飲食には高額な支出をしている。クレジットカードの利用率は72%と高く、クレジット決済が一般的であることが分かる。アメリカ人旅行者は、観光においてショッピングではなく、自ら参加・体験することを好んでいる。

（％・円）

	買物場所（複数回答）	利用率		品名（複数回答）	購入率	購入単価
1	コンビニエンスストア	67.1	1	食料品・飲料・酒・たばこ	72.6	11,693
2	百貨店・デパート	58.0	2	菓子類	45.0	5,394
3	観光地の土産店	54.5	3	和服（着物）・民芸品	30.8	11,726
4	スーパーマーケット	46.4	4	書籍・絵葉書・CD・DVD	27.6	3,772
5	空港の免税店	33.5	5	服（和服以外）・かばん・靴	25.4	16,242

資料：観光庁「訪日外国人消費動向調査」（全国籍・地域／観光目的・2016）

　アメリカ人旅行者は、気軽に立ち寄ることができるコンビニエンスストアを利用する人が多いが、全体的にみると、買い物場所の利用率の数字は低い。その中で、観光地の土産店が上位に位置しているのが特徴的である。日本らしさを感じる地域の民芸品や伝統工芸品などを購入している。また、職人技が光る包丁などのキッチングッズ、和食が流行していることから日本独特の食品サンプルなども人気がある。また、日本の歴史、伝統文化や新しいポップカルチャーに関わるグッズなどにも強い関心を示している。手軽で実用的な小物が人気で、例えば和アクセサリーやお箸、湯呑みといった和小物、日本語の入った小物類を好む傾向がある。日本酒も非常に人気があり、酒のおつまみとともに購入されている。

■アメリカ人の飲食傾向
・滞在中の飲食費は、4.1万円、全国籍・地域の平均よりかなり高い。
・一番満足した飲食は、①寿司、②ラーメン、③肉料理。
・日本食は健康食というイメージを持ち、好まれている。
・新しいもの、流行のものを好む傾向がある。
・カジュアルな雰囲気や個人の好みに合わせたサービスを高く評価する。
・地方の特産品が活用される伝統的な食事処で食べることも好む。
・グルメブーム、自然食ブーム、ダイエットブームが浸透している。

・食事を簡便に楽しむことを好む傾向にある。

・飲物はビール、ワインを好み、日本酒や焼酎も知られ人気がある。

・動物の原形が残る料理を好まず、臓物料理に嫌悪感を起こす。

・ベジタリアンが多く存在し、ユダヤ人やヒンドゥー教徒も存在する。

・食事中もレディーファーストが重要視される。

■アメリカ人の旅行情報収集

(%)

出発前の情報源	選択率	日本滞在中の情報源	選択率
日本在住の親族・知人	34.6	インターネット（スマートフォン）	58.4
自国の親族・知人	25.6	日本在住の親族・知人	31.7
口コミサイト	24.7	インターネット（パソコン）	29.3
宿泊施設ホームページ	18.0	観光案内所（空港除く）	20.7
航空会社ホームページ	16.2	空港の観光案内所	17.7

資料：観光庁「訪日外国人消費動向調査」（全国籍・地域・2016）

　出発前は日本在住の親族・知人と自国の親族・知人の話が参考にされているのが特徴的。日本滞在中もスマートフォンに次いで、日本在住の親族・知人が情報源になっている。

・人気ポータルサイト

　Google（グーグル）、Yahoo（ヤフー）、MSN（エムエスエヌ）、AOL（エーオーエル）

・人気SNS

　Facebook（フェイスブック）、Twitter（ツイッター）、Instagram（インスタグラム）、Tumblr（タンブラー）

4. ムスリム旅行者の理解

■ムスリムとは

　ムスリム（Muslim）とは、「（神に）帰依する者」を意味し、イスラム教徒のことを指す。イスラム教徒には義務づけられた5つの

行為がある。①信仰告白（シャハーダ）、②1日5回の礼拝（サラート）、③イスラム暦第9月（ラマダーン）の断食（サウム）、④喜捨（ザカート）、⑤可能な場合には一生に1度のメッカ巡礼（ハッジ）である。

　ムスリムの数は7世紀のアラブの大征服時代から徐々に増え始め、9〜10世紀には中東から中央アジア、北アフリカ地域までのイスラム化が進行した。現在のムスリムの分布は、中国西部から東南アジア、インド、中央アジア、中東、アフリカにまで及んでいる。

　今日、全世界に16億人以上のムスリムがいるといわれている。世界最大のイスラム人口を持つ国がインドネシアで、人口2億5千万人のうち9割近くの2億2千万人がムスリムといわれている。また、マレーシアはイスラム教を国教としている。シンガポールにもムスリムは少なくない。世界のムスリムの半数以上はアジアに暮らしている。（ハラル・ジャパン協会）

　拡大する日本のインバウンドマーケットにおいて、ムスリムは大きな存在となっていくものと考えられる。

■ハラールとは

　ハラール（Halal）とは、イスラム法で「許された行為・物」のことをいう。反対に、「許されない行為・物」のことをハラーム（Haram）と言う。ハラール・ハラームとは、生活のガイドラインであり、イスラム教徒にとってはなくてはならない規準である。

　食生活でハラームに定められるものは、豚、アルコール、血液、宗教上の適切な処理が施されていない肉、うなぎ、イカ、タコ、貝類、漬け物などの発酵食品、ワニ、亀、蛙など水陸両用の動物などが挙げられる。

　ここで注意が必要なのは、ハラームとされるものは主要な食材としないだけでなく、出汁や調味料としてわずかに入ってもいけないということである。厨房や調理器具がイスラム教の教義に則ったも

のであるかということも重要である。また、ハラールというと主に食べ物のことと考えられがちであるが、広義では化粧品、衣服、玩具、家電製品、ゲームなどもその対象となる。

　商品やサービスがハラールであることを認証するハラール認証という制度があり、商品やサービスがハラールであることをイスラム旅行者に伝えるには、ハラール認証を受けることが勧められている。ハラールはイスラム圏の中でも差異があり、日本国内にはハラール認証団体が複数存在する。

■食事以外の注意事項

・頭は神聖なものだと考えられており、人の頭（子供の頭も）を触らない。
・左手を使うことは避けられている。
・露出の多い服装は、はしたないと思われるため避ける。
・イスラム教徒の女性は、家族以外の男性に対して髪を隠す。
・犬は不浄な動物と考えられており、嫌われる。
・香水はアルコールが含まれることが多いため、好まない。
・イスラム教国では、金曜日が集団礼拝の日として休日になることが多い。

■ムスリム旅行者の受入

　現在、各地で訪日ムスリム旅行者を受け入れるためのムスリムインバウンド対応（インバウンド環境におけるハラール化）を促進する流れが加速している。例えば、次のような対応である。
・旅行会社はムスリムに特化した旅行プランやツアーなどを企画・造成。
・空港や観光施設では礼拝所の設置などの施設対応。
・旅館やホテル、レストランでは提供する食事のハラール化や施設対応。

・自治体と地元金融機関はムスリム市場に対応する観光事業、挑戦する新規事業への助成金の対応。

　ムスリムを受入れるに際して、気をつけなければならないことは、ここまで述べてきた知識を踏まえつつも、イスラムの教え、実践方法は宗派、国・地域、文化、個人によって異なることがあるので、画一的な考えをせずに柔軟な対応をすることである。

当項参考資料：日本ムスリム協会・ハラル・ジャパン協会・日本ハラール協会など

5. ベジタリアン旅行者の理解

■ベジタリアンとは

　ベジタリアン（Vegetarian）とは、「健全な、新鮮な、元気のある」という意味のラテン語に由来し、一般的には「菜食主義者」「肉や魚などの動物性食品を食べない人」を表す言葉として使われるが、実際にはさまざまなベジタリアンがいて、世界中で増加している。インバウンドの拡大とともにベジタリアンの訪日旅行者も増えている。

　現在、ベジタリアンの定義は定まっていないが、イギリスでは畜肉を食べない人を広義のベジタリアンとする傾向がある。宗教的教義、栄養や健康の保持、生命の尊厳を旨とするアニマルライツのほかに、環境問題や食料問題、すなわち、地球環境保全や途上国援助のために菜食のライフスタイルを選択する新たなベジタリアンが増えつつある。

■ベジタリアンの分類

・ビーガン（Vegan）

　動物の肉（鳥肉・魚肉・その他の魚介類を含む）と卵・乳製品を食べず、また動物製品（皮製品・シルク・ウール・羊毛油・ゼラチンなど）を身につけたりしない人たち。

・ダイエタリー・ビーガン（Dietary Vegan）
　植物性食品のみの食事を行い、食用以外の動物の利用を必ずしも避けない。
・フルータリアン（Fruitarian）
　植物を殺さない（絶やさない）食品のみを食べる人たち。
・ラクト・ベジタリアン（Lacto-Vegetarian：乳菜食）
　植物性食品に加えて、乳・乳製品などを食べる人たち。
・ラクト・オボ・ベジタリアン（Lacto-Ovo-Vegetarian：乳卵菜食）
　植物性食品と乳・卵を食べる人たち。
・その他
　植物性食品・乳・卵と魚を食べる（ペスコ・ベジタリアン）や、鶏肉を食べる（ポーヨー・ベジタリアン）などがある。
　ベジタリアンの種類は多様で、分類の仕方によってその数も違ってくる。

■ベジタリアンの多い国・地域

　ベジタリアンは、イギリスをはじめとするヨーロッパ、アメリカ、カナダ、インドや台湾をはじめとするアジアなど、世界中に分布している。特に人数が多い国はインドで、国民の半数以上を占めるとされる。台湾では国民の約1割を占め、素食家と呼ばれる。ヨーロッパではイギリスが最も数が多く、国民の2割弱を占め、アメリカ、オーストラリアにも1割強いる。世界各国で増加傾向にある。

■食に対する禁止事項

　肉全般、魚介類全般、卵、一部ではあるが乳製品、一部ではあるが根菜・球根類などの地中の野菜類、一部ではあるが五葷（ごくん：ニンニク、ニラ、ラッキョウ、玉ねぎ、アサツキ）。

■ベジタリアン旅行者への対応

・ベジタリアンには多種多様な食に対する姿勢が存在するため、呼称だけで、肉だけを食べない人と思いこんではならない。

・一般に、野菜天ぷら、豆腐を使った料理が好まれる。

・ベジタリアンには食べられないものが何かを必ず正確に確認する。

・国籍が分かる場合は、事前にその国のベジタリアンの特性を確認する。

・オーダー時に、料理に含まれる食材、含まれない食材を説明すると良い。

・肉だけでなく、食べられない野菜がないか確認する。

・ベジタリアンに対応した日本料理を開発する。

・一般のメニューとは別にベジタリアンメニューを用意する。

・ベジタリアン対応が可能なホテルやレストランでは、あらかじめ「ベジタリアン対応可能」などの案内をメニューやホームページなどで示す。

当項参考資料：NPO法人日本ベジタリアン協会

11

第 11 章

訪日外国人旅行者への対応

1. 訪日外国人旅行者の満足度

■訪日外国人旅行者の満足度

　図表 11-1 は、観光目的の訪日外国人旅行者（全国籍・地域 / 観光目的・2016）の訪日旅行全体の満足度を表したものである。およそ半数の旅行者が「大変満足」と答えている。「大変満足」に「満足」を加えると、93％になる。「大変不満」「不満」「やや不満」をあわせても、1％に満たず、訪日外国人旅行者は日本の旅行に満足していることが分かる。

　しかし、旅行に対する満足度を尋ねる調査では、概して、高い数値が出る傾向にある。貴重な時間とお金をかけただけに、旅行者自身満足したと感じているからである。注目すべきは「大変満足」ではなく、「満足」と答えた44％である。「満足」を選んだ人は、決して大きなことではないが、「大変満足」を選択できなかった何かしらの「不満」があったと考えるべきであろう。それゆえ、「大変満足」をさらに増やすことが重要である。

図表 11-1　訪日外国人旅行者の満足度（全国籍・地域 / 観光目的・2016 年）

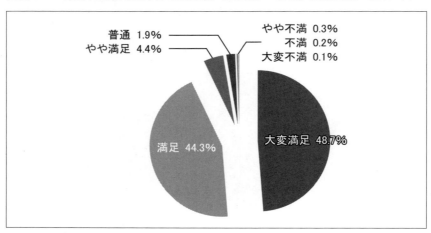

資料：観光庁「訪日外国人消費動向調査（2016）」より作成

図表11-2は、観光目的の訪日外国人旅行者（国籍・地域別/観光目的・2016年）の訪日旅行全体の国・地域の満足度を表したものである。国・地域により大きく異なるのが分かる。「大変満足」を見ると、アジアの各国・地域は比較的低く、欧米各国が高くなっているのが分かる。特に、韓国が最も顕著である。「大変満足」は27％と極めて低く、「満足」を加えて87％になるとはいえ、十分な満足感を得ず帰国していると推測される。概して、東アジアの国・地域（中国・台湾・香港）は東南アジア各国に比べ「大変満足」が低い。満足度と滞在期間が大きく関係していることが推測される。フィリピンは「大変満足」「満足」でほぼ100％になっている。ベトナムは、満足度は決して低くないが、「大変不満」「不満」合計が3％強にも及ぶ。欧米各国には、「大変不満」「不満」「やや不満」はほとんどない。

図表11-2　訪日外国人旅行者の訪日旅行全体の満足度、国・地域別
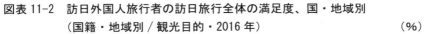
（国籍・地域別/観光目的・2016年）　　　　　　　　　　　　（％）

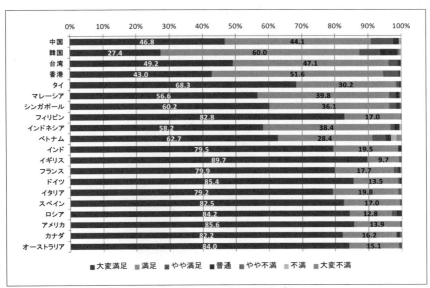

資料：観光庁「訪日外国人消費動向調査（2016）」より作成

■外国人旅行者の日本再訪意向

　図表 11-3 は、観光目的の訪日外国人旅行者（全国籍・地域／観光目的・2016 年）の日本再訪意向を表したものである。「必ず来たい」が 57％で、半数を超えている。「必ず来たい」に「来たい」を加えると 90％になり、リピートが期待される。しかし、「何ともいえない」「あまり来たくない」「来たくない」「絶対来たくない」というネガティブな回答が 5％強あるのは心配な要素である。

　再訪意向に対する調査結果は、旅行の満足度と同様に、概して高めの数値が出る傾向にある。一般的に旅行者は、再訪したくないという感情を持ちにくい。それだけに、僅かではあるが、「来たくない」などネガティブな回答があったことは、旅行中に何らかの不快な経験をしたからであると考えられる。このように再訪問の意向が強いにもかかわらず、実際に再訪問する旅行者は決して多くない。それだけに、リピーターになってもらうことは重要であり、それにより、良好な口コミをしてもらうことが非常に重要である。「必ず来たい」と答えた旅行者は日本の良さを口コミで発信するはずである。

図表 11-3　訪日外国人旅行者の日本再訪意向（全国籍・地域／観光目的・2016 年）

資料：観光庁「訪日外国人消費動向調査（2016）」より作成

図表11-4は、観光目的の訪日外国人旅行者（国籍・地域別／観光目的・2016年）の訪日旅行全体の国・地域の日本再訪意向を表したものである。満足度に対する調査と同様に国・地域により異なるのが分かる。「必ず来たい」を見ると、おおむね、アジアの各国・地域と欧米各国の間に大きな差はないが、韓国だけが異なる結果となっている。韓国の回答は「必ず来たい」が34％にとどまり、全体平均に比べ20％以上も低い。「来たい」を含めると、90％強になるとはいえ、現状の韓国人旅行者に対する受入体制に課題を残しているといえよう。フィリピン・ベトナムは他の国・地域とやや異なった結果となっている。フィリピンは、「必ず来たい」「来たい」でほぼ100％になっている。ベトナムは、「何ともいえない」が5％弱、「絶対来たくない」が2％弱ある。欧米各国は、「やや来たい」「何ともいえない」を選択した旅行者が一定数いるのが特徴となっている。

図表11-4　訪日外国人旅行者の日本再訪意向、国・地域別
　　　　　（国籍・地域別／観光目的・2016）　　　　　　　　　　　　（％）

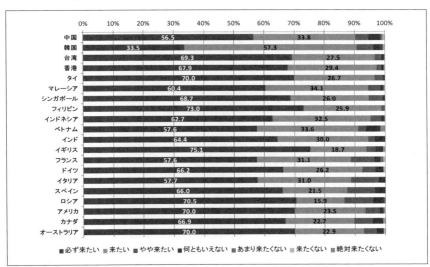

資料：観光庁「訪日外国人消費動向調査（2016）」より作成

2. 訪日外国人旅行者の不満

■訪日外国人旅行者が旅行中困ったこと

図表 11-5 は、訪日外国人利用者の多い成田空港、羽田空港、関西国際空港を中心とした空港・港湾などで訪日外国人旅行者から回答を集めた「訪日外国人旅行者の国内における受入環境整備に関するアンケート 2016」（観光庁）の中で、「旅行中困ったこと（複数回答）」を表したものである。

「施設等のスタッフとのコミュニケーションがとれない」が最も多く 33％あり、次いで「無料公衆無線 LAN 環境」29％が続いている。3 位は「多言語表示の少なさ・分かりにくさ（観光案内板・地図等）」であった。以下、「公共交通の利用」「両替」「クレジット／デビットカードの利用」「鉄道の割引きっぷ」が 1 割を超えている。訪日外国人旅行者の不満は、「コミュニケーション」と「公共交通」「通信環境」「多言語対応」に集中している。なお、「困ったことはなかった」は 30％あった。

図表 11-5　訪日外国人旅行者が旅行中困ったこと
　　　　　（複数回答・2016 年）n＝5,332

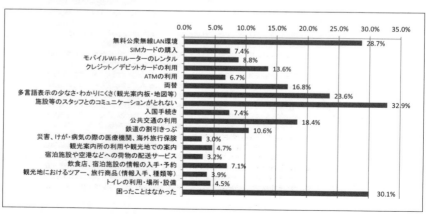

資料：観光庁「訪日外国人旅行者の国内における受入環境整備に関するアンケート 2016」より作成

■施設スタッフとのコミュニケーションで特に困った場所

　訪日外国人旅行者の多くが困ったことの1つに「施設スタッフとのコミュニケーション」を挙げているが、実際にそれはどのような場所だったのだろうか。

　図表11-6は、「施設スタッフとのコミュニケーションで特に困った場所（東京・名古屋・京都・大阪/複数回答）」を表したものである。飲食とショッピングという消費行動の2大場面である「飲食・小売店」が23％と群を抜き、トップとなっている。次いで「鉄道駅・ターミナル」（12％）、「宿泊施設」（9％）となっているが、いずれも10％前後で、高い値を示していない。なお、「いずれの場面も困らなかった」と答えた旅行者は64％であった。

図表11-6　施設スタッフとのコミュニケーションで特に困った場所
　　　　　（東京・名古屋・京都・大阪/複数回答・2016年）n＝4,284

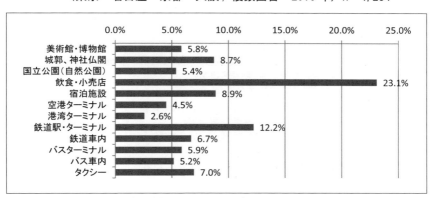

資料：観光庁「訪日外国人旅行者の国内における受入環境整備に関するアンケート2016」
　　　より作成

■多言語表示で特に困った場所

　図表11-7は、「多言語表示で特に困った場所（東京・名古屋・京都・大阪/複数回答）」を表したものである。コミュニケーションで困った場所と同様、「飲食・小売店」が22％と群を抜いてトップ

である。飲食とショッピングというシーンで困っていることが分かる。次いで「鉄道駅・ターミナル」（14％）であった。鉄道駅・ターミナルで、多言語表示がされているとはいえ、まだまだ十分普及していないことが分かる。3位は、「城郭、神社仏閣」（12％）が挙がり、これは建築物、展示物の解説・案内に対する不満であると思われる。「美術館・博物館」も同様の不満があるといえよう。「鉄道車内」「道路標識」も、それぞれ10％、9％と高く、多言語対応が不十分と思われる。「宿泊施設」は人的サービスでサポートされていると推測される。なお、「いずれの場面も困らなかった」と答えた旅行者は60％いた。

図表11-7　多言語表示で特に困った場所で特に困った場所
　　　　　（東京・名古屋・京都・大阪／複数回答・2016年）n＝4,420

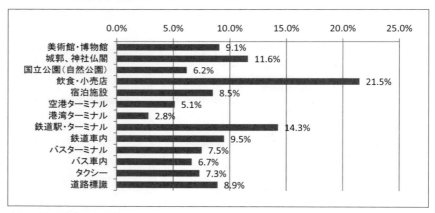

資料：観光庁「訪日外国人旅行者の国内における受入環境整備に関するアンケート2016」
　　　より作成

■訪日外国人旅行者のSNS投稿分析

　観光庁による「訪日外国人旅行者受入環境に関連するSNSへの投稿等の分析（2017）」調査の結果によると、訪日外国人旅行者（対象：中国・台湾・香港・韓国・アメリカ）のSNSの投稿には、「公共交通」や「通信環境」「多言語対応」に関連したものが多く確

認された。

　図表 11-8 は、訪日外国人旅行者の SNS 投稿分析の結果を表した
ものである。総話題数から見ると、日本の受入環境に対する不満な
どを含んだネガティブな投稿の割合は、各テーマとも決して多くな
い。件数は「公共交通」に関わる内容が最多で、僅かではあるが
「通信環境」「多言語表示・コミュニケーション」に関する投稿が
あった。中国人旅行者は「通信環境」、韓国人旅行者は「多言語表
示・コミュニケーション」に関する投稿が多かった。

・公共交通

　周遊パスや交通系 IC カードへの好意的な声もあったが、「駅・
電車の利用が難しい」「バスの料金が高い」「タクシーの運転手とコ
ミュニケーションができない」という不満が見られた。

・通信環境

　無線 LAN や SIM カードへの好意的な声もあつたが、「ローミン
グの料金が高い」「Free Wi-Fi のスポットが少ない」という不満が
見られた。

・多言語表示・コミュニケーション

　駅や飲食店の多言語表示への好意的な声もあったが、漢字を利用
していない国では「地名の表示が読めない」の不満が、漢字を利用
している国では「スタッフとコミュニケーションが取れない」の不
満が見られた。

図表 11-8　訪日外国人旅行者の SNS 投稿分析

	総話題数	ネガティブ件数	割合	国・地域別話題数				
				中国	台湾	香港	韓国	アメリカ
公共交通	765,999	28,156	3.7%	193,039	47,924	62,495	26,566	435,975
通信環境	675,133	6,740	1.0%	457,139	22,106	39,296	21,602	134,990
多言語表示・コミュニケーション	558,998	8,645	1.5%	248,328	10,363	41,379	45,024	213,904

資料：観光庁「訪日外国人旅行者受入環境に関連する SNS への投稿等の分析 2017」より
　　　作成
　　　データ収集期間：夏季（2016 年 7 月～8 月）冬季（2017 年 1 月～2 月）

3. 多言語対応

■多言語対応

　訪日外国人旅行者が日本を旅行中に困ったことの上位には、言語対応、コミュニケーションに関する困りごとが挙がっている。これらの不満を少しでも解決することが、外国人旅行者の満足度を高め、食事やショッピングのシーンでの消費拡大につながると考えられる。

　インバウンド需要の拡大に伴って、さまざまなシーンで多言語対応が求められているが、実際にどの言語で対応する必要があるのか。訪日外国人旅行者の国・地域は多様化しており、今後ますますその傾向が強まると想定される。多様な言語すべてに対応する必要はないが、現時点でのインバウンド対応を考えると、英語は必須であり、中国語（簡体字・繁体字）、韓国語の対応も必要であると考えられる。また、その地域、施設に多く訪れる国・地域の言語にも配慮する必要がある。

■多言語表示

　空港ターミナル、港湾ターミナル、鉄道駅、鉄道車内、バスター

ミナル、バス車内など外国人旅行者の利用する交通機関のほか、ホテル・旅館などの宿泊施設、レストラン・食堂などの飲食店、免税店をはじめとしたデパート・スーパーマーケット・コンビニエンスストア・ドラッグストア・小売店などの商業施設は、英語だけでなく中国語（簡体字・繁体字）、韓国語の表示も必要となっている。城郭・神社仏閣・美術館・博物館などの観光施設では、建築物、展示物の解説・案内を含めて多言語表示が求められている。また、言語や年齢などにとらわれず、誰もが分かりやすい表示となるピクトグラムの活用もポイントとなる。

■パンフレット

観光地や観光施設などにおけるパンフレットは、訪日外国人旅行者にとって欠かすことのできない観光ツールである。案内・解説だけではなく地図、アクセス方法を含め英語や来訪者の多い国・地域の言語で作成したい。

■アプリ

観光地や観光施設などにおけるパンフレットと併用して、多言語対応のアプリを導入するのは効果的である。また、会話を助ける翻訳アプリなどを端末やスタッフのスマートフォンやタブレットにダウンロードすると外国人旅行者とのコミュニケーションに役立つ。

■デジタルサイネージ

デジタルサイネージとは、屋外・店頭・公共空間・交通機関などで、ディスプレイなどの電子的な表示機器を使って情報を発信するシステムの総称である。交通ターミナル、商業施設、観光施設などでは多言語で表示することによって外国人旅行者の利便性が増す。

■音声ガイド

　観光地やさまざまな観光施設、工場見学、博物館・美術館、演劇の上演などで欠かせない、音声ガイドの多言語化を考えたい。専用端末だけでなくラジオ、スマートフォンなどの活用も進んでいる。音声ガイド端末と GPS の位置情報を利用して、多様な情報を旅行者に提供する地域発信型の観光音声ガイドサービスも登場している。

■ホームページ

　訪日外国人旅行者が積極的に検索している観光地や観光施設のホームページの多言語化は今や欠かすことのできないインバウンド対応となっている。数多くのサポート会社があるので活用したい。ホームページは作りっぱなしではなく、頻繁に更新することがポイントとなる。

■SNS

　日本においても定着している、双方向コミュニケーションが可能な SNS である、Facebook、Twitter、Instagram、微博などを活用し英語やその他の言語での発信は今や欠かせない。実際の集客に効果が出ている。

■翻訳支援ツール

　翻訳支援ツールとは、CAT ツールともいわれる。CAT は Computer Aided/Assisted Translation の略語。翻訳支援ツールは、翻訳を支援するソフトウェアの総称である。Google 翻訳をはじめ数多くのアプリがあり、音声翻訳の精度もアップしている。翻訳支援ツールの進化は目を見張るものがあり、今後もこの流れは加速していく。

■コールセンター

　コールセンターとは、電話で英語をはじめとした多言語でオペレーターが対応する施設である。自社で設置する場合もあるが、専門のコールセンターとの契約により利用することも可能である。インバウンドビジネスでは心強いサポートとなる。24時間365日、テレビ通話、タブレット端末、専門分野などさまざまな対応がある。

■外国人スタッフ

　外国人旅行者の増加に伴い、それぞれ国・地域に対応した言語を話すことができる外国人スタッフを配置することが不可欠となる。多言語対応のスタッフを充実させるには、外国人専門の人材派遣会社の活用が有効である。正社員、契約社員、短期アルバイトなどさまざまな雇用形態での派遣が可能なので、ニーズに応じた外国人スタッフを配置することができる。また日本の大学、専門学校に在籍している母国語と日本語を話せる留学生を雇用することができるので、公的機関や各大学が設けている留学生支援センターを利用するのも有効である。外国人スタッフを雇用することは語学に加え、それぞれの国の習慣や国民性も周知している点でもメリットが大きい。

　留学生はコストが安く、週数日という状況に合わせた雇用ができるが、就労時間に制限があったり、学業のスケジュールとの調整があったりと不安定要素もある。社会人を正社員、契約社員として採用する場合は即戦力と期待できる反面コストがかかり、労務管理が複雑となる点にも留意したい。

4. 通信環境対応

■通信手段利用状況

　訪日外国人旅行者の日本滞在中で困ったことの上位に挙がっている「外国人旅行者にとって不可欠な通信環境」については徐々に改

善がみられている。

　図表 11-9 は、訪日外国人旅行者の日本滞在中の通信手段の利用状況を表したものである。最も利用された通信手段は「無料公衆無線 LAN」で 54％だった。次いで、「モバイル Wi-Fi ルーター」「国際ローミング」「SIM カード」と続いた。無料公衆無線 LAN に関する回答者の 17％が「利用したかったが利用できなかった」と回答しており、改善は見られるものの、まだ整備が不十分であることが分かる。利用できなかった場所としては、鉄道駅、鉄道車内、飲食店などが挙がっている。Wi-Fi の利用が増加しているだけに、外国人を受け入れるにあたって、通信環境の整備は今後ますます必要不可欠なものになってくる。

図表 11-9　訪日外国人旅行者の通信手段の利用状況（2016 年）

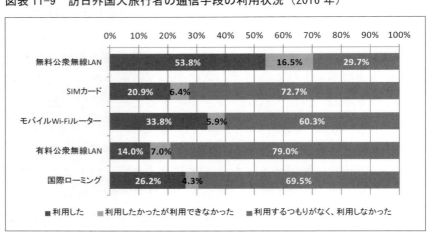

資料：観光庁「訪日外国人旅行者の国内における受入環境整備に関するアンケート 2016」より作成

■Wi-Fi 環境

　Wi-Fi とは、無線でインターネットに接続するための規格である。この数年で交通機関やホテル、カフェ、商業施設などで「FREE Wi-Fi」や「Wi-Fi ZONE」などの表示を目にすることが多くなり、

Wi-Fi環境は改善しつつあることが見てとれる。ただし、もともとこれらのサービスの多くが日本人向けであったこともあり、日本語に精通しない外国人旅行者にとっては、煩雑な設定が必要であり、不自由な点がまだ多い。外国人旅行者は日本に到着後に観光地やレストランを検索することが多い。また、事前にブックマークしておいた観光地やホテル・レストランへのアクセス情報を移動中に確認したい、自国にいる家族や友人とSNSやメールで土産品について相談したい、撮影した写真をすぐにFacebookなどのSNSにアップして発信したい、別行動の同行者や自国の家族・友人にネット経由のアプリで無料電話をしたい、などの要望が多い。Wi-Fi環境のさらなる改善が急務である。

■モバイルWi-Fiルーター

モバイルWi-Fiルーターは、インターネットの接続を可能にする持ち運び可能なポケットサイズの端末である。携帯端末だけでなくパソコンにも利用できることや、複数人で同時に利用できるなど、利便性が高い。通常、出国空港、入国空港などでレンタルして携行することが多い。訪日外国人旅行者のために、地域ぐるみで無料に貸し出すサービスなどが各地で始まっている。

■SIMカード

SIMカードとは、スマートフォンや携帯電話を使って通信するために必要なカードのことである。SIMカードは、海外から携行してきたスマートフォンや携帯電話に差し込むだけで日本の通信会社の回線を利用できる。基本的にはプリペイドで、SIMカードを制限するSIMロックのかかっていない携帯電話であれば利用できる。外国人旅行者にとっては嬉しいサービスである。すでに、成田国際・関西国際・中部国際の3空港では自動販売機による販売が行われているが、ニーズに対応するためには販売場所の拡大が急がれ

る。なお、台湾やタイでは訪日旅行者用の SIM カードが販売されている。

5. ユニバーサルツーリズム

■ユニバーサルツーリズムとは

　ユニバーサルツーリズム（Universal Tourism）とは、すべての人が楽しめるよう創られた旅行であり、高齢や障害などの有無にかかわらず、誰もが気兼ねなく参加できる旅行、その考え方のことである。ノーマライゼーションの観点から高齢者や障害者が主に参加できる旅行を、日本では「バリアフリーツーリズム（Barrier-free Tourism）」、欧米では「アクセシブルツーリズム（Accessible Tourism）」と一般に呼ばれている。ユニバーサルツーリズムはノーマライゼーションを一歩進めて、誰もが気兼ねなく参加できる旅行を目指すものである。2016 年施行の障害者差別解消法による後押しも期待されている。

　訪日外国人旅行者の中にも高齢者や障害者が増えており、その対応が必要となっている。また、言葉の不自由さを感じる訪日外国人旅行者への対応もユニバーサルツーリズムのひとつと考えられる。

■外国人旅行者（高齢者・障害者等）の特徴
①障害者に対する考え方

・海外（特に欧米諸国）の障害者に対する根本的な考え方は「介護」ではなく「自立支援」であり、自分のやりたいことは「自分自身でやる」という考え方が主流である。
・自立した外国人当事者の場合、単独での行動や、複数の当事者同士での行動も少なくない。

②外国人当事者の旅行の考え方

・外国人当事者（高齢者・障害者等）の観光の考え方として、「バリアフリーな場所に観光に行く」ことよりも、「行きたい場所に観光に行く」ことが重要である。バリアがあっても、そのバリアにどのように対処して目的地に行けるのかを考える傾向がある。

③バリアトリック（肥満）市場

・海外では、肥満の人でも利用可能な大きいサイズの車いすを準備するなどのバリアトリック（肥満）市場が確立している。

■訪日旅行の際に外国人旅行者（高齢者・障害者等）が必要とする情報

①バリアフリー設備・サービス

・観光地や観光施設の具体的なバリア・バリアフリー情報。
・身体や車いすのサイズが大きい方（特に肥満者）に向けた詳細な情報。

②日本独自の設備・製品・サービス

・日本独自の点字ブロックやオストメイト対応トイレ、多目的トイレ、また、最新の支援機器や補助器具に関する情報。

③一般的な旅行情報

・観光地の魅力ある観光情報、日本の旅行の楽しみ方の情報。
・海外から持参する呼吸器や電動車いすにバッテリー充電のための日本の電圧などの情報。

■Accessible Travel（アクセシブルトラベル）JAPAN

海外からの高齢者や障害者などからの相談に対応できる体制構築に向け、「訪日外国人旅行者向けユニバーサルツーリズム情報発信

事業」を手がける、特定非営利活動法人日本バリアフリー観光推進機構の運営により、一元的な相談窓口となる「Accessible Travel（アクセシブルトラベル）JAPAN」が開設されている。

　また、2020年の東京オリンピック・パラリンピックにより、海外からの身体の不自由な旅行者が増加することを見据え、日本国内のバリアフリー観光地を結ぶ多言語化情報サイトを公開し、国内旅行のアドバイスおよび手配を行う一元的な「バリアフリーツアーセンター（BFTC）」が全国各地に選定、開設されている。

当項参考資料：「訪日外国人旅行者向けユニバーサルツーリズム情報発信事業報告書」
　　　　　　　観光庁

6. 訪日外国人旅行者の安全対策

■訪日外国人旅行者の安全対策

　インバウンドの拡大に伴い、訪日外国人旅行者が事故や事件、災害に遭遇する可能性が高くなっている。特に、日本では地震などの自然災害の発生に遭遇する確率は低くない。日本国中を訪れる外国人旅行者が安心して観光ができる環境、万が一の災害時にも安全が確保され、安心して行動できるような環境を整備していかなければならない。第一義的には国や自治体が対応すべきことだが、外国人旅行者と接するインバウンドビジネスに携わる者もその主体者となっていかなくてはならない。

　図表11-10は、2016年4月に発生した熊本地震に関して行われた「熊本地震における訪日外国人旅行者の避難行動に関する調査2016」（株式会社サーベイリサーチセンター）における「地震災害発生時の対応ニーズ」を表したものである。「母国語のマニュアルを配付してほしい」「避難誘導などわかる言語でしてほしい」「交通・飛行機の情報など説明できる案内所を設置してほしい」など、地震被害を体験した外国人旅行者ならではの切実なニーズが並んで

いる。

図表11-10　訪日外国人旅行者の地震災害発生時の対応ニーズ（2016）

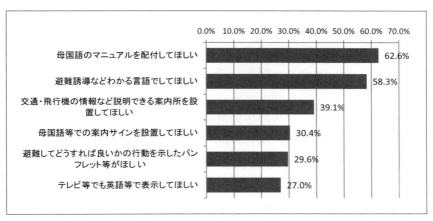

資料：「熊本地震における訪日外国人旅行者の避難行動に関する調査2016」株式会社サーベイリサーチセンター　調査対象：2016年4月14～22日の間いずれかに九州地方に滞在した訪日外国人旅行者115サンプル

■観光・宿泊施設向けの対応マニュアルの配布

　観光庁は、観光・宿泊施設向けの「自然災害発生時の訪日外国人旅行者への初動対応マニュアル策定ガイドライン」を配布している。このガイドラインは、訪日外国人旅行者に関する基礎知識、初動対応内容、平常時から取り組むべき準備、情報提供の仕方などが解説してある。

■自治体向けの安全確保のための手引き

　観光庁は自治体向けの「訪日外国人旅行者の安全確保のための手引き（2014年10月）」を配布している。災害時に訪日外国人旅行者に関して知っておくべき特性や過去の災害時における訪日外国人旅行者の被災状況、またそれに対する具体的な対策事例などが掲載されている。

■外国人旅行者向けのプッシュ型情報発信アプリ

　観光庁は訪日外国人旅行者向けには「Safety tips」の配信を始めている。これは日本国内における緊急地震速報・津波警報を日本語を含めた5言語で通知するプッシュ型情報発信アプリである。災害時における避難行動を英語で示した避難フローチャートやコミュニケーションカードなども配信している。

■インバウンド用レンタル防災備品

　民間企業が訪日外国人旅行者向けに防災備品のレンタルサービスを開始している。災害時に必要なものがリュックサックひとつにまとまっており、すべての備品に多言語による使用説明書が付いている。ホテル・旅館などの宿泊施設、また観光施設などに備えておきたい。

■訪日外国人旅行者向け海外旅行保険

　訪日外国人旅行者が日本国内において、ケガ・病気をした場合の治療費用や患者・遺体の本国への移送費用などを補償する海外旅行保険が、損害保険会社各社から発売されている。スマートフォンやインターネットで加入することもでき、言語は英語・韓国語・中国語に対応している。付帯サービスも充実している。多くの外国人旅行者の加入が望まれる。

7. インバウンド人財

■インバウンド人財

　訪日外国人旅行者に大きな満足度を与え、また日本に来たい、日本の良さを皆に知らせたい、と思わせるには不満を抱く部分を改善し、日本ならではの新しい商品・サービスを提供していくことが必要である。その大きな要素は人であり、人による「おもてなし」であると言ってもよい。日本のインバウンドの良否、インバウンドビ

ジネスの成否は、そこに関わる人によって決定すると言っても過言ではない。

インバウンド人財、つまりインバウンドビジネスに携わる人は、拡大するインバウンド市場のニーズに追いつかず、さまざまなシーンで不足している。インバウンド人財を育成することが、インバウンドに対応し、インバウンドビジネスを成長させる鍵となる。

■インバウンド人財に必要な能力
①日本人的能力

インバウンドビジネスに携わるには日本人、外国人を問わず、まず日本のことを、そしてその地域のことを知らなくてはならない。あくまでも日本でのビジネスであることを理解し、自ら取扱う商品・サービスを熟知し、それに対し自信を持つことである。相手が外国人旅行者中心であっても、日本人が対象となる場合もあり、仕入交渉や事業連携、行政との折衝などの相手は日本人で、日本の商習慣のもとで行われる。どのシーンでもサービスを超えるホスピタリティの発揮が必要となる。

②外国人的能力

インバウンドビジネスに必要な能力として、まず語学力が挙げられる。それとともに、対象となる外国人のことをよく知り、それぞれの国の文化・習慣・行動パターンなどを理解することも重要であると考えられる。その外国人旅行者はなぜ日本を選んで来訪したのか、外国人は商品・サービスを購入するときにどんなことを大事にしているのか、どんなプロセスで購買決定しているのかなどを知ることである。まさに、その場面で対象としている外国人になりきる能力が求められているといえよう。

③国際人的能力

　インバウンドビジネスにおいては、国籍や言語、人種、宗教、教育、価値観、文化、習慣、風習、食生活などが大きく異なるさまざまな外国人旅行者を相手にする。語学力や接客力も必要となるが、それ以前に重要なのはそれらの違いを超えて、相手を認め、尊重し、理解する意識と能力である。外国人は日本人よりもはるかに差別に敏感である。違いを認め、誰にでも分け隔てなく誠意をもって対応する国際人としての能力が必要不可欠である。

■インバウンドビジネス業界の採用実態調査

　「インバウンドビジネス業界における企業の採用ニーズに関する実態調査」（株式会社やまとごころ調査：旅行業・宿泊施設・出版広告など対象 / インターネット調査 / 回答 80 件 /2015 年）によると、人材採用にあたり、最も重視するポイントは「業務遂行における基本能力」であった。語学力、IT、資格保有などの専門スキルや業界経験・実務経験・職種経験などよりも、業務遂行力、コミュニケーション力、マネジメント力などの基本的な能力の方が必要とされている。

　また、語学力に関する問いでは、日本語以外の言語について、ビジネスレベル以上の能力を求める企業は 60％に及ぶが、「必須ではない」とした企業も 16％と少なくない。インバウンド担当といえども、語学力を必要としない職種もあることが分かる。求められる言語は英語が全企業の 77％と最も多いが、中国語も 61％と高く、英語と中国語の両言語を必要としている企業は全体の 36％であった。

　外国人雇用に関する質問では、「積極的に雇用したい」（31％）、「前向きに検討したい」（50％）となっており、各企業とも前向きに雇用を検討している様子が窺える。一方で、外国人雇用における就労ビザ取得など諸手続きや労務管理に関する情報提供のニーズなども高まっている。

8. インバウンド情報

■総合情報メディア

• 観光庁

　統計データやセミナー情報、免税店やWi-Fiの支援制度情報などが配信されている。登録するとメールマガジン配信もある。

• 日本政府観光局（JNTO）

　外国人旅行者の誘致活動を行う政府機関。インバウンドに関する統計データや世界の市場別基礎情報などを配信している。

• トラベルボイス

　トラベルボイス社が運営するメディア。旅行産業・観光産業に関するニュースやレポート、コラムなど幅広く配信。メールマガジンもある。

• トラベルビジョン

　トラベルビジョン社が運営する旅行業界の総合情報メディア。観光業界全体の動向を掴むことができる。メールマガジンもある。

■インバウンド特化型メディア

• やまとごころ.jp

　インバウンドに特化したメディア。データや業界動向を理解したスタッフがピックアップする重要なニュース、情報が入手できる。

• 訪日ラボ

　インバウンドに特化したメディア。国籍別インバウンドデータやインバウンド対策、インバウンド事例などを配信している。

• インバウンドナビ

　インバウンドビジネスに携わる人向けのメディア。オリジナルニュース、コラム、インタビュー、レポートなどのコンテンツを発信している。

- イロドリ

インバウンドに関する最新のニュースだけではなく、イベント・セミナー情報など、幅広い情報が配信されている。

- CAKEHASHI

台湾に特化した Web マーケティング支援を行っている企業のメディア。特に台湾人旅行者に関する情報の精度が高い。元「TJ mediawave」。

■訪日外国人旅行者向けメディア

- japan-guide.com

訪日外国人旅行者向けメディアとしては老舗かつ最大手のメディア。今日、訪日外国人旅行者にはなくてはならないメディアとなっている。

- Japan Travel

訪日外国人旅行者向けメディアで注目されている。ユーザーがライターとして登場しているのが特徴で、多くの国・地域からのアクセスがある。

- MATCHA

日本企業による訪日外国人旅行者向けメディア。英語・中国語（簡体）・中国語（繁体）・韓国語・インドネシア語・タイ語・ベトナム語で展開。

- Tsunagu Japan

最近注目の訪日外国人旅行者向けメディア。日本の文化や日本語学習のヒントになるような記事を発信しているのが特徴。

- Japan Info

英語・繁体字（台湾・香港）版で運営しているメディア。Facebook だけでなく Twitter での拡散力が高いのが特徴。

- JAL Guide to Japan

訪日外国人旅行者向けの観光情報が充実している点や、日本の

「おもてなし」をうまく表現できている点などが評価されているメディア。

- Japan Reference

　訪日外国人旅行者向けの日本の旅行情報や日本語、文化を知るためのガイドメディア。フォーラム（掲示板）を持っているのが特徴。

- lonely planet

　世界で一番有名なガイドブック「Lonely Planet」の web サイト版。日本や日本の都市の歴史、文化、気候、言語などの基本情報が充実している。

- Time Out Tokyo

　東京ローカル情報に特化したメディア。世界 85 都市、37ヶ国で展開している外国人にとって馴染みのあるメディア。

- GO TOKYO

　公益財団法人東京観光財団が運営しているメディア。東京に特化して観光情報や公共交通機関の使い方などを配信している。

- Tokyo Cheapo

　東京を訪れる訪日外国人旅行者と東京在住の外国人を対象とした、リーズナブルに東京を楽しめる情報を中心に編集された英語発信のメディア。

- Tokyo Otaku Mode Otaku News

　日本のオタクグッズを取り扱うオンラインショップが運営するメディア。オタクカルチャー、ポップカルチャー、Kawaii カルチャーを発信。

- BATTERA

　大阪のローカル情報に特化したメディア。英語・中国語（簡体）・中国語（繁体）・タイ語および日本語で配信している。

- 樂吃購（ラーチーゴー）

　訪日台湾人旅行者向けのメディア。台湾で日本の旅行の情報収集する時に利用する代表的なメディア。

- 日本漫遊

　訪日中国人旅行者向けに日本に関する観光情報や旅行に関する情報を掲載しているメディア。中国繁体字で発信している。

- marumura.com

　タイ人が訪日する際に参考にしているメディア。タイ企業による訪日旅行メディアで、充実したコンテンツと訪日観光ブームで人気サイトに成長。

- Japan List

　主に東南アジア圏の訪日外国人旅行者を対象に歴史、食べ物、旅行、ショッピングなど日本文化の紹介をしているメディア。

9. 日本ブランド

■日本ブランドとは

　さらなるインバウンドの拡大を考えるとき、日本のコンペチター（競合）となるのはアジア諸国であろう。アジアの国・地域は特徴ある歴史と文化を持ち、個性あふれるさまざまな観光資源を有している。日本もそれに負けない、魅力ある「日本ブランド」を創出し海外に発信していかなくてはならない。

　「日本ブランド」とは、他の国・地域と明確に区別された今の日本を象徴するイメージの総体である。そこにはブランドとしての差別性、信頼性があり品質保証が必要である。そして、日本人の誇りであり自慢のモノ・コトでなくてはならない。

■日本ブランドの要素

①従来からの日本らしい観光資源

　世界文化遺産に登録された富士山や満開の桜、紅葉などの自然景観、古都京都、日光、鎌倉などの歴史的景観など、すでに知名度が高い日本の宝はこれからも発信し続けなければならない。

252　第11章　訪日外国人旅行者への対応

②クールジャパン

　日本が生み出した新しいソフト文化である。マンガ、アニメ、ゲーム、ファッションなどのポップカルチャーである。映画、音楽などもこの対象である。

③日本の食

　2013年、「和食」が世界無形文化遺産に登録され、日本の食文化が評価され世界的に注目された。寿司、刺身、天ぷら、すき焼きだけでなく、各地の郷土料理、そば、うどん、ラーメン、お好み焼きなど庶民食、また吟醸酒などの日本酒も評価、注目度が高い。

④伝統芸能

　各地で繰り広げられる個性的な祭りや郷土芸能、日本文化としてメジャーな歌舞伎、能、相撲なども日本でしか体験できない文化活動である。

⑤ものづくり

　日本固有の手工業により製造される伝統工芸品などのものづくりの現場だけでなく、その精神を引き継いで生まれた自動車や新幹線、精密機器などの製造現場が挙げられる。

⑥庶民の暮らし

　靴を脱いで生活する家庭、混雑する電車での通勤・通学、職場仲間との居酒屋での飲食、少なくなってしまった銭湯、今も残る花見や盆踊りなど日本らしい庶民の暮らしに外国人旅行者は興味を抱いている。

■日本ブランドの発信

　日本の強みや日本的な価値観、伝統、現代日本を形作る文化的背

景など、日本の多様な魅力、すなわち「日本ブランド」を海外に発信し、外国人に日本のモノやコトが理解され、日本が好きになり行ってみたいと思わせることが大切である。

　外務省が中心となり、「日本ブランド発信事業」も展開されている。発信力のあるさまざまな分野の専門家を海外に派遣し、それぞれの特性を生かした講演会やワークショップ、デモンストレーションなどを実施することで、聴衆と価値観や体験を共有し、日本ならではの魅力に対する関心を高めたり、共感させることを通して、日本文化への理解を促進しようという事業である。さらに、日本の良さに共感する外国人に対し、SNSなどでの再発信を促し、波及効果を高めることも狙っている。この活動は、日本の産品の海外における消費・流通が拡大につながるとともに、日本への旅行者の増加を加速させる。

■日本ブランドと地域ブランド

　日本ならではの魅力のある「日本ブランド」を確立し、日本への誘致を促進するとともに、訪日外国人旅行者のリピーターを増やす。次の訪日の機会には、地方への訪問を促進させる。それぞれの地方独自の地域文化を創造し、それをアピールすることで、「地域ブランド」を構築する。日本のファンを増やし、次回の訪日では「この地域へ」と指名され、訪問者を拡大させることにより、その地域が世界的に認知度を高めていく。これが次なるインバウンド戦略といえよう。

12

第 12 章

インバウンドの集客

1. 外国人旅行者へのアプローチ

■団体旅行と個人旅行

　訪日外国人旅行の形態は、団体旅行（GIT：Group Inclusive Tour）と個人旅行（FIT：Foreign Independent Tour または Free Individual Traveler）に大別される。このふたつの観光行動はタイプが全く異なるので、それぞれの形態に合わせて外国人旅行者にアプローチすることが必要となる。

　団体旅行は、往復の飛行機だけではなく、日本滞在時の移動交通機関、宿泊場所をはじめ、食事場所、観光施設、ショッピングの場所に至るまで、出発時点で決まっていることが多い。もちろん団体旅行でも自由時間が多いものもあり、食事やショッピングは日本に着いてから選択する場合もある。団体旅行は比較的滞在日数が短く、ゴールデンルートなどを巡るパターンが多い。初めて訪日する旅行者が多いのが特徴である。また、添乗員やガイドが同行することが多いので、外国語対応はあまり心配がない。中国人旅行者をはじめアジアからの旅行者に多い形態である。彼らは個人旅行の予備軍であることを忘れず、丁寧な対応を心がけたい。

　一方、個人旅行は、一般的に日本滞在時の日本国内観光の目的地と宿泊場所だけを手配して訪れるケースが多い。したがって、移動交通機関、食事場所、観光施設、ショッピングの場所は、日本に来てから探すことになる。場合によってはホテルなどの宿泊手配も日本に到着してからという旅行者もいる。行動範囲が広く、ニーズも多様なため、幅広い施設で外国語対応が求められる。個人旅行は欧米人旅行者やリピーターが中心の韓国人旅行者、香港人旅行者に多い旅行形態である。

■アプローチのタイミング

　訪日外国人旅行者に効果的なアプローチをするには、彼らがどの

タイミングで、旅行の目的地やホテルなどの宿泊施設、食事場所、ショッピング場所などを意思決定するかを知ることが必要である。

　訪日後、例えばずっと東京に滞在するのか、東京滞在後、箱根温泉へ1泊旅行するのか、あるいは北海道で2泊旅行するのかなど、日本国内のデスティネーションの決定は、団体旅行、個人旅行とも訪日前に行うのが一般的である。また、それに伴うホテルなどの宿泊も同様である。一方、日帰りで日光を訪れる小旅行のケースでは、食事場所、ショッピング場所について、団体旅行ではすでにそれらの場所が決定していることもあるが、個人旅行は大半が日本到着後に決定している。

■アプローチの方法

　外国人旅行者のうち、訪日前の旅行者、あるいはまだ訪日を決めていない潜在的な旅行者には、それら外国人旅行者が居住する国・地域でのアプローチが有効である。これは、訪日前にあらかじめ宿泊場所などを決めている、団体旅行者に有効である。

　日本国内での旅行先やそこでの宿泊施設などは日本国内でのアプローチが有効である。ただし、団体旅行者と個人旅行者ではアプローチの方法が異なる。団体旅行者においては、日本側のランドオペレーターや実務に携わる添乗員・ガイドへのアプローチが有効であり、個人旅行者の日本国内での旅行先やそこでの宿泊施設については日本国内でのアプローチ、特に SNS、ウェブやフリーペーパーの活用が効果的である。図表 12-1 にそれぞれのアプローチ方法を一覧表にした。これを参考に費用対効果を考え、できることから実施したい。

図表 12-1　外国人旅行者のアプローチの方法

	団体旅行者向け	個人旅行者向け
海外	・現地旅行会社へセールス ・現地旅行博に出展 ・現地旅行ガイドブックにアプローチ ・現地メディアにアプローチ ・ファムトリップの実施 ・国際線機内誌に出稿	・ネット予約サイトと契約 ・現地マスメディアに出稿 ・現地でイベント実施・参加 ・現地旅行ガイドブックにアプローチ ・現地ウェブサイト・ブロガーにアプローチ ・国際線機内誌に出稿
国内	・日本側ランドオペレーターへセールス ・添乗員・ガイドにアプローチ ・ファムトリップの実施	・自社ホームページで発信 ・インバウンドウェブメディアを活用 ・フリーペーパーに出稿 ・SNS を活用・発信 ・店頭で POP や掲示でアピール ・チラシの配布

2.　ネット予約サイト

■ネット予約サイト

　ネット予約サイトは世界中の旅行者と宿泊施設とを結びつける役割を果しており、その普及が日本のインバウンドを拡大させる大きな要因の1つとなっている。ネット予約サイトは世界的規模でその存在感を増しており、今やその潮流は止めることができない。日本の多くのホテルや旅館もすでにネット予約サイトと契約をしており、海外からの集客に成功している。

　このネット予約サイトは、OTA（Online Travel Agent）と呼ばれ、インターネット上だけで取引を行う旅行会社を指し、「オンライン旅行会社」とも呼ばれている。24 時間いつでも膨大な数の旅行商品を検索・閲覧でき、店舗に出向く必要がないことから、多くの消費者・旅行者が利用している。

　実店舗で営業する旅行会社もオンラインで旅行商品を販売しているケースもあるが、そこでのオンライン販売は OTA とは呼ばない。

なお、従来型の店舗を通じた旅行商品の販売事業者は近年、TTA（Traditional Travel Agency：伝統的旅行会社）、リアルエージェント（Real AGT）などと呼ばれることがある。

　OTA の業態はオンライン取引きなので国境の概念はなくワールドワイドな市場での需要を取り込んでおり、大手海外 OTA が大きなシェアを持っている。Booking.com のパソコン・モバイル合計の全世界の訪問数は 3 億 2,300 万、Expedia は 1 億 642 万、Ctrip は 3,727 万（シミラーウェブ調べ、2016 年 6 月）など驚異的な実績を上げている。実際、日本を訪れる FIT の多くは、これら OTA を利用して日本のホテル・旅館を予約した後、訪日している。

　日本の OTA には、訪日外国人旅行者向けの JAPANiCAN、TABEE JAPAN などがあり、徐々に外国人旅行者に浸透しつつある。また、もともと日本人向けの予約サイトとして日本国内で定着している楽天トラベル、じゃらん net、MAPPLE トラベルなどがあるが、インバウンドでは苦戦を強いられている。

■メタサーチサイト

　メタサーチサイトとは、OTA や実店舗で営業する旅行会社のインターネットサイトでオンライン販売されている同内容の旅行商品について、企業の枠を超えて、横断的に検索・閲覧できるウェブサイトである。その利便性の高さゆえ、存在感が高まっている。世界的には、トリップアドバイザーがその代表的企業となっており、その閲覧数は他のサイトを圧倒している。海外大手は、売上げや訪問数で OTA 各社と肩を並べている。メタサーチサイトは日本にもあり、国内宿泊によく利用されている。

　キーワードをひとたび入力するや、たちまち複数の検索エンジンが実行され、フィットした検索結果が画面に表示される。例えば、同一ホテルの料金を比較・検討する時などに非常に便利である。さらに、口コミが充実しているのも特徴で、ホテル予約横断検索サイ

トとも呼ばれる。

図表 12-2　代表的な海外と日本のOTA・メタサーチサイト

OTA

海外	Booking.com	ブッキングドットコム	宿泊施設のオンライン予約サービス。世界最大の利用実績。プライスライングループ。
	Expedia	エクスペディア	ホテル・航空券等のオンライン予約サービス。ダイナミックパッケージは世界最大の規模。
	Agoda.com	アゴダ	アジアを中心とした宿泊オンライン予約サービス。プライスライングループ。
	Hotels.com	ホテルズドットコム	ホテル等の宿泊施設のオンライン予約サービス。Expedia グループ。
	Hostelworld	ホステルワールド	ホテル等の宿泊施設のオンライン予約サービス。
	Ctrip（携程）	シートリップ	中国を中心とした旅行に関するオンライン予約サービス。
国内	JAPANiCAN	ジャパニカン	JTB が運営する訪日外国人旅行者向けの旅行に関するオンライン予約サービス。
	TABEE JAPAN	タビージャパン	KNT が運営する訪日外国人旅行者向けの旅行に関するオンライン予約サービス。
	Rakuten Travel	楽天トラベル	楽天が運営する、旅行に関するオンライン予約サービス。
	Jalan.net	じゃらん net	リクルートが運営する、旅行に関するオンライン予約サービス。
	MAPPLE Travel	マップル　トラベル	昭文社が運営する、旅行に関するオンライン予約サービス。

メタサーチサイト

海外	TripAdvisor	トリップアドバイザー	ホテル等の旅行に関する口コミ・価格比較を中心とするウェブサイト。
	trivago	トリバゴ	宿泊施設に関する料金比較を扱うウェブサイト。Expedia グループ。
	Skyscanner	スカイスキャナー	航空券・宿泊を中心とする料金比較を扱うウェブサイト。Ctrip グループ。
	KAYAK	カヤック	航空券・宿泊を中心とする料金比較を扱うウェブサイト。プライスライングループ。
国内	for Travel	フォートラベル	宿泊や旅行に関する料金比較を扱うウェブサイト。
	Travel.jp	トラベル jp	宿泊や旅行に関する料金比較を扱うウェブサイト。
	TRAVELKO	トラベルコ	宿泊や旅行に関する料金比較を扱うウェブサイト。

3. 旅行博

■旅行博

　旅行博とは、旅行や旅行商品をテーマとした博覧会のことで、世界各地では大小の博覧会が開催されている。東京で毎年開催される「ツーリズム EXPO ジャパン」は世界最大級の総合観光イベントとして知名度が高く、出展者、来場者も多い。

　国や自治体、旅行会社、航空会社などの観光事業者といった外国人旅行者を受け入れる側にとっては、大きな PR の場となり、商談の機会を拡大している。出展者は出展料を支払ってブースを構え、現地旅行会社や消費者に自分たちの観光資源、商品・サービスの魅力を伝える。多くのメディアも取材に訪れるので、格段に PR 力が増す。旅行をしようと思っている消費者にとっては、情報を収集したり実際に旅行商品を購入する場ともなる。

　旅行博は、その特徴によって大きく 3 つに分類される。見本市（トレードショー）、旅行相談会（トラベルマート）、旅行即売会（トラベルフェア）である。インバウンドビジネスに関わっている企業が出展をする場合は、それぞれの旅行博がどれに当たるのかをよく調べ、費用対効果を検討しなければならない。

■見本市（トレードショー）

　消費者、企業双方を対象とした観光に関する見本市が世界各都市で開催されている。国際的な規模で一定期間、観光に関する情報や旅行関連用品を集めたイベントは国際観光見本市と呼ばれる。また、トラベルトレードショーということもある。新しいデスティネーションや旅行商品・サービスの紹介・展示・デモンストレーションをする。規模が大きく、開催頻度は年 1 回のケースが多い。旅行相談会、旅行即売会を兼ねたものもある。MICE やクルーズ、キャンプなどに特化した見本市もある。

ツーリズム EXPO ジャパン（東京）、韓国国際観光展（KOTFA：ソウル）、釜山国際旅行博覧会（BITF：釜山）、北京国際旅遊博覧会（BITE：北京）、中国（広東）国際旅遊産業博覧会（CITIE：広州）、台北国際観光博覧会（TTE：台北）、ITB BERLIN（ベルリン）などがある。

■旅行相談会（トラベルマート）

公的な観光機関が主催するもので、航空会社、ホテル、旅行会社がブースを設け、ホールセーラー・ランドオペレーターなどを対象に商取引を行う、企業向けの博覧会である。旅行業界の関係者への情報提供・商談・取引の場となる。

VISIT JAPAN トラベル & MICE マート（東京）、PATA Travel Mart（杭州）、Tour and Travel Exchange（アリゾナ）などがある。

■旅行即売会（トラベルフェア）

旅行に興味を持つ消費者へのプロモーション・旅行商品の展示・紹介・販売を主とした博覧会。

Thai International Travel Fair（バンコク）、NATAS Travel Fair（シンガポール）などある。

■日本国内旅行博

海外で開催される旅行博は、多くの企業・団体にとってコスト面や運営面でハードルが高く、出展を断念せざるを得ないことも多い。実際、日本国内の小規模な観光施設・宿泊施設・商業施設などは、外国人旅行者にとって魅力的なものと思われているだけに残念である。

国内で海外向けの PR を行うことも可能である。日本政府観光局（JNTO）が主催する、「VISIT JAPAN トラベル& MICE マート」には、数百社の海外バイヤーと国内セラーが参加している。「ツーリ

ズム EXPO ジャパン」においてもインバウンド商談会がある。自治体が主催する海外の旅行会社との商談会も各地で開催されている。まずは、国内の旅行博に参加することで、外国人旅行者の集客につなげる一歩としたい。

4. ファムトリップ

■ファムトリップとは

ファムトリップ（Familialization Trip）とは、観光地などが外国人旅行者の誘致促進のために、ターゲットとする外国の旅行会社、メディア、ブロガー、KOL（Key Opinion Leader）、インフルエンサー（影響力を及ぼす人）などを招待し、特定のインバウンド向けの観光コースや観光エリア、体験プログラム、観光サービスなどを現地で体験・体感してもらうことである。下見招待旅行とも呼ばれる。

ファムトリップでの体験を旅行企画・造成に生かしてもらったり、メディアやブログに記事掲載してもらうことを目的とした、インバウンド誘致活動であり、その効果は高いといわれている。

ファムトリップは大別すると2つのタイプがあり、海外の旅行会社向けと、海外のメディア向けである。これらを同時に実施する場合もある。

旅行会社向けは、訪日旅行の責任者や実際に企画・造成・販売に関わる担当者を対象に、地域の視察・体験と意見交換を通して、実際のツアー商品に組み込んでもらう。メディア向けは、メディアの旅行ライターや編集者、記者、また、現地で有力なブロガー、KOL、インフルエンサーを対象とし、地域の視察・体験と意見交換を通して、各国のメディアやブログなどに掲載してもらう。

■ファムトリップのメリット

第1のメリットは、招待され実際に体験した人が、それぞれの国

に帰り、旅行商品化したり、旅行記事、旅行ブログなどに仕上げ、ローカライズした形でプロモーションをしてくれることである。

第2のメリットは、プロモーション効果が継続することである。一般的なプロモーションである広告は一過性のものに陥りやすく、持続性がない。これに対し、実際に体験した人が執筆した旅行記事は、紙媒体やウェブサイトに残るので、持続性があり、効果が期待できる。

第3のメリットは、それぞれの国・地域の観光に関わるプロの視線で観光地・商品・サービスの魅力が分析できることである。地域や商品・サービスのアピールポイントが発見されるとともに、改善点も発見できる。

コト消費傾向にあるインバウンドで、体験型のレジャーや観光サービスとの相性の良いファムトリップは、その有効性が高い。

■ファムトリップの実施フロー
①地域・自社の「ウリ」の明確化
他の商品・サービスとの明確な差別化を図り、伝えるべき「ウリ」を明確にする。

②ターゲット国・地域の絞り込み
ターゲット国・地域、およびターゲットとする旅行者層を絞り込む。

③ターゲットのマーケティングリサーチ
事前にターゲット国・地域、旅行者層の特性・ニーズを調べる。

④ファムトリップの企画・造成
魅力的、かつ効果的なツアー・プログラム企画を造成する。ファムトリップをコーディネートする支援会社の活用もある。

⑤ターゲット国の旅行会社・メディアを招待

ツアー商品企画、メディア掲載の意向を確認し、参加を打診する。現地との交渉をコーディネートしてくれる支援会社の活用もある。

⑥ファムトリップ実施後のプロモーション戦略策定

実施前に、実施後のプロモーション戦略の策定をしておくことが効果的な実施につながる。

⑦ファムトリップの実施

視察・体験は万全を期し、また、招待側の押しつけにならないよう注意が必要。旅行中・旅行後に十分な意見交換の時間を作る。

⑧実施後のフォロー

ツアー商品企画、メディア掲載の確認とその効果測定。今後の継続的な関係の構築、その後の最新情報の定期的な発信と相互交流を行う。

5. 旅行ガイドブック

■旅行ガイドブック

旅行ガイドブックとは、観光などの目的で未知の国や地域を巡る旅行者に対して、その目的地となる特定の国や地域・都市の観光情報や移動手段の情報などを提供する出版物のことである。

目的地である国や地域・都市の地理、歴史、文化、経済、言語、通貨、天候などの基本情報と、鉄道・バス・航空機・船などによる移動手段の紹介、景勝地、観光施設、宿泊、食事、祭り、アクティビティ、体験、土産品などの情報を読者に正確にかつ伝わりやすく記述している。また観光地やホテルなどの宿泊施設、レストランなどの評価やランク付けなどを掲載しているものもある。文字情報だ

けでなく地図、写真などもガイドブックの重要な要素となっている。出版形式は国別や地方別、都市別という形が一般的である。体裁は、A5やB5、B6、バイブルサイズなど携帯に便利な小型サイズが多い。

英語による旅行ガイドブックとして、世界的に他を圧倒しているのは『Lonely Planet（ロンリープラネット）』である。100をはるかに超す国・地域で650タイトルを数えている。日本版だけでなく東京版、京都版もある。言語は英語版のほか、15言語版が存在する。欧米からの外国人旅行者が片手に持っている姿をよく見かける。

フランスの『the Michelin Guide（ミシュランガイド）』は、レストランの評価を星の数で表すことで良く知られているが、これは「ミシュラン・レッドガイド」と呼ばれるレストラン・ホテルガイドで、「ミシュラン・グリーンガイド」と呼ばれる旅行ガイドブックがある。他に、『Rough Guides（ラフガイド）』『Frommers（フロマーズ）』などが読まれている。

それぞれの国には各々の言語と視点で作られた旅行ガイドブックがある。韓国の『Just go（ジャストゴー）』や台湾の『攻略完全制覇』などのシリーズが有名である。

■ガイドブックへの掲載

基本的にガイドブックには広告枠が存在しないので、確実に掲載される保証はない。それだけに、客観的に素晴らしいコンテンツであると認められるものを提供する以外に方法はない。従って、その前提となる観光素材を優れたものに磨き上げることが大切であり、それを継続していくことが不可欠である。あわせて、読者の支持を得る、良好な口コミを広げたり、ガイドブック編集者にプレスリリースを送り続けることも怠ってはならない。

ガイドブックに掲載され、集客に結びつけた例を紹介しよう。

ある東京下町の小さな旅館は35年ほど前から外国人旅行者で繁

昌している。海外で日本旅行用のガイドブックが発刊された頃は、外国人を受入れる安心で低廉な日本旅館が少なかっただけに、安心で低廉なその旅館の注目度が高まり、海外のさまざまな有力旅行ガイドブックに掲載された。以降、特別なPRをせずとも世界中から旅行者が訪れ、今なお外国人旅行者でほぼ満室の状態が続いている。

　また、ある東京新宿の老舗日本料理店では、ある時を境に外国人旅行者の客が急増した。その理由はすぐには分からず、しばらく経ってから有力ガイドブックに掲載されたことが集客効果につながっているということを知ったという。今では、全体の半数が外国人旅行者で占めるほどの盛況ぶりである。

　旅行ガイドブックの効果が大きいのは、そこに客観性があり、また信頼性が高く、安心感もあるからである。ガイドブックが有料であることも意義深い。無料のインターネットやフリーペーパーの情報に比べ確実性があり、普遍性があると感じる人が多い。それに加え、一度掲載された情報は長期間掲載され続ける。改訂されることはあるが、その頻度は雑誌などに比べると少ない。また、有料で購入するだけに廃棄されることが少なく保存性が高く、1人だけでなく数人で回し読みされることも多い。

Lonely Planet

the Michelin Guide

Just go

■訪日外国人旅行者の出発前の旅行情報源

　図表12-3は、観光目的の訪日外国人旅行者の出発前に得た旅行情報源で役に立ったもの（複数回答／全国籍・地域／観光目的・2016年）を表したものである。インターネットが普及し、旅行前や旅行中の情報源は変化し、多様化しているが、訪日外国人旅行者の出発前の情報源として、2割弱が「旅行ガイドブック」を挙げている。インターネットが普及しているとはいえ、まだまだ紙媒体である旅行ガイドブックの信頼性は高く有効性は失われていない。

　しかし、群を抜いて1位となったのは「個人のブログ」である。世界にはたった1人で読者を数百万人単位で抱えている旅行専門の有名ブロガーがいる。表では各ホームページが参考にされ、SNSや口コミサイトも旅行者に大きな影響力を持っているのが分かる。

図表12-3　訪日外国人旅行者の出発前に得た旅行情報源で役に立ったもの
　　　　　（複数回答）（全国籍・地域／観光目的・2016年）　　　　　（％）

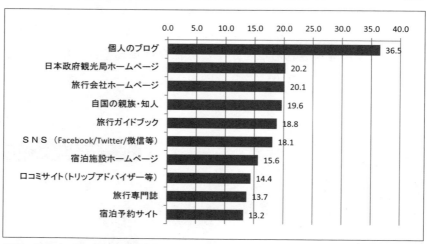

資料：観光庁「訪日外国人消費動向調査（2016）」より作成

6. フリーペーパー

■訪日外国人向けフリーペーパーとは

　訪日外国人向けフリーペーパーとは、主に広告収入で成り立っている訪日外国人旅行者向けに配布している無料の冊子のことである。空港到着ロビーやターミナル駅、観光案内所、外国人旅行者が利用するホテル・旅館、飲食店、また現地の日本政府観光局、旅行会社などに配置されている。

　飲食店や小売店など、実店舗にインバウンド集客するための効果的な施策として注目されている。訪日外国人向けフリーペーパーの活用法として、一般の広告出稿だけでなく、一面広告やタイアップ広告などがある。また、記事としての掲載も期待される。フリーペーパーは紙媒体であるがゆえに、Wi-Fi環境に左右されないメリットが大きい。保存性も高く、回し読みも期待できる。

　図表12-4は、代表的な訪日外国人旅行者向けのフリーペーパーである。

■訪日外国人向けフリーペーパーへの広告出稿

　フリーペーパーは、対応言語や発行部数、配布場所などによって、特徴がはっきりしている。各フリーペーパーの読者とターゲットが一致しないと広告効果が期待できない。フリーペーパーの特徴、出稿料金をしっかり把握してからの広告出稿が必要である。

　フリーペーパーへの広告出稿は出稿料金を支払い掲載してもらう形になる。一般に定型の大きさの誌面を買う形だ。1ページを買い取る一面広告や、タイアップ広告といわれる記事風に紹介してもらう記事広告もある。また、通常の記事の中で紹介されることもあるので、広告とは別に定期的に最新情報を送っておくのも効果がある。

■訪日外国人向けフリーペーパーのポイント
①フリーペーパーの対応言語
　フリーペーパーは紙媒体であるが、訪日外国人向けの場合、対応言語数に制約があり、ウェブサイトの対応言語と比較するとその数が少ない。特に中国語圏の旅行者をターゲットとする場合には簡体字・繁体字の使い分けに注意する必要がある。

②フリーペーパー発行部数
　フリーペーパーの発行部数はどれだけ訪日外国人旅行者の目に触れ、手に取ってもらえるかを判断する上で重要な指標となる。各フリーペーパーの広告出稿料金も基本的に発行部数が最も影響を与えている。

③フリーペーパーの配布場所
　フリーペーパーの配布場所の選定は、どれだけターゲットの訪日外国人の目に触れ、手に取ってもらえるかが重要なポイントとなる。特に空港到着ロビーやインフォメーションセンターなど、移動する上でハブとなる場所での配布を重視しなくてはならない。

■フリーペーパーへの広告出稿の注意点
　フリーペーパーへ広告出稿する場合に注意すべき点は、実際に広告に掲載した情報がターゲットとしている外国人旅行者に届いているのかを見極めることである。そのためには、フリーペーパー用の電話番号やメールアドレス、URL、QRコードを広告誌面に掲載し、アクセス数を分析する必要がある。また、店舗で使えるクーポンの利用状況を把握することも分析する上で重要なポイントとなる。配布場所で観察することも必要である。外国人旅行者がフリーペーパーをどのように手に取り読んでいるかを、実際の目で確かめたい。

270　第12章　インバウンドの集客

図表 12-4　代表的な訪日外国人旅行者向けフリーペーパー

誌名	対応言語	概要
GOOD LUCK TRIP	英語、中国語（簡体字・繁体字）など	『地球の歩き方』を手掛けている出版社が発行する訪日旅行者向け媒体
Time Out Tokyo Magazine	英語	世界30カ国で展開している、シティーガイドの東京版
Wattention TOKYO	英語	「東京」と近郊を中心に日本の文化・観光情報に特化した訪日外国人向けフリーマガジン
att.JAPAN	英語、中国語（繁体字）	タウン情報や観光情報を発信する、日本を知り・楽しむ、英語と中国語のフリーペーパー
日本達人	中国語（簡体字・繁体字）・韓国語	香港・台湾・韓国／中国大陸から JAL 航空機での訪日旅行者に渡す無料機内誌
東京導遊図	中国語（簡体字・繁体字）	訪日中国人旅行者の要望を反映した紙面作りが特徴のフリーマガジン

7. ホームページ

■自社ホームページ

　今日、インバウンドの集客手段としてホームページを活用していないところはないと言っても過言ではない。インターネットが普及し、世界中どこからでも世界の情報にアクセスできる時代になり、旅行者も旅行会社もインターネットを通じた情報収集が当たり前となっている。特に、FIT が増加する中、旅行者は旅行出発前、旅行中も常にインターネットで情報を収集している。自社ホームページは、インバウンドの集客において最も重要な PR ツールとなっている。

　すでに自社ホームページを開設している事業者は多いが、多言語で対応しているところはまだ少ない。まず、英語対応することが急務である。

　自社ホームページで集客するメリットの第1は、費用があまりか

からないことで、飲食店や小売店などの小規模事業者でもすぐに取り組むことができる。英語に対応するだけで、世界中へ自らの情報を発信することができ、また訪日し国内を移動中の外国人旅行者にも情報を伝えることができる。

第2のメリットは、情報をアップデートして、コンテンツを自由に更新できることである。新しい商品・サービス情報やキャンペーン情報をすぐに発信することができる。紙媒体や他企業が管理するサイトでは、こうしたメリットに乏しく、自社ホームページは最も費用対効果の優れたツールといえる。

多言語化を進める必要があるが、どの言語が最適なのか。日本政府観光局（JNTO）の訪日外国人旅行者向けのウェブサイトでは英語をはじめ中国語（簡体字・繁体字）、韓国語のほかフランス語、スペイン語、タイ語、ベトナム語など15言語に対応している。一般の事業者はここまで幅広い言語対応をする必要はないが、英語は英語圏以外の国・地域でも理解できる人が多いので、まず英語を基本として、次のステップで、中国語（簡体字・繁体字）、韓国語に対応する。さらに、来客が多い国の言語、今後ターゲットとしたい国の言語を加えていきたい。

■自社ホームページの制作・多言語化

外国人旅行者向けのホームページを制作する、または多言語化することは決して容易ではない。すでにある日本語のホームページをそのまま翻訳すれば完成するケースばかりではない。特に大切なのは、外国人旅行者が閲覧し、その情報を活用したいと思うホームページづくりである。

そのポイントの第1は、トップページのインパクトである。外国人旅行者が数多くのホームページを探している中で手を止めてもらい、しっかりと読んでもらうことが重要である。特にトップページの写真は重要で、日本らしい、その地域らしい、その施設の際立っ

272　第12章　インバウンドの集客

た特徴が分かるものにしたい。

第2は、アクセス情報である。最寄り駅を起点とした地図だけで
は、日本人と違って外国人旅行者には理解が難しい。成田国際空
港、東京駅、新宿駅などからのアクセスを地図とともに明記する必
要がある。また、英語の表記だけでなく、日本語も併記しないと駅
の路線図などと照合できないし、日本人に尋ねられない。

第3に、外国人旅行者はその施設だけに訪れるのではなく、その
街に訪れるという発想で、周辺の施設情報なども併載すると、分か
りやすくなる。訪問地が施設から街全体へと広がることで、街が元
気になるかもしれない。

さらに、スマートフォン向けに最適化されるようなホームページ
にすれば確実に効果が上がる。

■自社ホームページの運用

集客に繋げるには、ホームページの整備だけでは十分といえな
い。運用、つまりマーケティングを視野にいれて考えることが重要
となる。まずは、定期的な頻度の高い更新である。ホームページの
命は最新情報である。

アクセス数を増やすには、リスティング広告、SEO対策、バナー
広告、SNSマーケティングなどがある。それぞれ費用がかかるの
で注意が必要である。SNSを使ったPRは手間がかかるが、効果は
高い。外国人旅行者の良好な口コミを上手に使うことが最も効果的
である。

8. インバウンドウェブメディア

■インバウンドウェブメディア

インバウントウェブメディアとは、訪日外国人旅行者をターゲッ
トに日本の情報を発信するウェブサイトのことである。従来の旅行

ガイドブックなどではカバーできないタイムリーな情報、日本発信ならではの生の情報が入手できるため、多くの外国人旅行者に利用されている。同名のフリーペーパーと連動しているウェブサイトも多い。

　訪日外国人旅行者向けが大部分であるが、在日外国人向けもある。インバウンドにとって在日外国人は外国人旅行者が信頼を寄せる大きな情報源になっており、その存在は大きい。

　インバウンドウェブメディアは、出発前と訪日後の滞在中もアクセスされているので、誘客効果が期待できる。広告出稿の対象メディアでもある。

図表 12-5　代表的な訪日外国人旅行者向けウェブメディア

サイト名	対応言語	概要
Time Out Tokyo	日本語、英語	「Time Out」という全世界のローカル情報に特化したメディアの東京版
lonely planet	英語、ドイツ語、他 8 言語	世界で一番有名なガイドブック「Lonely Planet」の WEB サイト版
japan-guide.com	英語、中国語（繁体字）	老舗の外国人旅行者向けメディア、日本の観光と日本での生活情報を数多く紹介
Tokyo Otaku Mode Otaku News	英語	日本のオタクグッズを取り扱うオンラインショップ「Tokyo Otaku Mode」が運営するメディア
Tofugu	英語	日本語学習者向けにイラストベースで日本文化を紹介するサイト
TSUNAGU JAPAN	英語、中国語（繁体字）	日本の誇れるモノ・コトを世界に発信するキュレーションメディア
GO TOKYO	英語、中国語（簡体字、繁体字）、他 7 言語	東京観光財団が運営する東京に特化して観光情報を配信するサイト
JAPAN Info	英語、中国語（繁体字）	日本最大の繁体字圏からのアクセスを誇る、Facebook・Twitter での拡散力が高いサイト
Japan Travel	英語、中国語（簡体字、繁体字）、他 9 言語	特長は日本全国のユーザーがライターによる各地域の色濃い情報の発信
MATCHA	英語、中国語（簡体字、繁体字）、他 5 言語	「日本のよさを外国に伝えたい」という日本人が発信するサイト
JAL Guide to Japan	英語、中国語（簡体字、繁体字）、他 6 言語	JAL が運営するサイト、JAL ホームページを利用するユーザーが閲覧
樂活的大方＠旅行玩樂學	中国語（繁体字）	訪日台湾人旅行者が日本旅行の際に参考にしている情報源として人気のウェブサイト
樂吃購	中国語（繁体字）	訪日台湾人旅行者に人気のメディア「樂吃購（ラーチーゴー）」
日本漫遊	中国語（繁体字）	訪日中国人旅行者向けに日本の観光情報や旅行に関する情報を掲載するサイト
marumura.com	タイ語	タイ人が訪日旅行する際に参考にしている人気のサイト

■口コミサイト

　口コミとは、「口頭でのコミュニケーション」の略と言われ、マスコミとの対比で生まれた言葉である。口コミサイトは個人の主観的な意見を集積しているサイトである。投稿される個々の口コミは主観そのものであるが、多くの口コミが蓄積することによって客観性を生み、信頼度が増すことになる。

　訪日外国人旅行者に大きな影響を与えている口コミサイトは「TripAdvisor」と「Yelp」である。

- TripAdvisor（トリップアドバイザー）
　世界最大の旅行口コミサイト。
　ホテル・レストラン・観光地などカテゴリー別に口コミを投稿。
　世界49ヶ国でサービスを展開、掲載口コミ情報数が5億件を突破。旅行情報コンテンツとしては世界最大の閲覧数。
- Yelp（イェルプ）
　アメリカで人気の世界最大のローカルビジネスの口コミサイト。
　世界32ヶ国で展開、1.4億人以上のユーザー。
　日本のユーザー数の伸びは世界最速。
　レストラン・小売店・ホテルなど住所があればどこでもレビュー。

■ブログ

　ブログも外国人旅行者を集客する有効なウェブメディアである。有名ブロガーはたった一人で数十万、数百万単位の読者を抱えている。このように広く強い影響力を持ったブロガーはパワーブロガーと呼ばれており、訪日旅行者の多い国・地域で活躍しているため、アプローチする価値がある。

- Sylvia's Fancy Life
　中国で数千万人がアクセスしているパワーブログ。写真が多い。
- 黒米粒的博客
　中国の有名旅行ガイドブック作家によるブログ。日本の取材実績

も多い。

• 林氏璧和美狐團三狐的小天地

　台湾の林氏璧氏による日本をテーマにしたブログ。強い発信力がある。

■ SNS

　SNS とは、Social Networking Service（ソーシャルネットワーキングサービス）の略で、パソコン・スマートフォン・タブレット端末などを使用し、インターネットを介して遠く離れた家族・友人・知人との日々のコミュニケーションを楽しめるウェブサービスのことであり、すでに日本でも広く普及、定着している。

　さまざまな場面で大きな影響力を発揮している SNS は、インバウンドの集客で欠かせない重要な役割を担っている。ネット上に自分のプロフィールを載せ、共通の趣味を持つ他の会員たちとメッセージをやり取りしながら、交友を広げることができる「Facebook」がその代表格である。自社の最新情報を書き込むページを設け、外国人旅行者向けに発信することもできる。「Twitter」は、情報の拡散が速く、速効性がある。「Instagram」は、写真画像に特化した SNS でその影響力は世界的に高まっている。すでに、SNS は必要不可欠なインバウンドの PR ツールになっている。その運用には、高頻度で定期的な情報発信が不可欠である。また、その拡散性によりネガティブキャンペーンにつながる危険性も有しているので注意が必要である。図表 12-6 は、インバウンドにおいて影響力の大きい SNS の一覧である。

図表 12-6　代表的な SNS

SNS 名	SNS 名（日本語）	概要
Facebook	フェイスブック	・世界最大の SNS、月間ユーザー数 19 億人以上（2017.5） ・実名登録制で個人情報の登録が必要 ・いいね！・コメント・シェアで友達と交流
Twitter	ツイッター	・世界全体ユーザー数 3 億人以上 ・140 文字以内のツイートという短文を投稿 ・ハッシュタグ・リツイートにより高い拡散力がある
LINE	ライン	・世界全体ユーザー数 2 億人以上（2017.5） ・スマートフォンアプリを中心に無料でチャットや通話を利用 ・Wi-Fi 環境下なら世界 230 以上の国や地域で利用
Instagram	インスタグラム	・世界全体ユーザー数 7 億人以上（2017.5） ・写真画像に特化した SNS ・10 代 20 代を中心とした女性に人気が高い
mixi	ミクシィ	・日本製の SNS としては最も古いコミュニティサービス ・ユーザー数は約 4000 万人前後 ・以前は招待制だったが、現在は招待無しで登録可能
微信 (WeChat)	ウィーチャット	・月間アクティブユーザーは 8 億以上（2017.5） ・中国大手 IT 企業が作った無料インスタントメッセンジャーアプリ ・中国人の間では日常的に使われている
微博 (Weibo)	ウェイボー	・月間ユーザー数 3 億人以上（2017.2） ・多くの中国人が商品の調査、選別、消費する際に様々な方法で活用 ・特徴は学歴、収入が非常に高いユーザー層が多いという点

9. 店頭メディア

■店頭 POP

　訪日外国人旅行者を自社・自店に集客する上で、重要な役割を果すのが店頭での活動である。店頭での活動は最終的に集客を決定づけるので、最強のメディアともいえる。店頭の活動の中で、最も重要で、必要不可欠なツールが店頭 POP である。ショッピングや飲

食を目的に街を歩く外国人旅行者がどの店舗に入るかの最終決定を下す判断材料となるのが店頭 POP である。

　例えば、「TAX FREE」と書かれていたり、「免税店シンボルマーク」が貼られていれば、その店が免税店だと一目で分かる。「中国語 OK」の POP だけでも中国人旅行者は入りやすい。英語は基本とし、多く訪れる外国人旅行者の言語で表示すると効果がある。安価ですぐに実行できる費用対効果の高い集客方法である。

図表 12-7　POP に使える外国語例

日本語	いらっしゃいませ	免税	クレジットカード使えます	Wi-Fi がご利用になれます	日本製
英語	Welcome	Tax Free	We accept credit cards.	Wi-Fi is available.	Made in Japan
中国語（簡体字）	欢迎光临	免税	可以使用信用卡	可以使用无线网络	日本制造
中国語（繁体字）	歡迎光臨	免税	可以使用信用卡	可以使用 WIFI	日本製造
韓国語	어서오세요.	면세	신용 카드 사용할 수 있습니다	Wi-Fi를 사용하실 수 있습니다	일본제
タイ語	ยินดีต้อนรับ	ปลอดภาษี	คุณ สามารถใช้บัตรเครดิต	สามารถใช้ Wi-Fi ได้	ผลิตในญี่ปุ่น

■ FREE Wi-Fi マーク

　FREE Wi-Fi を提供できる環境にあったら、店頭には必ず「FREE Wi-Fi」の表示や FREE Wi-Fi スポットであることを示すピクトグラムを掲示したい。飲食店であればそこでゆっくりスマートフォンなどを利用したい、商業施設であれば土産品を自国の家族・知人と相談しながら買い物したいなど外国人旅行者の Wi-Fi ニーズは高い。

　また、観光庁が訪日外国人旅行者向けに Wi-Fi スポット情報を提供するウェブサイトを開設している。日本政府観光局（JNTO）のホームページに、訪日外国人旅行者向けの無料公衆無線 LAN スポットの共通シンボルマーク（Japan.Free Wi-Fi）を掲出する施設・店舗の位置を地図上に表示し、検索機能を備えたサイトを開設した。「Japan. Free Wi-Fi」のシンボルマークは利用申請をすれば使用することができる。政府公認の共通のシンボルマークなので、施設、店舗はもちろん、自社のウェブサイトや SNS にも掲載が可能である。

「Japan. Free Wi-Fi」のシンボルマーク　　「FREE Wi-Fi」マーク例

■アクセプタンスマーク

　アクセプタンスマークとはクレジットカードの国際ブランドのマークを表示するシールやプレートなどを指す。訪日外国人旅行者の大半がクレジットカードを所持し、カード決済が日常的になっている。可能な限りクレジットカードで決済をしたいと多くの外国人旅行者は思っているが、日本ではまだ利用できるところが限られており、利用できるところでも、カード決済が可能であることを表示していないケースがある。カード決済を店選びの基準とする外国人旅行者は多い。アクセプタンスマークを掲示するだけで売上げが上昇し、客単価がアップしたという調査結果も出ている。（日本クレジットカード協会報告書）

アクセプタンスマーク

10. 外国人スタッフ

■外国人スタッフ雇用のメリット

　インバウンド対策として、正社員、契約社員、アルバイトなどの形で外国人スタッフを採用・雇用することは、集客に大きく貢献す

る。言語対策になるだけではなく、さまざまなメリットがある。

①言語対応

　外国人スタッフ雇用の1番のメリットは言語対応である。言語は国によって微妙なニュアンスの違いがある。このため、外国語を修得している日本人でもその違いを踏まえて接客するのは難しい。ネイティブの外国人であれば微妙なニュアンスの違いを理解し、対応することができる。外国人スタッフの接客や接遇によってスムーズなコミュニケーションを図ることが可能となる。

②異文化・習慣の理解

　外国人スタッフを雇用することによって、母国と日本、ふたつの文化や購買時の習慣を理解した人材が訪日外国人旅行者に対して接客・接遇することが可能になる。外国人旅行者の満足度は確実に向上する。

③ネットワーク対応

　外国人スタッフを雇用することで、外国人スタッフの母国へのネットワークにアクセスすることが可能になり、情報を収集することができる。さらに母国語で発信することができる点もメリットである。また、交友関係からの情報も貴重な情報源となる。

④組織の活性化

　外国人スタッフを雇用することで、日本人スタッフに刺激を与え、組織が活性化する。また外国人慣れを促し、日本人の外国人に対する苦手意識が払拭される。日本人スタッフも外国人の接客・接遇ノウハウを蓄積し外国人旅行者に対してよりよい対応ができるようになる。

■外国人スタッフ雇用の基礎知識

インバウンド対策として外国人スタッフを雇用する場合、日本人を雇用する場合とは異なり、外国人雇用特有の法令、日本とは異なる文化で育った外国人への配慮などに注意する必要がある。

①在留資格

外国人スタッフを雇用する場合、正社員やアルバイトなどの雇用契約の形式にかかわらず、重要になるのが在留資格である。現在日本では在留資格は 27 種類あり、国内での就労が認められているものが「就労ビザ」である。外国人スタッフを雇い入れる際には、「在留カード」などにより、就労が認められるかどうかを確認する必要がある。

• 就労活動に制限がない在留資格

永住者・日本人の配偶者等・永住者の配偶者等・定住者

日本人と同様に労働時間や労働分野に制限なく働くことができる。

• 就労が認められる在留資格

外交　公用　教授　芸術　宗教　報道　高度専門職　経営・管理法律・会計業務　医療　研究　教育　技術・人文知識・国際業務企業内転勤　興行　技能　技能実習

• 就労が認められない在留資格

文化活動　短期滞在　留学　研修　家族滞在

留学、家族滞在のビザを持つ人が就労するためには、管轄の入国管理局で資格外活動許可を受けることが必要となる。資格外活動許可があれば、原則として 1 週間 28 時間以内の労働が認められる。大学・日本語学校・専門学校などの留学先の教育機関が夏休みなどの長期休暇期間中については、1 日 8 時間かつ週 40 時間まで就労することが可能となる。

・特定活動ビザ

　ワーキングホリデー・インターンシップ・メイド（家事使用人）など、個々の外国人に与えられた許可の内容により就労の可否が決められる。

②賃金・労働時間

　「外国人スタッフを雇用すれば、人件費を抑えられる」という考えは間違っている。労働基準法第3条において、「使用者は、労働者の国籍、信条又は社会的身分を理由として、賃金、労働時間その他の労働条件について、差別的取扱をしてはならない」と、均等待遇に関する定めがある。日本人と外国人が同じ業務をしている場合、国籍を理由に賃金に差をつけることは禁止されている。また、労働時間や休日、福利厚生、昇格など国籍による差別的な扱いも禁止されている。

③在留カード

　在留カードとは、日本に90日以上在留する外国人に発行されるカードである。この在留カードには、氏名や生年月日、居住地、国籍といった個人情報のほか、在留資格や就労制限の有無、在留期間および在留期限などが記載されており、外国人スタッフを雇用するにあたって、どのような申請をしなければならないのか、どのような制限があるのかを判断する重要な証明書となる。

在留カード例（法務省入国管理局）

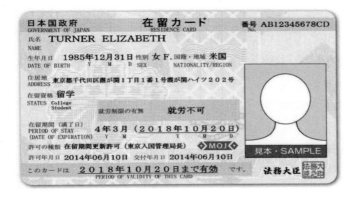

④法令・制度

・外国人雇用状況の届出

　どのような雇用形式であったとしても、新たに外国人スタッフを雇用する場合、または雇用終了した場合には、ハローワークへの届け出が必要となる。

・外国人労働者雇用管理責任者の選任

　外国人スタッフを10人以上常時雇用する場合は、「外国人労働者雇用労務責任者」を選任しなくてはならない。

・不法就労活動

　不法就労活動とは、不法に入国しての就労、在留資格ごとに認められている活動の範囲を超えての就労、在留期間を超えての就労のことをいう。

・不法就労助長罪

　外国人を不法就労活動と知りながら雇用したものや斡旋したものに対する罪であり、罰則が適用される。

■外国人スタッフ採用
①採用
　外国人スタッフを採用する際の面接において、採用しようとする側が外国人スタッフの母国の文化・習慣、およびその国民の気質などをある程度理解しておく必要がある。
　外国人は、日本人に比べ、自己の能力や適性について強く主張する傾向がある。また、雇用条件や契約面について細かくチェックする傾向もある。採用時には、次の事項を確認しなくてはならない。
・パスポートの確認
　パスポート期限が切れていないか、入国査証（ビザ）を受けているか。
・在留カードの確認
　どのような在留資格を持っているか、その在留資格で雇用が可能か、名前・住所などの個人情報が正しいか、在留期間は超えていないか。
・日本語能力の確認
　日本語能力検定何級か、日本語学校を卒業しているか、会話に問題がないか、読み書きに問題はないか。

②外国人スタッフ採用時のポイント
・自己の能力や適性について強く主張する傾向があるため、その根拠をしっかり確認するとともに、これらを証明する書面をもらう。
・外国人に曖昧な指示は通じない。曖昧な指揮命令を避け、指示や伝達は具体的かつ明確に行う。
・外国人スタッフが話したことや合意したこと、業務内容や雇用条件などについては、書面に残しておく。
・日本語の雇用契約書に添付して外国人が理解できる母国語や英語などの言語で翻訳文を作成し、両方を本人と手交する。
・雇用側も、主張すべき点をはっきりとさせ、「イエス」「ノー」を

明確にしておく。

・就業時間と時間外の区別を明確にする。

・宗教観の違い、考え方に配慮する。

・文書にしたことは雇用主・外国人スタッフの間で共有しておく。

③外国人留学生のアルバイト採用

　外国人留学生をアルバイトとして雇用するケースは多い。外国人留学生や就学生は法務大臣の資格外活動許可を受けて、アルバイトを行うことができる。雇用の際は留学生が資格外活動許可を受けているかどうかを確認する必要がある。アルバイト希望者が資格外活動許可を受けている場合は、「資格外活動許可書」が交付されているので、それを確認する。

　なお、「アルバイト可能時間」は、学業に支障がない範囲の週28時間までとなる。4時間×7日の計算であるが、実際には週1日の法定休日がアルバイトにも適用されるので、1日あたりの労働時間は5時間弱となる。また、残業もこの28時間に含まれるので注意が必要である。原則は週28時間であるが、長期休暇の期間は特例として、1日8時間、週40時間までの就労が認められる。

　資格外活動の許可を受けずにアルバイトに従事した場合は、不法就労となる。会社が就労資格のない外国人留学生を雇入れ、就労させると、会社にも罰則（3年以下の懲役または300万円以下の罰金）が課せられる。なお、「資格外活動許可」は、風俗営業等では認められず、実際の業務が皿洗い等であっても、事業所が風俗関係の場合には許可されない。

④外国人インターンシップ

　外国人のインターンシップの受け入れは外国人スタッフを雇用する下地作りとして有効である。インターンシップの目的は学生へ就業体験の機会を与えることであり、労働力と考えてはいけない。企

業側のメリットは外国人対応力の向上と位置づけるとよい。

　外国人インターンシップのビザは、90日以内無報酬の場合は不要、90日を超える無報酬の場合は文化活動ビザ、報酬有りの場合は特定活動ビザが必要となる。なお、住居費、渡航費・海外保険費・現地交通費などは報酬には含まれないので、これらの費用のみを会社から出した場合は、無報酬という扱いになる。インターンシップの参加に対して支払われる対価を報酬といい、報酬の金額には上限、下限は特に定められていない。

13

第 13 章
インバウンドと
ニューツーリズム

1. ニューツーリズムとは

■ニューツーリズム

　ニューツーリズム（New Tourism）とは、従来の物見遊山的な観光旅行に対して、テーマ性が強く、人や自然との触れ合いなど体験的、交流的要素を取り入れた新しいタイプの旅行を指す。旅行商品化にあたっても都市部の旅行会社主導でなく、地域主導で地域の特性を生かすことが重要視される。その意味でニューツーリズムは地域活性化につながる新しい旅行の仕組み全体を指すこともある。

　インバウンドにおいて、リピーターを中心に日本の観光の中で体験を求める傾向が強まっている。ニューツーリズムは訪日外国人旅行者の新しいニーズに応える旅行スタイルといえる。すでに、各地域で、今後ますます増加する訪日外国人需要を取り込むべく、ニューツーリズム関連のさまざまな観光資源を活用した着地型の滞在プログラムの企画・造成が進んでいる。

■ニューツーリズム誕生の背景

　第二次世界大戦後、欧米や日本においてはマスツーリズム（Mass Tourism）の時代を迎える。

　マスツーリズムとは、戦後に欧米や日本などの先進諸国で発生した観光が大衆の間で広く行われるようになった現象を指す。それまで一部の特権階級、富裕層に限られていた観光旅行を幅広い人たち、数多くの人たちが体験できるようになった観光現象のことである。

　日本においては欧米諸国に遅れ1960年代後半から始まった。1964年の東京オリンピックを機に、東海道新幹線が開業、高速道路の開通、大型ホテルの建設、海外観光旅行の自由化などが相次いだ。さらに、ジャンボジェット機も登場する。運輸・宿泊関連の拡充とそれに伴う低価格化、旅行会社の台頭、人々の経済力向上に伴う可処分所得の増加、休暇の拡大などを背景に、1970年の大阪万

288　第13章　インバウンドとニューツーリズム

博を境に一気にマスツーリズム化が進んだ。

　マスツーリズムの進行は、旅行の低価格化を実現し、多くの一般の人々がいつでも気軽に旅行する環境を作り、大量の旅行者が有名観光地に訪れるようになった。天然資源や特に目立った産業のない国々や地域が観光地へと発展し、その地に大きな経済的繁栄をもたらすこともあった。

■ニューツーリズムの誕生

　マスツーリズムは、多くの人々に観光という楽しい経験を与える一方で、大量の人々による観光資源の頻繁な利用がさまざまな問題を引き起こしていた。自然環境の破壊、地域文化の侵害、治安の悪化、さらに観光地からの利益の奪取などの問題である。さらに効率重視による観光商品の規格化が進んだことで、個性化、多様化する旅行者のニーズを満たしていないとの批判を受けるようにもなった。

　1980年代の後半には、マスツーリズムに代わる新たな観光のあり方として、「オルタナティブツーリズム（Alternative Tourism）」という概念が提唱された。マスツーリズムに取って代わる「もうひとつの観光」という意味である。さらに、その後、「サステイナブルツーリズム（Sustainable Tourism）」という概念が提唱された。「持続可能な観光」という意味で、マスツーリズムの反省から、環境や文化の悪化、過度な商業化を避けつつ、観光地本来の姿を追求するという考え方である。ともに今後の観光のスタイルを考える時の大きな指針となる概念であり、具体的な旅行スタイルの提示ではなく今後の観光のあり方の理念を示したものである。

　このような考え方を背景として、観光市場の成熟ともあいまって1990年代になると、多くの旅行者と行動をともにする名所旧跡を巡る画一的な旅行が敬遠され始め、個人の興味関心を探求する、そこでしかできない感動体験を求める多様なツーリズムが生まれ始める。この新しいスタイルの旅行が「ニューツーリズム（New

Tourism)」と呼ばれる。

またこれらの背景には、観光が成熟し旅行者の旅行動機や旅行目的が多様化、個性化してきたことがあり、欧米の先進国の旅行者から始まったニューツーリズムは、今日世界的な潮流となっている。

2. エコツーリズム

■エコツーリズム

エコツーリズム（Ecotourism）とは、自然・歴史・文化など地域固有の資源を生かした観光を成立させること、観光によってそれらの資源が損なわれることがないよう適切な管理に基づく保護・保全を図ること、地域資源の健全な存続による地域経済への波及効果が実現することをねらいとする、資源の保護、観光業の成立、地域振興の融合を目指す観光の考え方である。地域固有の資源とは、自然だけでなく歴史や文化、生活も含まれる。旅行者に魅力的な地域資源との触れ合いの機会が永続的に提供され、地域の暮らしが安定し、資源が守られていくことを目的とする。これから求められる「地域への責任ある旅行」であり「持続可能な観光」の代表格と言える。

エコツアーとは、エコツーリズムの理念や考え方を実践するためのツアーであり、日本においては、自然だけでなく、地域ごとの個性的な歴史や文化もツアーの魅力の大きな要素となる。優れた自然の中を探訪するツアーだけではなく、生活文化を題材とする体験ツアーもエコツアーの範疇である。こうした活動を国が支援する「エコツーリズム推進法」が 2007 年に可決され、翌年より施行されている。

欧米の旅行者を中心に、豊かな自然と特異な文化風土を味わうことができる日本のエコツーリズムは強い興味を抱かれている。多言語でその情報を発信する地域のエコツーリズムのサイトは増えている。

290 第 13 章 インバウンドとニューツーリズム

■日本型エコツーリズム

　日本においては、自然豊かな地域だけではなく、従来の観光では対象とされてこなかった、固有の地域資源をもつ里地里山地域にもエコツーリズムの考え方が拡大されていった。その現象を「日本型エコツーリズム」と呼ぶ。日本型エコツーリズムは、3つのタイプに類型化することができる。

①大自然エリア

　大自然エリアは、山や海の手つかずの自然が残された地域での、典型的なエコツーリズムの取組み地域である。世界自然遺産に登録されている知床や白神山地、屋久島、小笠原諸島がその代表例である。

②観光地エリア

　観光地エリアは、すでに多くの旅行者を呼ぶ観光地やその周辺に残された自然や文化を観光資源として取組む地域である。富士山麓や長野県軽井沢、福島県裏磐梯、三重県鳥羽などが代表例である。

③里地里山エリア

　里地里山エリアでの取組みが、日本特有なもので、日本人だけでなく外国人旅行者の注目を集めている。元来観光に縁のなかった地域で、地域の自然と密接に関わる文化、暮らし、食などを観光資源としてエコツーリズムを推進する地域である。長野県飯田市や岩手県二戸市、三重県熊野市、埼玉県飯能市などが代表例であり、全国の里地里山へと拡大している。

■訪日外国人旅行者のエコツアー事例

　四季によって移り変わる日本の自然やそこで生活する人々との出会いを演出する、訪日外国人旅行者も楽しめるエコツアーも多い。

・自然湖ネイチャーカヌーツアー（長野県）

1984 年に起きた地震で山体崩壊を起こした御嶽山の土石流が川を堰き止めてできた自然湖をカヌーに乗って散策するツアー。

・スノーシュー半日ロングツアー（群馬県）

雪深いみなかみ町で催行されるツアーで、冬の自然環境に詳しいネイチャーガイドとともにスノーシューを履き雪山をハイキングするツアー。

・鳥羽の台所つまみ食いウォーキング（三重県）

魚介の宝庫である、鳥羽の港・街を地元で愛されるさまざまな食材をつまみ食いしながら巡る短時間のツアー。

・飛騨里山サイクリング（岐阜県）

地元に精通したガイドとともに自転車で旅するツアー。このツアーの最大の魅力は地域住民との交流が楽しめることである。

3. ロングステイ

■ロングステイ

ロングステイ（Longstay）とは、同じ場所に長期滞在し、日常生活を通じて現地の人や文化、慣習に触れることを楽しむ旅行の一形態であり、「暮らすようにする旅」を指す。「長期滞在型旅行」「二地域居住」と呼ばれることもある。滞在期間の定義はなく、2 週間以上の滞在を指すことが多い。

もともとは日本人のハワイやカナダ、オーストラリアなど豪華なリゾート地での長期滞在旅行から始まったものだが、近年は団塊の世代のリタイア後のライフスタイルとして、生活費が安く、日本からも近いマレーシア、タイなどでロングステイする形態が新しい旅行スタイルとして定着している。

インバウンドが拡大する中、外国人旅行者のニーズも多様化し、日本での長期滞在を望む人たちが出てきている。生活の源泉を母国に置きつつ日本の 1 ヶ所の地域に長期滞在し、日本やその地域の文

化、暮らしに触れ、住民と交流を深めながら、豊かな時間を過ごす
ライフスタイルが注目されている。

■ロングステイのデスティネーション

　日本人の日本国内のロングステイのデスティネーションは、気候
が良く生活のしやすい沖縄や、夏は涼しく、花粉症や梅雨に悩まさ
れず自然豊かな北海道、温泉や高原のある長野などが代表的な場所
となっている。

　外国人旅行者が日本国内において長期滞在するデスティネー
ションは、北海道、沖縄や温泉保養地、高原保養地ばかりでなく、
東京、大阪、京都などの大都市を望むことも多い。宿泊施設にはホ
テルや旅館で高級なものから低廉なものまで数多いが、外国人ロン
グステイヤー向けのキッチンが付いたサービスアパートメント、
コンドミニアムなどの宿泊インフラは、欧米に比べるとまだ多くは
ない。ロングステイヤーの長期滞在に耐えうるハードとソフトの構
築が課題といえる。そのひとつとして都市部では、民泊や外国人ゲ
ストハウスなどが注目されている。

■ロングステイビザ

　2015年より、日本政府はビザ免除国の富裕層に限り、日本での
長期滞在を可能にするビザを発給している。「特定ビザ：特定活動
（観光・保養を目的とするロングステイ）」がそれで、一般的には
「ロングステイビザ」と呼ばれている。本ビザを取得して来日する
外国人は、観光、リゾート地滞在、健診・医療の受診、親戚・知人
の訪問など目的は多岐にわたる。ただし、日本滞在中に、事業や就
労はできない。

　観光や保養を目的として訪日する外国人旅行者は、在留資格「短
期滞在」で入国することが可能だが、「短期滞在」では原則最長90
日までしか在留することができない。それを外国人富裕層対象に、

最長1年間の「特定活動」の在留資格で日本に滞在することを許可されるのが本ビザである。

　対象となる外国人の要件は、下記の通りである。

・在留資格「短期滞在」により入国しようとする者に対し、日本が査証免除措置を取っている国・地域の者
・18歳以上、預貯金が邦貨換算3,000万円以上を有する。（夫婦合算可）

■訪日外国人旅行者のロングステイ事例

　北海道のニセコでは、雪質を気に入ったオーストラリア人が数多く訪れているが、そのオーストラリア人が倶知安町にコンドミニアムを購入して長期滞在しスキーを楽しむという現象が起こっている。同じく外国人旅行者のスキー客が多い長野県白馬でもロングステイ用のプログラムを用意している。

　日本の民家の中には、建造されてから時を経ているが、今なおそれぞれの地域らしさを残し、佇んでいるものも多く見られる。この古民家に外国人旅行者を迎えるロングステイの取組みが各地で進んでいる。古民家滞在を通したロングステイで、日本文化と地域の文化を伝え、保存と継承促進につなげていこうというものだ。飛騨地方では、白川郷の合掌造りに代表される古民家滞在が用意されている。また、沖縄の石垣島では、昔ながらの赤瓦の古民家を長期滞在者向けに貸し出すサービスが行われている。

4. グリーンツーリズム

■グリーンツーリズム

　グリーンツーリズム（Green Tourism）とは、農山漁村地域において自然、文化、人々との交流を楽しむ滞在型の余暇活動である。農林漁業体験や地元の人々との交流を楽しむ旅行のことである。近

年、都市生活者を中心に自然派志向を目指す家族が増えていること、農漁業体験をさせる中学校や高校が増えたこと、各種団体が実施する農漁業体験が増えたこと、その受け入れ側となる地域の農業者、漁業者の理解が深まったことなどが、グリーンツーリズムが拡大する背景にある。農業公園、観光農園、観光牧場なども数多く設立されている。地域全体をまとめ、多様な体験プログラムを作り、農家民泊などで受入体制を整備しているところもある。

　農村での余暇活動、農業体験は「アグリツーリズム（Agritourism）」、漁村や島での余暇活動、漁業体験は「ブルーツーリズム（Blue Tourism）」と呼ぶこともある。ヨーロッパが発祥地で、「アグリツーリズモ（agriturismo）」（イタリア）、「ルーラルツーリズム（Rural Tourism）」（イギリス）、「ツーリズム・ベール（Tourisme vert）」（緑の旅・フランス）ともいわれている。いずれも、農村に長期滞在しバカンスを楽しむという余暇の過ごし方である。

　日本では、ヨーロッパのような長期休暇が定着していないこと、都市と農村の距離が比較的近いことなどから、観光農園での果実狩り、農漁村の祭り・イベントへの参加、産地直売所での農林水産物の購入などの短期滞在や日帰り旅行もグリーンツーリズムと位置づけられ、「日本型グリーンツーリズム」と表現することがある。

　グリーンツーリズム施設としては、農作業、農畜産物加工、漁師体験などができる体験施設のほか、農家が経営する宿泊施設である「農村民泊」「ファームイン」、農家が経営するレストランである「農家レストラン」「ファームレストラン」、農家・漁家や農協・漁協が運営する「農産物産地直売所」「ファーマーズマーケット」「フィッシャーマンズワーフ」などがある。

■国際グリーンツーリズム

　国際グリーンツーリズムとは、拡大するインバウンドを背景として、日本での体験を求める外国人旅行者を地域の農村漁村に誘致し

て農漁業体験を楽しんでもらおうという活動である。

　もともとグリーンツーリズムは欧米先進国が発祥で、バカンスとして馴染み深い旅行形態である。また、アジアにおいても香港やシンガポールなどの都市国家では農村への憧れがある。外国人旅行者にとって田舎こそ「日本ブランド」であるという声もある。田舎の農村風景が日本の原風景であるともいわれ、外国人旅行者の潜在需要は多いと考えられている。

■果実狩り

　最も気軽に楽しめるグリーンツーリズム、日本人にとっては定番の果実狩りが訪日外国人旅行者にとって人気になっている。

　新鮮なフルーツを自分で収穫して食べられる日本の観光農園に、東南アジアからの旅行者が増加している。旬のフルーツを、生産地の果樹園やビニールハウスで自分の手で採り、その場で食べるスタイルである。日本にはイチゴ、サクランボ、ブルーベリー、桃、ブドウ、梨、リンゴ、ミカンなど、どの季節でも何かしら収穫できる果物がある。甘くて美味しい、食べ放題などをうたい文句として、年間を通して楽しめるアクティビティとして注目されている。

■訪日外国人旅行者のグリーンツーリズム事例

　秋田県仙北市は、地域ぐるみで外国人旅行者の受入れに取組んでいる地域である。仙北市農山村体験推進協議会が農家民宿のコーディネートを行っており、台湾や中国など東南アジアからの旅行者が多いが、時にヨーロッパからの訪問者もあり、素朴な田舎暮らし体験を楽しんでいる。宿泊可能な農家民宿は30軒以上ある。

　日本のグリーンツーリズムの発祥の地といわれる大分県の安心院では、韓国のネット系旅行会社と提携し、韓国国内で認知度が高く来訪者が多い由布院温泉と連携することで、「温泉と田舎生活の体験」をテーマとした商品化を行っている。

5. カルチャーツーリズム

■カルチャーツーリズム

　カルチャーツーリズム（Cultural Tourism）とは、日本独自の歴史に根ざした文化財、伝統的な祭り、伝統工芸、伝統芸能、伝統的な生活文化などの文化的な観光資源に触れ、これに関する知識を深め、知的欲求を満たすことを目的とした観光のことである。主にインバウンドを意識した観光スタイルで、特に、ヨーロッパやアメリカからの訪日外国人旅行者は日本のカルチャーに関心が高く、日本の歴史・伝統文化体験や生活文化体験に対する満足度は高い。「文化観光」と呼ばれることもある。

　実際、訪日外国人旅行者に日本の歴史伝統文化の体験が注目されている。茶道体験、華道体験、書道体験、座禅体験、寿司作り体験、そば打ち体験、和菓子作り体験などである。また、日本固有の新しいサブカルチャーも含めることもある。日本の映画、マンガ、アニメ、ゲームなどのメディア芸術、和食や郷土料理からB級グルメを含めた食文化、アートフェスティバル、ファッションなどである。欧米からの訪日外国人旅行者は、歴史伝統文化と同じように高い興味を示している。これらは「クールジャパン」と呼ばれ世界的に注目を集めている。

　クールジャパンの取組みは、インバウンドの促進に結びついている。クールジャパンの海外プロモーション展開や魅力的な国内拠点の創造が訪日外国人旅行者の拡大につながり、日本のファンを増やすことになるからだ。

　独自の魅力ある「日本ブランド」を確立し、日本への誘致を促進するとともに、訪日外国人旅行者のリピーターを増やし、外国人も魅力的と感じる独自の地域文化を創造し「地域ブランド」を構築することが大切である。カルチャーツーリズムは、日本ブランドと地域ブランドの双方の構築に大きな役割を果たしている。

■日本伝統文化体験

・茶道・書道・華道体験
　短時間で定番の日本伝統文化を味わえる体験。

・折り紙体験
　一枚の正方形の紙が持つ、無限の可能性が魅力の折り紙を体験。

・盆栽体験
　小さな鉢植えの中に自然の壮大さが秘められた盆栽の世界を体験。

・和太鼓体験
　大迫力の響きが楽しめる日本の伝統楽器である和太鼓の体験。

・舞妓・芸者体験
　衣装をレンタル、本格メイクで舞妓・芸者を体験。

・忍者体験
　忍者姿に変身し、忍者の体術や武器術を体験。

■日本伝統工芸体験

・手漉き和紙体験
　手漉きならではの独特な風合いが魅力の和紙作りを体験。

・江戸手描提灯
　職人の技を見ながら、筆と墨を使って江戸手描提灯作りを体験。

・食品サンプル作り
　本物と間違えるようなリアルさが楽しい食品サンプル作りを体験。

■日本料理体験

・寿司作り体験
　日本の新鮮な食材で日本のオーソドックスな寿司作りを体験。

・そば打ち体験
　国内産の自家製粉のそば粉を使ってそば打ちを体験。

・キャラ弁当作り体験
　子どもたちに人気のあるキャラ弁当作りを体験。

6. 産業ツーリズム

■産業ツーリズム

　産業ツーリズム（Industrial Tourism）とは、「産業観光」とも呼ばれ、歴史的・文化的価値のある工場、鉱山やその遺構、今も続く伝統産業などのものづくりの現場、最先端の技術を備えた工場などを対象とした学びや体験を伴う観光のことである。いずれも訪日外国人旅行者の知的好奇心をくすぐる観光コンテンツで、欧米の旅行者を中心に体験者を増やしている。

　産業ツーリズムは愛知県を中心とする東海地方から始まった。東海地方は昔から製造業を中心として栄えてきた地域であり、さまざまな分野のものづくりの現場に直接触れ合うことができる。また、自動車工場や新幹線工場など日本を代表する最先端工場も見学することができる。

　産業ツーリズムは、産業遺産はもちろんのこと、伝統技術や工業生産の現場の見学やものづくり体験などを通じて、日本のものづくりの心に触れることができるため、学生生徒児童の学習の場としても魅力がある。

　産業ツーリズムで、旅行者を受け入れる企業や施設にとっては、消費者に直に接して意見を聞くことや反応を確かめることができ、また企業活動や製品・サービスをPRするよい機会にもなる。また、商用やコンベンション目的の訪問者も産業ツーリズムのターゲットとなり、国の内外を問わず人々の交流の促進や新たなビジネス創出など地域活性化にもつながっている。訪日外国人旅行者の訪問は、まさに海外への情報発信となるビジネスチャンスとなる。

■産業ツーリズムの３分類
①産業遺産

　現在稼働していないが、ある時代の日本やその地域で大きな役割

を果たしていた産業の姿を伝える遺物や遺跡。世界文化遺産にも登録されている石見銀山（島根県）や富岡製糸場（群馬県）、軍艦島（端島・長崎県）、韮山反射炉（静岡県）、尚古集成館（鹿児島県）などがその代表である。

②伝統産業

古来より受け継がれてきた技術や製法を用い、日本の伝統的な文化や生活に根ざしている産業。手工業を中心とした地場産業が多い。陶磁器、織物、漆器、和紙、金細工、人形など生産現場やガラス工房、酒蔵、味噌蔵、醤油醸造所などが全国各地にあり、見学・体験することができる。

③工場現場

日本ならではの最先端の技術を備えた工場などの生産現場。トヨタ自動車工場（愛知県）、新幹線工場（静岡県）や大田区中小企業工場（東京都）、東大阪市町工場（大阪府）などが代表である。全国にあるさまざまな工場が見学ツアーを受け入れている。

■訪日外国人旅行者の産業ツーリズム事例

軍艦島は長崎県長崎市にある島で、正式名称は端島という。軍艦の製造を行っていたわけではなく、外観が軍艦のように見えることから、その名で呼ばれるようになった。明治から昭和にかけて海底炭鉱で栄えたが、1974年の閉山に伴い島民が島を離れ、現在は無人島となっている。無人島になってからは産業遺産、集合住宅の遺構として注目され、世界文化遺産に登録された。映画の『007スカイフォール』（2012）に登場する島のモデルになったり、タイの映画『ハシマ・プロジェクト』（2013）のロケ地にもなっている。海外メディアや投稿動画サイトでも紹介され、外国人旅行者が増加している。

白鶴酒造資料館（兵庫県）は、大正初期に建造された酒蔵を利用した酒造資料館。昔ながらの酒造工程や作業内容を立体的に展示し、歴史的な建物とともに見学・体験できる。英語（一部中国語・韓国語）案内、無線 LAN サービスがある。外国人旅行者には日本酒の試飲・購買も好評である。

パナソニック エコテクノロジーセンター（兵庫県）は、「見て・聞いて・触る」多角的な体験を通じて、家電リサイクルに対する理解を深めることができる。ビデオなどで英語、中国語での案内もあり、世界各国から見学者が来訪している。

7. ヘルスツーリズム

■ヘルスツーリズム

ヘルスツーリズム（Health Tourism）とは、自然豊かな地域を訪れ、医学的、科学的、心理学的な根拠に基づき健康回復や維持、増進を目的とする観光のことである。病気やけがの治療・療養のほか、美容・痩身、ストレス解消、体力増強など健康増進を目的とした旅行全般を指す。

近年では、旅行中の医学的、生理学的、心理学的な健康効果を求めるだけではなく、旅行をきっかけとした QOL（生活の質）の向上を図るための手段として期待されるようになっている。地域では、日本温泉保養士協会が認定する資格による「温泉保養士」を養成したり、温泉や食事を組み合わせた健康プログラムを提供したりするなどさまざまな取組みを始めている。さらに、官公庁、旅行会社、地方自治体などが連携して、ヘルスツーリズムに結びつけた観光資源開発が全国各地で行なわれている。

■ヘルスツーリズムにおける療法

①温泉療法

温泉地の気候要素を含めて医療や保養に利用することで病気を治療する。湯治として古来より行われている。

②食事療法

バランスよく食事の成分・量などを調節することによって病気の予防や治療をする。地域固有の薬膳料理なども用いられる。

③運動療法

運動を用いた心身の健康回復・維持・増進を図るための医学的な療法である。

④気候療法

日常生活と異なった気候環境に転地して病気の治療や休養、保養を行う自然療法である。

⑤地形療法

自然環境である地形を利活用して歩行運動を行うことにより、健康・体力づくりを目指す療法である。

⑥森林療法（森林セラピー）

森林内に入って心身をリフレッシュし、健康を維持することを目的とした「森林浴」を中心とした療法である。

⑦海洋療法（タラソテラピー）

海水、海藻、海泥、砂および大気、海洋性気候が有するさまざまな海洋環境の特性により予防や治療をする療法である。

■ヘルスツーリズム認証制度

　ヘルスツーリズム認証制度が計画されている。事業者のプログラム構築の参考となる基準を提供することにより、品質向上の支援をする目的の制度だ。評価は3段階で、基準のポイントは大きく3つに分けられる。サービスを提供する体制が整っているか(安全性)、参加者に健康への気づきを与えているか（有効性）、地域特有のプログラムを組み込んでいるか（価値創造性）という観点から審査する。また、インバウンド対応も評価基準に加わる。事業者はホームページやパンフレットに認証を受けたことを記載できるため、旅行者はプログラムの品質を一目で判断できるようになる。

■訪日外国人旅行者のヘルスツーリズム事例

　既存のプログラムは温泉地に偏りがちであったが、近年は温泉地以外の場所で、その土地の風土や歴史、文化に触れられる滞在型プログラムが増加している。熊野古道を語り部や運動インストラクターとともに歩くことで、自然治癒力を高める和歌山県熊野地域の「熊野古道健康ウォーキング」や、各地で実施されている「薬膳ツアー」、朝ヨガ、精神文化体験、海洋プログラムなどによる沖縄県南城市の「メンタルヘルスツーリズム」などは、訪日外国人旅行者にも注目されている。

8. メディカルツーリズム

■メディカルツーリズム

　メディカルツーリズム（Medical Tourism）とは、居住国とは異なる国や地域で検査や治療などの医療サービスを受けに行く旅行のことである。PET検査などの検診、歯科治療や美容整形などの軽度な治療から、がん治療や心臓バイパス手術などの高度手術までを含む検診や病気治療に行く、観光と医療サービスをセットにした旅

行のことである。「医療観光」「医療ツーリズム」とも呼ばれる。

　旅行先で検診や治療を受け、その後にその国の観光も楽しむ。また、付き添いとなる同行者の観光活動も期待される。メディカルツーリズム先進国といわれるタイやマレーシア、韓国などでは、安くて質の良い医療を求めて訪れる外国人患者を積極的に受け入れている。

　国はメディカルツーリズムをインバウンドにおける次世代成長分野と位置づけ推進している。外国人患者の誘致に積極的な病院も出てきており、旅行業界でもパッケージツアー化し、販売を開始している。しかし、外国人患者受入れにあたっては言語の問題をはじめ、治療費用の問題、異文化の問題、国による医療レベルの問題、アフターフォローの問題など、さまざまな課題が存在している。

　なお、日本における 2020 年の潜在的なインバウンド医療観光市場規模は 5,507 億円（観光分を含む）、うち純医療分（医療機関の収入）は 1,681 億円と推計されている。（日本政策投資銀行（DBJ）レポートより）

■メディカルツーリズムの3分類
①治療
　治療を目的としたメディカルツーリズムでは、その治療内容によっても異なるが、医療への比重が大きく、ほとんどが観光の要素をまったく含んでいないか、含んでいてもその比重が比較的小さい。具体的な治療としては、がん治療や心臓病治療、臓器移植など高度な医療が挙げられる。

②健診
　健診を目的としたメディカルツーリズムの場合は、健診と観光を合わせた人が多い。具体的には、人間ドックや PET 検査などが挙げられる。

③美容・健康増進

美容・健康増進を目的としたメディカルツーリズムでは、比較的、医療より観光の比重が大きくなる傾向にある。家族とともに来訪するケースが多い。具体的には、歯科矯正、プチ整形や美容エステ、スパ、森林療法、海洋療法などが挙げられる。

■医療滞在ビザ

医療滞在ビザとは、日本において治療などを受けることを目的として訪日する外国人患者（人間ドックの受診者等を含む）および同伴者に対し発給されるビザである。受入分野は、医療機関における治療行為だけでなく、人間ドック・健康診断、歯科治療から温泉湯治などの療養まで幅広い。必要に応じ、数次有効のビザが発給される。同伴者は、外国人患者の親戚だけでなく、親戚以外の者も認められる。有効期限は必要に応じ3年で、滞在期間は90日以内、6ヶ月または1年である。

■外国人患者受入れ医療機関認証制度

「外国人患者受入れ医療機関認証制度（JMIP）」とは、日本国内の医療機関を対象に、多言語による診療案内や宗教への対応など、日本人とは異なる文化・背景などに配慮した外国人患者の受け入れについて第三者的に評価する認証制度である。23医療機関（2017年現在）が認定を受けている。

また、22の医療機関（2017年現在）が、病院プログラム、大学医療センタープログラム、外来診療プログラム、長期ケアプログラムでJCI（Joint Commission International）を取得している。JCIとは、米国の病院評価機構（JC：The Joint Commission）から発展して設立された、医療の質と患者の安全性を国際的に審査する機関である。

9. フードツーリズム

■フードツーリズム

　フードツーリズム（Food Tourism）とは、その国や地域ならではの食文化である「地域の食」を楽しむことを主な旅行動機や主な旅行目的、主な活動とした旅行を指し、目的地での食に関するさまざまな体験をする旅行も含まれる。これら食文化に触れたり、体験する旅行や考え方をフードツーリズムという。また、地域の食とは、その国民や地域住民が誇りに感じている、その土地固有の 食材、加工品、料理、飲料、およびその食にかかわる空間、イベント、食文化のことである。

　前述の通り、「日本食を食べること」は、訪日外国人旅行者が「訪日前に期待したこと」「今回したこと」「今回した人のうち満足した人の割合」、そして「次回したいこと」のいずれの問いについても、すべて１位となっている。訪日外国人旅行者の多くは日本という旅行目的地でフードツーリズムを楽しんでいるといってもいい。また、日本のインバウンドにとって日本の食が外国人旅行者を誘客する、そして感動させる最大の観光資源となっているといえるだろう。

　日本においては、1970 年代から、地域の旬の食材や地域独特の豪華料理、郷土料理を求めるグルメツアーが定着し、1990 年代に入るとご当地ラーメンブーム、Ｂ級グルメブーム、ご当地グルメブームなどの庶民食もその対象となった。また、味覚狩りや農漁業体験など食の生産過程を体験する旅や、道の駅や産地直売所などに地元の新鮮な農産物、海産物を購入しに行く買い物ツアーなども定着してきた。さらに、ワイナリー巡りや酒蔵巡りなどの酒類を体験、試飲、購入する旅も普及し始めている。インバウンドにおいても、定番の日本食だけでなくさまざまな「日本の食」を求め、地方へも外国人旅行者は足を延ばし始めている。

306　第 13 章　インバウンドとニューツーリズム

■フードツーリズムの6類型

　日本のフードツーリズムは、食に対する観光行動の質や、食の消費単価などから6つに類型される。

①高級グルメツーリズム

　地域の特徴ある高級食材を用いた料理や地域に古来より伝わってきた会席料理形式の高級伝統料理などの高額な美食を楽しむ旅行である。インバウンドにおいては、都市や食材の産地の高級料亭や高級レストランなどで食す、懐石料理や会席料理、寿司、天ぷら、すき焼き、鰻料理などである。また、ミシュランの星付レストランなども含まれる。

②庶民グルメツーリズム

　地域の自然風土、歴史文化、食材、食習慣などを背景として、地域の暮らしの中から生まれ、地域住民が日頃より好んで食し、愛し、誇りに思っている、美味しくて安価な庶民的な郷土食を食べに行く旅行である。インバウンドにおいては日本の国民食となっているラーメンが代表格で、そば・うどん、お好み焼き、カレーライス、さらに居酒屋食などが挙げられる。

③マルチグルメツーリズム

　地域外の旅行者を惹きつける魅力ある、安価な庶民グルメから高額な高級グルメまで、異質な多種類の特徴ある名物料理を有する都市を訪れ、それらの名物料理を楽しむ旅行のことである。ラーメンから豪華な海鮮料理まで楽しむことができる札幌や、沖縄そばから琉球料理まである那覇などがそれにあたる。

④食購買ツーリズム

　地域で生産される特徴ある食材、食加工品、料理を地域の市場、

朝市、道の駅、産地直売所、加工工場などへ購買に行く旅行である。インバウンドにおいてはこれから需要が見込める旅行形態となる。

⑤食体験ツーリズム

地域における、味覚狩り、食加工体験、郷土食講習会、農業・漁業・酪農体験など、地域で生産される食に関わる生産工程の体験を目的とした旅行である。食に関わる体験型旅行でインバウンドにおいて注目されている。

⑥ワイン・酒ツーリズム

ワイナリーやブドウ畑を訪れ、ワインと地元の食、生産者との交流、ワイン産地の風土を楽しむこと、または、日本酒や焼酎の酒蔵を訪れることを目的とした旅行である。ワインツーリズム、酒蔵ツーリズムともいわれる。

10. ワインツーリズム

■ワインツーリズム

ワインツーリズム（Wine Tourism）とは、地域のワイナリーやブドウ畑を訪れ、その土地の自然、文化、歴史、暮らしに触れ、つくり手や地元の人々と交流し、ワインやその土地の料理を味わう旅行のことである。ワイナリーとはブドウからワインを生産する現場であり、ワインを貯蔵する場所のことである。フードツーリズムのひとつのカテゴリーである。

1980年代頃より、ワイナリーやブドウ畑を訪れ、ワインと地元の食を楽しむワインツーリズムが、欧米やオーストラリアなどのワイン生産国で盛んになり、今日では余暇を楽しむツーリズムの大きな分野に成長している。日本では、ワイン文化の歴史が浅く、ワ

イン生産量も少なく、ワイン生産地の受入体制が十分ではなかった
ため、ワインツーリズムの普及は一部の愛好家にとどまっていた
が、近年徐々に一般旅行者にも浸透し始め、注目されている。

　すでに、本格的な国産ワインを生産する有名ワイナリーや、洒落
たレストランや宿泊施設を備えたワイナリーには、多くの旅行者が
訪れるようになってきている。ワイナリーツアーや見学ツアーなど
の着地型旅行や体験プログラムも各地で作られている。自治体や農
協、第3セクターやNPO法人などが、観光まちづくりの観点から
取組み始めている例も少なくない。

　インバウンドにおいては、ワイン先進国であるヨーロッパやアメ
リカ、オーストラリアの国々のワイン愛好家の間で、徐々に日本の
ワイナリーへの理解が広がりつつあり、訪れる外国人旅行者も増え
ている。日本には北海道から九州まで、100以上のワイナリーがあ
り、近年、訪日外国人旅行者を含めて積極的な見学者受け入れが始
まっている。約30のワイナリーが集積し、本格的なワインツーリ
ズムに取組む山梨県の勝沼地区は最も認知度の高い地域である。

■酒蔵ツーリズム

　ワインツーリズムと酷似したツーリズムが日本には古くからあ
る。酒蔵ツーリズムである。日本酒を醸造、貯蔵する酒蔵を訪れ、
生産工程を見学し、試飲し、酒に合う料理を味わい、生産者と交流
する旅のことである。日本人にとって魅力的な旅であるが、訪日外
国人旅行者にとってもインパクトの強い旅行スタイルとなる。特に
海外で人気の高い吟醸酒にスポットを当てた「吟醸ツーリズム」が
注目されている。

　海外で日本食ブームが起こり、寿司・刺身などの日本食とともに
日本酒を楽しむことが世界中に広まり、日本の「sake」が高い評価
を受け始めている。この数年、欧米やアジアの大都市では、日本食
レストラン以外のメニューでも日本酒が目立つようになっている。

また、ワインショップ、リカーショップ、スーパーマーケットなど
で日本酒の扱いが増えており、数種の日本酒を置く店も少なくな
い。

　実際、2015 年の日本酒（清酒）の輸出金額は、約 140 億円とな
り、6 年連続で過去最高を記録している。10 年前の 2005 年から約
2.6 倍になっている（国税庁 2016 年）。その背景には、海外での日
本食の人気により、日本食レストランで日本酒を提供し始めたこと
がある。また、日本酒自体の美味しさが高い評価を得たことも影響
している。とくに大吟醸などの高級日本酒は、パリの星付レスト
ランのメニューにもオンリストされている。また、毎年ロンドンで
開催されるワインコンペティション「インターナショナルワイン
チャレンジ（IWC）」では、2007 年から「Sake Category（日本酒
部門）」が新設されている。

　国内においては、日本人の健康志向、日常食の欧米化、酒類の多
様化、若年層のアルコール離れなど背景に、日本酒消費量は激減し
ており、それに伴い生産量、製造者である蔵元の数も減少してい
る。こうした中で、政府は日本再生戦略の一つとして、日本酒や焼
酎など「國酒」の海外需要開拓に期待をかけている。日本酒の輸出
拡大だけではなく、酒蔵を軸とした観光による地域活性化も目指し
ており、新たな訪日外国人旅行者誘致策と位置づけている。

　各地で「酒蔵ツーリズム」創造による地域活性化の取組みが盛ん
となり、多くの訪日外国人旅行者が、酒蔵を訪れ日本酒を楽しみ始
めている。

11.　スポーツツーリズム

■スポーツツーリズム
　スポーツツーリズム（Sport Tourism）とは、地域で開催される
プロスポーツなどの観戦や、マラソン、ウォーキングなどのスポー

310　第 13 章　インバウンドとニューツーリズム

ツイベントへの参加、スポーツイベントへの支援を目的として、開催地とその周辺観光に訪れる旅行のことである。スポーツとツーリズムを融合させ、交流人口の拡大や地域経済への波及効果などを目指す取組みでもある。

　地域のハイレベルな「観るスポーツ」や、世代を超えて人気を集める「するスポーツ」、地域を挙げてスポーツイベントを誘致・支援する「支えるスポーツ」の３つを柱とするスポーツ資源を活用し、周辺の観光旅行を推進、活性化するもので、訪日外国人旅行者の増加、国際イベントの開催件数増加、国内旅行の宿泊数・消費額の増加などの効果が期待されている。

■スポーツツーリズムの３類型
①観るスポーツ
　オリンピックやワールドカップなどの国際競技大会をはじめ、日本において人気の高いプロ野球、Ｊリーグ、ラグビー、プロゴルフ、バスケット、相撲、柔道、公営競技などの観戦である。これらは国際的に高い評価を受け、日本独自のスポーツ文化ともなっている。

②するスポーツ
　豊かな自然環境や美しい四季を利用したスキー、ゴルフ、ウォーキング、登山、サイクリング、海水浴、魅力的な都市で行われる市民マラソン、地域の自然資源を利用したラフティング、トレッキングなどのアウトドアスポーツ、豊かな海や島で行われるマリンスポーツやダイビングなどのオーシャンスポーツなど、外国人が「するスポーツ」として来日の動機とするスポーツの種類は数多い。

③支えるスポーツ
　地域のスポーツ活動の現場において、大小さまざまなスポーツイベントの誘致から運営までの幅広い活動が「支えるスポーツ」であ

る。「観るスポーツ」や「するスポーツ」を支え、スポーツイベントを成功に導く人々の活動のことである。スポーツボランティアの存在などもある。

国は、スポーツツーリズムは日本の観光資源を誇示していくトリガー（引き鉄）になるとし、スポーツという切り口を活用し、日本の多種多様な観光資源を顕在化させていくとしている。

■外国人旅行者が日本で観戦・参加してみたいスポーツ

図表13-1 は、国がスポーツツーリズムの主要なターゲットとして考えている中国、韓国、台湾、オーストラリアの4ヶ国・地域を対象に「日本で観戦・参加してみたいスポーツ」を尋ねたインターネット調査の結果である。

スポーツを目的に日本を訪れた経験のある人は少ないものの、訪日オーストラリア旅行者、訪日台湾人旅行者のウィンタースポーツの経験者は約1割、訪日中国人旅行者はウィンタースポーツ、アウトドアスポーツ経験を持つ人が2割強となっている。海外旅行の頻度が高い外国人旅行者ほど、多様なスポーツを旅行目的に掲げる傾向があった。「今後の再訪日旅行で観戦・参加してみたいスポーツは」という質問に対して、すべての国で最も多かった回答はウィンタースポーツで、日本の国技である相撲を観戦したいという声も多い。

図表13-1　日本で観戦・参加してみたいスポーツ（主要4ヶ国・地域）

順位	中国	韓国	台湾	オーストラリア
1	相撲観戦	プロ野球観戦	プロ野球観戦	相撲観戦
2	プロ野球観戦	雪山での雪遊び・スノーシュー・ソリ	スキー	柔道など武道観戦
3	スキー	相撲観戦	雪山での雪遊び・スノーシュー・ソリ	雪山での雪遊び・スノーシュー・ソリ
4	柔道など武道観戦	スキー	相撲観戦	F1観戦
5	プロサッカー観戦	スノーボード	フィギュアスケート大会観戦	スキー

312　第13章　インバウンドとニューツーリズム

6	バレーボール国際大会観戦	フィギュアスケート大会観戦	都市のスケートリンクでのスケート体験	フィギュアスケート大会観戦
7	フィギュアスケート大会観戦	F1観戦	F1観戦	プロ野球観戦
8	ゴルフ	プロサッカー観戦	プロサッカー観戦	都市のスケートリンクでのスケート体験
9	雪山での雪遊び・スノーシュー・ソリ	ゴルフ	柔道など武道観戦	スノーボード
10	F1観戦	柔道など武道観戦	競馬国際レース観戦	ラグビー国際大会観戦

資料：「スポーツツーリズム推進基本方針」（2011年国土交通省）より作成

12. コンテンツツーリズム

■コンテンツツーリズム

コンテンツツーリズム（Contents Tourism）とは、小説・映画・テレビドラマ・マンガ・アニメ・ゲーム・音楽・絵画などの作品に興味を抱いて、その作品に登場する舞台、作者ゆかりの地域を訪れる旅のことである。地域にコンテンツを通じて醸成された地域固有の「物語性」を観光資源として活用する観光のことを指す。小説や映画・テレビドラマなどに登場する観光地を楽しむ旅行スタイルは古くからあったが、近年、マンガ・アニメなどがその対象として注目され顕在化してきた。

映画やテレビドラマなどの映像作品に登場する舞台を訪ねる旅は、フィルムツーリズム、シネマツーリズム、スクリーンツーリズム、ロケ地ツーリズム、メディア誘発型観光などと呼ばれることもある。また、マンガ・アニメの舞台を訪ねる旅はアニメツーリズム、聖地巡礼といわれている。

インバウンド誘致において、コンテンツツーリズムは最も注目されているニューツーリズムのひとつである。インバウンド政策だけでなく、経済産業省が主導する「クールジャパン戦略」（デザイン・

アニメ・ファッション・映画などのクリエイティブ産業の海外進出促進計画）の中でもアニメ、映画は重要コンテンツとして位置づけられ、両政策が連動して展開されている。

訪日外国人消費動向調査の「訪日前に期待したこと・今回したこと」（全国籍・地域 / 観光目的・2016）において、「映画・アニメ縁の地を訪問」は「期待していたこと」で5.4%、「今回したこと」で5.1%だった。決して大きな数値ではないが、すでに明確な目的をもって訪れている外国人旅行者が確実に存在する。

作品の舞台となった地域に、多くの訪日外国人旅行者を呼び込むには、まず地域の関係者や住民が作品をよく知り好きになること、作品世界と現実の地域空間とが相互確認できるようにすること、地域から直接に世界に発信していくこと、原作者、出版社、映画会社、テレビ会社などの著作権者の利益を考慮し信頼関係、協力関係を作り上げることが重要となる。

■フィルムツーリズム

フィルムツーリズムとは、映画やテレビドラマなどの映像作品の舞台となったロケ地や、原作の舞台を訪れる旅である。それが顕在化したのは、1953年にアメリカで制作・公開（日本公開1954年）され世界的大ヒットとなった名作『ローマの休日』の登場に端を発する。映画に触発され、世界中の人々がローマを目指し、長く続く観光現象となった。

日本映画『Love Letter』（1995）は、雪の小樽を舞台にしたラブストーリーである。1999年には韓国でも公開され、韓国での観客動員数百万人という大ヒットを記録した。舞台となった小樽には日本人だけでなく韓国人旅行者が大勢押し寄せた。

中国の大ヒット映画『非誠勿擾』（邦題『狙った恋の落とし方。』2008）の映画後半の主舞台となったのが北海道の道東であるが、この映画の影響で、撮影地を訪れる中国人による北海道観光ブームが

起こり、阿寒湖、網走などのロケ地に中国人旅行者が殺到した。韓国テレビドラマ『IRIS-アイリス-』（2009）は、日本の秋田県で長期ロケが行われ、放送後ロケ地巡りをする韓国人旅行者が激増した。

このように、映画のロケ地が国内旅行者にとどまらず海外訪日旅行者も呼び寄せる有力な観光資源であると、全国の地域の人々が気づき始めた。2000年代になると、全国各地にロケ誘致を推進するフィルムコミッションが次々と設立され、現在その団体は200以上に及ぶ。

■アニメツーリズム（聖地巡礼）

聖地巡礼という観光現象が一般的に知られるようになったのは、2007年の『らき☆すた』の埼玉県鷲宮町（現：久喜市）、2009年の『けいおん！』の滋賀県豊郷町以降である。ともに、地元商工会などが地域振興を意識した活動を行い、地域に大きな経済効果を生んだ。その後全国各地で「聖地」が誕生し、多くのファンが訪れている。2016年『君の名は。』の大ヒットによる聖地巡礼は社会現象化した。日本のアニメ・マンガはアジアだけでなく世界中で高い評価を受け、熱狂的なファンも多い。今後、インバウンドの拡大に最も寄与するツーリズムとなる可能性がある。

14

第 14 章
インバウンドと
観光まちづくり

1. 観光まちづくりとは

観光まちづくり

　観光まちづくりとは、地域が主体となって、地域独自の観光資源を利活用することで、地域を活性化することである。観光まちづくりは、観光諸活動によって地域外から多くの旅行者を呼び込み、地域の人々と交流を深めることで、地域活性化を継続させることを目標とする。

　既存の観光地はもちろん、観光資源に乏しかった地域も新たな観光資源を発掘・創造することで観光地化を図り、地域外から来訪者を招き、交流を深めようと取り組んでいる。「観光」の力によってまちづくりを推進しているのである

　観光まちづくりは、住民の暮らしを豊かにするという点も見逃せない。地域の宝である観光資源を基に、訪れた旅行者との交流が生まれ、地域活性化が続いていく。このサスティナブル（持続可能）な魅力こそ、「住んでよし、訪ねてよしのまちづくり」につながる。住民が誇りに思える魅力的な地域は、地域外から来訪したいと切望させる地域でもある。

■観光まちづくりの目的
①外貨の獲得と雇用の創出

　外貨とは、地域外からの収入を得るという意味であり、旅行者の観光行動に伴って生まれる地域の中での消費のことである。旅行者が訪日外国人であれば文字通り外貨の獲得となる。裾野の広い観光関連産業は第3次産業にとどまらず、第1次産業、第2次産業など地域産業にまで波及する。

②地域文化の維持と相互理解

　観光まちづくりは経済的な目的だけにとどまらない。地域を元気

にするには人と人との交流が重要となる。都市と地方との相互理解、地域文化の理解など旅行者と触れ合うことで達成される。また、地域固有の祭りや伝統工芸品などは地域外の旅行者に理解、評価されることにより担い手が生まれ、受け継がれていく。

③地域住民の地域愛の向上

地域住民の精神的な満足度、郷土愛、地域への誇りの高揚が最終目的のひとつである。多くの旅行者が満足する魅力的な地域は住民にとっても自慢になるに違いない。また、旅行者の受け入れに参加することにより地域の魅力を再発見し、地域への誇り、地域愛はさらに高まる。

■観光まちづくりと観光資源

観光まちづくりを進める上で、旅行者に訪れてもらうには、その地域ならではの観光資源がポイントとなる。旅行者のニーズが多様化している今日、地域の観光資源も多様化している。

観光資源には、有形な要素と無形ないし人文的な要素がある。有形な要素には、特徴的な歴史・文化遺産などの文化財や温泉などが挙げられ、無形ないし人文的な要素には気象、風景、民俗、芸能、伝説、歴史、人物、サービスなどがあり幅広い。

このように一定の地域に存在するモノ・コトはすべて観光の対象となる可能性を持っている。観光資源は「誘客の源泉」であり「感動の源泉」となるものである。旅行者が魅力と感じるものはすべて観光資源となる可能性があり、ほとんどの地域資源は工夫次第で観光資源になる。近年、観光資源は「地域の宝」と呼ばれている。

■観光資源の要件

地域に存在する、他とちょっと違うモノ・コトのすべてが観光資源になるわけではない。次のようなことが要件となる。

①地域固有のモノ・コト

　その地域らしさを持つことは絶対の条件である。その土地に定着しているモノ・コトで、他と明確に差別化されたものでなければならない。

②地域住民が共感するモノ・コト

　地域の人がそのモノ・コトに対して共感し、自慢し、誇りに思っているものでなければならない。

③物語性のあるモノ・コト

　歴史のあるモノ・コト、近代的なモノ・コトにかかわらず、その地域らしい物語、歴史、由来、伝説、ストーリー、蘊蓄などが必要である。

④持続性のあるモノ・コト

　一過性で終わってしまうブームのようなモノ・コトは観光資源とは言えない。消滅しないもの、流行でないもの、保護できることが求められる。

■観光まちづくりと着地型旅行商品

　「着地型旅行商品」とは、旅行者の観光目的地、着地である地域の側で商品企画・造成・販売を行う旅行商品や体験プログラムのことである。これまでの旅行商品は発地（市場）側の旅行会社で商品企画・造成・販売が行われていた。これは「発地型旅行商品」といわれる。

　国も着地型旅行商品創出が地域活性化やインバウンド促進につながることから、積極的な推進をしている。地域独自の魅力を生かした地域密着型の旅行商品の創出が期待されている。

　そのために、国は 2007 年、旅行業法を改正し、それまで企画旅

行を企画・実施できなかった第3種旅行業に対し、地域限定で国内
募集型企画旅行の企画・実施を認めた。

　また、2012年には地域の観光協会や旅館・ホテル、NPO法人な
どが旅行業へ参入しやすくするため、営業保証金の供託額と基準資
産額を引き下げて「地域限定旅行業」を創設し着地型旅行商品の普
及を進めた。これにより、地域の小さな旅行会社や組織が地域発着
のパッケージツアーを企画・造成・販売できるようになった。さら
に、旅館やホテルなどによる企画・販売を促すため、2017年に営
業所ごとに選任が必要な「旅行業務取扱管理者」について、特定地
域の旅行商品のみを取り扱う営業所に対応した「地域限定旅行業務
取扱管理者」資格を新たに創設し、これまでの「旅行業務取扱管理
者」が1営業所1名の選任基準であったものを緩和し、1人が近接
する複数営業所を兼務できるようにした。

■着地型旅行商品の開発・販売

　着地型旅行商品の開発主体は、地域の既存の中小旅行会社だけで
はなく、観光協会、宿泊施設、NPO法人なども第3種旅行業者ま
たは地域限定旅行業者の登録をすることで、旅行商品を企画・実施
することが可能になった。

　着地型旅行商品の開発コンセプトは、「地域密着」「地域連携」「地
域協働」である。多様な地域の観光資源を活用し、見学だけではな
く体験型、交流型、滞在型、学習型の旅行商品、プログラムが求め
られている。特に体験型旅行が地域にもたらす経済効果は大きい。

　これまで着地型旅行商品が育たなかったのは地域に商品開発力が
なかったこともあるが、旅行者に販売する有力な方法がなかったこ
とが大きい。地域が自ら着地型旅行商品を旅行者に直接販売する方
法は2つある。ひとつは、現地受付型販売である。旅行企画・実施
者となる観光協会、宿泊施設、地元旅行会社、NPO法人などでの
窓口販売である。もうひとつがインターネット販売である。ホーム

ページを立ち上げ魅力的な旅行商品、プログラムを掲載し直接予約販売する方法である。需要が多い都市部だけでなく、多言語表記により世界中に告知し直接販売することができる。スタッフのブログや参加者の口コミを掲載するなどの工夫により集客を増やしている事例もある。インターネットはインバウンドの地方誘致に大きな役割を果たしている。

■観光まちマーケティング

観光まちづくりなどの地域の活動が活発になるなかで、マーケティングの必要性が重視されている。観光地側に軸足を置いた「観光まちマーケティング」の概念の導入が求められている。

観光まちマーケティングとは、「まち」という地域をターゲットとしたマーケティングの概念である。「まち」を市場価値として捉え、人々のニーズを満たすあらゆるモノやサービスを提供することと捉えることができる。「まち」を魅力的な商品とするためには地域住民の満足度の向上が重要である。観光まちマーケティングとは、地域観光の主体がその地域を「まち」という商品と捉え、リサーチ・旅行商品・サービス・価格設定・プロモーション・流通などの諸活動を通し市場に売り込み、地域外からの旅行者を誘引し、旅行者ニーズを満たし、新規旅行者を創造し、リピーターの維持拡大を図ると同時に地域住民の満足度を向上させるプロセスのことである。

2. スキーリゾート

■豪州人が魅力を再発見したリゾート地－ニセコ（北海道ニセコ町）

ニセコ町は北海道南西部に位置し、古くからスキーと温泉の街として親しまれてきた。そんなニセコが2000年以降、格段に外国人旅行者数を増やしている。きっかけとなったのが良質なパウダースノーである。これを目当てに多数のオーストラリア人が訪れ、リ

ピーターとなり、そしてインバウンドをリードする街として脚光を
浴びるようになった。この評判は訪日旅行者の口コミから広まった
といわれ、今では欧米やアジアからもスキー客が訪れるようにな
り、それを受け入れる高級ホテルやコンドミニアム、別荘が建ち
並んでいる。今ニセコを訪れると、スキーゲレンデだけでなく、街
中に外国人が溢れ、ショップの客だけでなく、従業員も外国人であ
ることに驚かされる。

　2016年には、人口5千人ほどの街に、20万人以上の外国人旅行
者が訪れた。その延べ宿泊者数は表のとおりで、現在はアジアから
の訪問者が圧倒している。1位は香港で約3.4万人、2位は中国で
約4万人、3位は台湾で約2.9万人、オーストラリアは4位で約2.5
万人であった。来訪する季節は、やはり冬で2月、1月、12月が突
出している。

　世界の優れたスキー場を表彰する「ワールド・スキー・アワード
2015」において、地域全体を表彰するリゾート部門で、ニセコの4
つのスキー場の集合体であるニセコユナイテッドが3年連続で日本
の最優秀賞に選ばれている。また、50室未満のホテル部門でも世
界一に、さらに、50室以上のホテル部門、ロッジ部門でもニセコ
の宿泊施設が日本の最優秀賞に選ばれている。

◎外国人旅行者受入状況　宿泊延人数

2011年	54,962人	2012年	88,298人	2013年	108,239人
2014年	148,335人	2015年	177,012人	2016年	204,494人

◎受入外国人旅行者の国・地域の割合（2016年）

①アジア（77%）　②オーストラリア（12%）　③北米（5%）　④ヨーロッパ（3%）　⑤その他（3%）

資料：ニセコ町役場商工観光課

■通年型リゾート地への取組み
　ニセコの観光資源は、なんといってもほかのエリアにはないパウ

ダースノーである。低い標高にもかかわらず良質の雪が降る環境は、世界からは「奇跡の場所」と称されている。また、外国人スキーヤーにとってナイター設備があるのも魅力的のようだ。ニセコでは、スキーヤーの安全を確保するため、地域の関係者で話し合い定めた安全の規定である「ニセコルール」を定めている。

　ニセコは、冬季だけでなく四季を通じて、さまざまな泉質を楽しめる温泉、地元食材を使った食事、豊かな自然を生かしたラフティング、カヌー、乗馬、トレッキングなどの多種多様のアクティビティが用意されていて、冬型のリゾート地から通年型リゾート地になりつつある。通年型リゾートへの転換には観光マーケティングを取り入れたニセコ観光協会の取組みがあった。ニセコ観光協会は日本で初めて株式会社化された観光協会である。

　外国人旅行者の誘致活動としては、官民連携による海外でのスキープロモーションイベントへの参加や海外の旅行会社への外国言語を用いたニュースリリースの配信、海外メディアからの取材対応をしている。受入体制としては、街中の多言語表記を充実させている。飲食店の8割以上では英語と中国語（繁体字・簡体字）の表記が用意されている。また、多言語パンフレットの作成、日本文化体験プログラムなども実施している。

　地域内移動手段の確保などの課題もあるが、最大のテーマは季節による入り込み変動の平準化である。

ニセコのスキーゲレンデ（提供：ニセコ町）

3. 運河のある港町

■ノスタルジックな運河の街―小樽（北海道）

　小樽市は北海道の西部に位置し、石狩湾に面した道内有数の港町として戦前戦後まで繁栄し、当時を偲ばせる運河や建築物が街を形成している。小樽運河沿いにはレンガ造りのレトロな建物が並んでおり、夜はライトアップも楽しめる。運河からさらに歩くと、堺町通りという商店街があり、歴史的な建築物の街並みにガラス細工の店や飲食店などが並んでいる。また小樽市内には 100 軒以上の寿司屋があり、寿司屋が並ぶ小樽寿司屋通りもある。

　情緒あふれるノスタルジックな運河の街、小樽に多くの外国人旅行者が訪れ、表のように着実に増加している。中国をはじめとしたアジアの国・地域が多いが、アメリカ、オーストラリアからの訪問も少なくない。観光資源としては小樽運河のほか、おたる水族館、周辺に天狗山、ニセコ・積丹小樽海岸国定公園、朝里川温泉などがある。

　北海道の玄関口新千歳空港からは 1 時間強、札幌からは約 40 分の立地であること、古い歴史と豊かな自然が同居していること、そして、新鮮な素材の寿司だけでなく屋台村やスイーツも楽しめることが魅力となっている。また、無数のスノーキャンドルが街中を埋めつくす港町小樽の冬の風物詩として定着した「小樽雪あかりの路」がある。2017 年も 50 万人ほどの来場者があり、外国人旅行者の姿が年々目立つようになった。このイベントは多くのボランティアに支えられているが、外国人ボランティアの数も多い。

◎外国人旅行者受入状況　宿泊延人数

2011 年	39,176 人	2012 年	54,153 人	2013 年	84,248 人
2014 年	112,985 人	2015 年	146,619 人	2016 年	192,569 人

◎受入外国人旅行者の国・地域の割合（泊延数の割合）（2015 年）

①中国（26.1%）　②韓国（15.1%）　③香港（14.7%）　④台湾（13.0%）

資料：小樽市観光振興室

■海外プロモーションとクルーズ客船誘致

　日本アカデミー賞を受賞した映画『Love Letter』（1995 年）が 1999 年に韓国で公開され大ヒットした。劇中に出てきた「お元気ですか？」という言葉が韓国で流行語となり、舞台となった小樽に韓国人旅行者が大挙して訪れた。小樽のインバウンドにはこのような側面もある。

　インバウンドの誘致活動も積極的に行っている。海外からの旅行事業者・メディアの招請、札幌在住外国人ブロガーによる情報発信、マレーシア、タイ、台湾など現地での小樽プロモーションなどが行なわれた。自国の家族・知人などへの情報発信を期待して外国人留学生向けツアーも催行した。また、港町小樽には数多くのクルーズ客船が入港している。特に、海外からの大型クルーズ客船の誘致に取り組んでいる。

　受入体制も進んでいる。小樽駅など主要な観光スポットに外国語対応可能な案内所を設置、クルーズ客船寄航時のフリーWi-Fi の設置、観光事業者向けのインバウンド受入セミナーの実施、多言語対応の市内マップ・パンフレット作成などである。

　しかし、課題もまだある。多言語を日常会話以上のレベルで表現できる人材の不足、市内施設・観光スポットの案内表示の多言語化などだ。さらに、旅行者の長期滞在に結びつく小樽を基点とする広域観光ルート作りに取組み始めている。

小樽運河 (提供:小樽市)

4. 祭と地吹雪

■祭りと地吹雪で存在感増す街—五所川原(青森県)

　五所川原市は、青森県西部、津軽半島の中南部に位置する市である。毎年8月4日から8日に開催される立佞武多(たちねぷた)祭りが有名で、外国人旅行者を含め毎年100万人以上が見物に訪れる。立佞武多祭りは1998年に約80年ぶりに復活した祭りで、「立佞武多」と呼ばれる歴史上の人物を模した巨大な人形が街を練り歩く。立佞武多祭りは青森ねぶた祭り、弘前ねぷた祭りとともに東北を代表する夏祭りへと発展している。五所川原市の「立佞武多の館」では、実物大の立佞武多が展示され通年見学することができる。また、五所川原市は、数々の名作を生み出した作家の太宰治の出身地であり、生家は「太宰治記念館・斜陽館」として一般に公開されている。

　津軽半島を南北に縦断する津軽鉄道は、四季折々の自然風景を堪能しながら移動が楽しめる。冬は車内にダルマストーブを設置する

「ストーブ列車」を運行し、外国人旅行者も楽しませている。

　真冬の人気イベント「地吹雪体験」がインバウンド誘致に存在感を示している。元来デメリットととらえられていた地吹雪を逆手に取り1988年にスタートした町おこしイベントは2017年に30年目を迎えた。これまでに延べ約1.3万人が参加し、近年は外国人旅行者の間で人気が高まり、雪のないハワイや台湾、東南アジアからの参加者も3千名弱に上る。表のように、訪日外国人旅行者の宿泊数は決して多くないが、年々増加している。

◎外国人旅行者受入状況　宿泊延人数

2011年	データ無し	2012年	データ無し	2013年	97人
2014年	30人	2015年	575人	2016年	1,267人

◎受入外国人旅行者の国・地域の割合（2016）

①台湾（約56%）　②アメリカ（約34%）　③韓国（約4%）　③中国（約4%）

資料：五所川原市観光物産課

■サイクリング客誘致始まる

　観光の目玉は何といっても立佞武多祭りであるが、期間は限られる。祭り期間以外でも楽しめる「立佞武多の館」、ストーブ列車だけでなく津軽の自然を味わえる「津軽鉄道」にはかなりの数の外国人旅行者が訪れ、年々入込数が増えている。真冬のイベント「地吹雪体験」も雪を知らない国の旅行者の期待値は高い。近年、五所川原市は自転車による観光振興を目指し、津軽半島や西海岸を巡るサイクリングのモデルルートを選定し、国内だけでなく海外の愛好家の誘致を目指している。

　それだけではなく、インバウンド誘致活動も積極的に行っている。海外向けのPR動画（英語・繁体字・韓国語の3種類）をFacebookの広告として配信した。訪日外国人向けフリーマガジン『GOOD LUCK TRIP』へ観光情報を英語・繁体字・韓国語の3言語

併記で掲載し、国内外に発送、配置した。受入体制も強化している。立佞武多の館内には英語・繁体字・簡体字・韓国語版の表記が追加されている。また、展示室内の解説文の横にQRコードを設置しスマートフォンなどで読み込むと解説文の内容が翻訳されたものが表示され、これは15ヶ国語に対応している。海外版のパンフレットや観光ホームページの作成も行なわれ、ホームページは英・簡・繁・韓・仏・タイ・マレー語の7種を作成した。

　年々外国人旅行者の数が増えているが、一方で宿泊客数はあまり伸びていない。五所川原市内の宿泊施設が不足しているからである。その対策として、祭り期間中に個人宅を宿泊施設として有料で旅行者に提供する「イベント民泊」も始まっている。

立佞武多（提供：五所川原市観光物産課）

5. 宿場町

■江戸時代の面影を残す宿場町―妻籠宿（長野県南木曽町）

　妻籠宿は、東京側から数えて中山道42番目の宿場町である。隣接する馬籠宿（岐阜県中津川市）、馬籠峠を越える旧中山道史蹟と合わせて木曽路を代表する観光名所として、国内外からの旅行者を数多く迎え入れている。

　妻籠宿は日本で最も早く伝統的な街並みの保存に取組んだ場所として有名である。江戸期は江戸と京都を結ぶ街道の途中にあり非常に栄えていたが、明治以降は鉄道や新たな道路が造られ徐々に衰退した。しかし、江戸時代の街並みをそのまま残していることが評価され、1968年から街並み保存活動が始まった。妻籠宿の人々は「妻籠を愛する会」を設立し、街並み保存のため、「売らない・貸さない・壊さない」という三原則を作ることで、生活をしながらも江戸時代の街並みを現代まで保っている。1976年、国の重要伝統的建造物群保存地区の最初の選定地のひとつに選ばれた。

　観光資源は、妻籠宿と旧中山道である。木曽路は以前から外国人旅行者が多く訪れる観光地であったが、近年急増している。しかもその多くの旅行者は、旧街道8km、高低差300m以上の馬籠峠越えを目的としている。旧中山道を歩きながら江戸時代の佇まいを体感できる中山道ハイキングである。2016年には、2.3万人もの外国人旅行者が「馬籠峠をテクテクで超えて」いる。表のように、訪れる外国人は欧米人旅行者が圧倒的に多い。

◎外国人旅行者受入状況　馬籠峠をテクテクで超える人数

2009年～2014年			平均　7,415人		
2014年	13,382人	2015年	18,270人	2016年	23,160人

◎受入外国人旅行者の国・地域の割合（2016 年）

①米・豪・EU 圏（75％）　②東南アジア（10％）　③その他（15％）

資料：（公財）妻籠を愛する会

■メディア取材に丁寧に対応

　これだけの多くの外国人旅行者の訪問を受けているが、「妻籠を愛する会」では、誘致のための特別の施策はなく、宣伝費もゼロだという。すべて内外のメディアの取材による記事掲載の効果であり、会はその取材の対応をしているだけという。映画・テレビなどのロケ取材はすべて事前申請許可制を採用している。テレビは旅物、季節の行事のみを許可、メロドラマやミステリーなどは不許可といった具合だ。許可されたものへの対応は丁寧に行っている。もちろん、旅行案内ツールは充実しており、テクテクマップ、案内図などは英語対応し、観光案内所では親切な対応が行われている。

　インバウンド受入のための取組みとしては、妻籠宿から馬籠宿への荷物の運搬サービス、案内板・道標の日英併記、温水洗浄便座付の洋式トイレの整備、熊除け鈴の貸出し、自由使用の杖の配備、熊除けの鐘設置などきめ細かい。旧正月・アイスキャンドル・節分・ひな祭り・花まつり・端午の節句・七夕祭り・お盆・妻籠宿火まつりなど季節の行事を充実させている。完歩証・来宿証なども人気がある。すべての宿泊施設で外国人旅行者を積極的に受け入れ、そのために年間 40 回以上の英会話教室を開催したという。

　外国人旅行者からの評価は、「Wonderful」「Beautiful」「Good」であるという。馬籠峠手前にある一石栃立場茶屋の無料休憩所は、おもてなしで出されたお茶を飲みながらの国際交流の場となっている。

馬籠峠を越えるハイカー（提供：一石栃立場茶屋）

6. 伝統的な街並み

■外国人がひとり歩きできる街―飛騨高山（岐阜県高山市）

　伝統的な街並みや高山祭、朝市、ブランド和牛など日本らしさが凝縮した街、飛騨高山は欧米人だけではなく世界中から訪れる旅行者を魅了している。ミシュランガイドブックでも「わざわざ旅行する価値がある」評価を受け、本物の日本を体験できるエリアとして人気が高い。人口9万人弱の高山市には2016年、約46万人の外国人旅行者が訪れ宿泊をしている。

　飛騨高山は、一朝一夕に国際観光都市になったわけではない。高山市の外国人旅行者に対する「おもてなし」の取組みは、1986年、飛騨地域の1市19町村が国の「国際観光モデル地区」に指定され、同年「国際観光都市宣言」を行ったのがきっかけのひとつとされている。この時に初めて本格的な英語のパンフレットを整備したという。

　高山市が観光に力を入れ始めた時点では、外国人だけをターゲッ

トとしたわけではない。1996 年、「バリアフリー観光」というコンセプトを据えた。旅行形態が、団体旅行から個人旅行へと変化したことや、社会全体で、少子高齢化が進んでいることを考慮したものである。コンセプトを具現化するため、年配者や障害者がひとりでも自由に散策できるような街づくりを進め、また言葉が通じない外国人に対しても言語による壁を和らげる施策を打ち出している。

　そもそも魅力的な観光資源はあったが、そのことに甘んじずそれらにさらなる磨きをかけてきた。歴史・伝統（伝統的な街並み・高山祭・朝市等）、自然（飛騨山脈・温泉・田園風景等）、食（ブランド和牛等）、そして、街の人々によるもてなしである。

◎外国人旅行者受入状況　宿泊延人数

2011 年	95,000 人	2012 年	151,000 人	2013 年	225,000 人
2014 年	280,322 人	2015 年	364,471 人	2016 年	461,253 人

◎受入外国人旅行者の国・地域の割合（2016 年）

①アジア（約 60%）　②欧州（約 20%）　③北米（約 6%）

資料：高山市海外戦略部海外戦略課

■多言語によるおもてなしと魅力発信

　高山市は、「高山市海外戦略」を策定し、「海外からの誘客促進」「海外への販売促進」「海外との交流推進」の三位一体の戦略を進めている。

　外国人目線を取り入れた多言語観光パンフレットは 8 言語 9 種類に及び、10 言語の散策マップも作成されている。他の地域でここまで徹底しているところはない。同様に、多言語ウェブサイト、さらに SNS（Facebook、微博）による情報発信も効果を上げている。外国人旅行者誘致において官民連携も機能している。さらに北陸・飛騨・信州 3 つ星街道観光協議会、杉原千畝ルート推進協議会などの広域連携による海外国際旅行博出展、海外商談会参加、海外メ

ディア招請などのプロモーションも実施している。海外現地レストランと連携した食と観光に関するフェアも開催した。

　受け入れ面でも、4言語対応のJNTO認定外国人観光案内所の設置、案内看板の整備、事業者が外国人旅行者受入のために作成する多言語パンフレット・看板などの作成に対する助成制度の充実、無料公衆LANサービスの提供、地域限定通訳案内士制度の運用、消費税免税一括手続きカウンター設置への支援など、理想的ともいえる取組みをしている。

　宿泊事業者、バス事業者における働き手不足など課題もある。地域全体で持続的な取組みとすることがこれからのテーマだという。

高山の伝統的な街並み（提供：高山市）

7．商店街

■外国人旅行者が食べ歩きを楽しむ商店街―黒門市場（大阪市）

　黒門市場は、大阪市中央区日本橋にある大型商店街である。約170店舗が立ち並ぶ市場で、そのうち80％が食に関する店舗であ

る。飲食店のほか、その日に仕入れた新鮮な魚介類がその場で食べられる鮮魚店などがたくさんあり、まさに「ごちそう天国」のキャッチフレーズ通りである。この数年、この市場に数多くの外国人旅行者が訪れ、食べ歩きを楽しんでいる。

　黒門市場の歴史は古く1800年前半である江戸時代の文政年間に、現在の場所で鮮魚商人が売買を始めたとされ、明治に入り1902年、正式に市場として開設された。この時点では「黒門市場」の名前ではなく圓明寺のそばにあったことから圓明寺市場と呼ばれていた。諸説はあるが、その圓明寺の山門が黒塗りであったことから黒門市場と呼ばれるようになったという。この黒門市場は料亭や名店の料理人が利用する高級食材を取扱う市場だったが、高級飲食店の減少などにより年々利用者が減っていった。

　しかし、地元客と入れ替わるように食べ歩きを楽しむ訪日外国人旅行者が急増した。店内や店先にテーブルと椅子を置き、食材をその場で調理して提供するスタイルへの転換がここ数年で急速に進んだ。表のように、外国人旅行者の来場は毎年増え、現在は台湾や香港の旅行者を中心に1日に1万人以上が訪れ食べ歩きや買い物を楽しんでいて、平日でも活気溢れる商店街になっている。

◎外国人旅行者受入状況　1日当たりの入場者数

2011 年	2,000 人	2012 年	3,000 人	2013 年	5,000 人
2014 年	8,000 人	2015 年	9,000 人	2016 年	10,000 人

◎受入外国人旅行者の国・地域の割合（2016年）

①台湾（47%）	②香港（20%）	③中国（8%）

資料：黒門市場商店街振興組合

■外国人旅行者の SNS 発信が集客

　黒門市場商店街振興組合では、2013年から英語版のパンフレットを作成し、市内各所に配布するとともに、ホームページでは英

語・中国語での情報発信を始めた。同年に無料休憩所を、2015年には公衆無線LANを整備した。当初、多くの店舗は食材の販売のみを行っていたが、外国人旅行者から販売している食材をその場で食べたいという要望が多く寄せられたことを受け、店頭で食事ができる場の提供や簡易な調理を行う店が増えた。

現在、案内パンフレット「EXPLORER黒門市場特集」の日本語版、多言語版（英語・中国繁体字版）を作成し、主要ポイントに設置している。また、各店舗のPOPの多言語化をサポートし、無料休憩所を「黒門インフォメーションセンター」にリニューアルし、英語・中国語でのインフォメーション業務と手荷物の一時預かりを実施している。組合は、定期的に来場者からアンケートを取り、その結果を改善に生かしている。

海外への情報発信はホームページだけであるが、Wi-Fi環境が整っているため、利用者がその場でSNSを利用して情報発信をすることで、口コミにより海外に情報が拡散されている。実際に口コミによって来場した訪問者も多い。そのため、SNSなどで写真により紹介されることを意識し、大きな提灯や中国語の看板を設置して雰囲気作りに力を入れている。

現在の最大の課題は、インバウンドの増加に伴う近隣日本人顧客の減少に対する対策だという。

黒門市場商店街（提供：黒門市場商店街振興組合）

8. 城と温泉

■名城と名湯の観光都市—松山（愛媛県）

　松山市は、愛媛県の中部に位置する都市、同県の県庁所在地であり、50万人以上の人口を有する四国最大の都市である。松山城を中心に発展した城下町で、名湯道後温泉があり、俳人正岡子規や種田山頭火、文豪夏目漱石ゆかりの地でもある。これらの観光資源を背景として、「国際観光温泉文化都市」の指定を受け、「いで湯と城と文学のまち」とも称される。

　松山市には外国人旅行者が日本観光に求める城と温泉がある。松山城は、江戸時代に建築され、現在もその姿を残している現存12天守の1つとして知られる名城であり、温泉は『ミシュラン・グリーンガイド』で3つ星を獲得している日本最古の名湯といわれる道後温泉である。しかも、四国を代表する瀬戸内海に面した大都市である。インバウンドのデスティネーションとしてこれほど恵まれている都市は他にない。

実際に 2016 年、約 18 万人以上の外国人旅行者が訪れ、その急増ぶりには目を見張るものがある。表のように、訪日外国人旅行者数は友好交流協定を締結している台北市がある台湾が最も多く、韓国、中国が続いている。日本を代表するインバウンドのデスティネーションである広島から足を延ばす外国人旅行者も多い。また、松山は、インバウンド向けに選定された、瀬戸内海を巡る広域観光周遊ルート「新ゴールデンルート」にも入っている。

◎外国人旅行者受入状況　入込人数

2011 年	31,600 人	2012 年	32,300 人	2013 年	63,600 人
2014 年	88,700 人	2015 年	133,800 人	2016 年	187,500 人

◎受入外国人旅行者の国・地域の割合（2015 年）

①台湾（27%）　②韓国（18%）　③中国（7%）

資料：松山市観光・国際交流課

■台湾旅行者誘致と広島からの誘客

台湾の台北市には松山市と同じ「松山」の名称を持つ、松山空港や松山駅がある。共通の名称を縁として、台北市との交流が進み、2014 年に友好交流協定を締結した。松山市と台北市の 2 つの「松山」空港を結ぶ、直行チャーター便が 2013 年から毎年運航されている。台湾においても松山市の知名度が上昇している。インバウンド誘致の積極的な取組みの効果である。

その具体的なプロモーションとして、ブロガーやモニターの意見などを参考にした英語・中国語（繁体字・簡体字）・韓国語の観光ウェブサイト開設がある。また、愛媛県などと連携し、台北市、ソウル市、上海市など海外で開催される旅行博覧会にブースを出展し観光 PR を実施している。

インバウンド受け入れにあたり、2012 年度に国のモデル事業で、「指差し会話集」「おもてなしペーパー」「施設利用案内ペーパー」

「多言語POP」などのツールを作成し、観光関係者に配布した。2015年度には松山城・ロープウェイ駅舎・松山城駐車場内の案内看板を多言語表記案内看板に替えた。また、松山城の天守内展示物や道後温泉本館の入場券売場料金表など主要ポイントの案内看板・解説板にQRコードを設置し、多言語翻訳された文章や音声により確認できる仕組みを整備した。

今後は、台湾からの誘客をさらに積極的に進めるとともに、瀬戸内海を隔てて至近にある広島来訪外国人の誘客に力を入れる。さらにMICEへの取り組みも始めている。

松江城天守閣（提供：松山市、クリエイティブ・コモンズ・ライセンス）

9. 世界自然遺産

■世界自然遺産とエコツーリズムの島―屋久島（鹿児島県）

屋久島は鹿児島県の佐多岬南南西約60kmの海上に位置する島。島の90％を森林が占める自然豊かな場所で、樹齢が7,000年を超えるといわれている縄文杉や九州最高峰の宮之浦岳など生命力溢れる

自然に触れることができる。

　多様な資源に恵まれた屋久島は、1980年にユネスコエコパーク（生物圏保存地域）に登録され、1993年には日本で初めて、白神山地とともに世界自然遺産に登録された。さらに、2005年には永田浜がラムサール条約に登録された。まさに、世界に誇ることができる自然と共生した地域である。

　屋久島は多くの杉が育っており、その中には屋久杉と呼ばれる樹齢1,000年を超えるものもある。島内の森に入るとそれらの杉に囲まれた景観が楽しめる。屋久島は雨が非常に多く、岩や木にたくさんの苔が自生している。白谷雲水峡や千尋の滝、トローキの滝、大川の滝など水に関連するスポットも多い。森の中では、ヤクシカやヤクザル、その他多様な動物と出会うこともある。

　その自然を求めて、国内だけでなく世界中から旅行者が来島している。屋久島では、縄文杉や白谷雲水峡などの山岳部だけではなく、川や海、里でも多彩なエコツアーが行われている。日本人の入込客数はやや減少傾向にあるが、近年は表のように訪日外国人旅行者は着実に増加している。欧米人が多いのが特徴である。

◎外国人旅行者受入状況

　入込人数（屋久島レクリエーションの森保護管理協議会統計）

| 2011年 | ―――― | 2012年 | 2,799人 | 2013年 | 3,169人 |
| 2014年 | 4,770人 | 2015年 | 6,325人 | 2016年 | 9,857人 |

◎受入外国人旅行者の国・地域の割合（2016年）

| ①アメリカ（11%） | ②フランス（10%） | ③中国（10%） |

資料：（公社）屋久島観光協会

■エコツーリズムによる観光立町

　屋久島は20年ほど前からエコツアーを実施しており、環境省が推進するエコツーリズム事業のモデル地区に選定されるなど、エコ

ツーリズム推進の先駆的な役割を果たしている。屋久島はエコツーリズムの歴史を作ってきた島と言える。今日、屋久島は「エコツーリズムによる世界自然遺産『屋久島』の価値創造と観光立町」を宣言している。

インバウンドの対応も徐々に進んでいる。接遇研修の充実や対応マニュアルの作成をはじめ、「観光コンシェルジュ」の育成、パンフレットや案内板の多言語化の推進のほか、県と連携したインバウンドプロモーションにも取り組んでいる。

外国人旅行者は、主にジブリ映画『もののけ姫』のモデルになったといわれる白谷雲水峡やヤクスギランドを体験している。また、宮之浦岳を縦走し「山泊」する外国人もいる。欧米の外国人旅行者はエコツアーに参加するより個人で登山する人が多いが、クルーズ客船の外国人はほとんどエコツアーに参加する。観光協会所属の外国人のエコガイドは2名いて、所属していない外国人ガイドも数名いる。また、通訳案内士の資格を持っているガイドも2名おり、英語で案内ができるガイドはたくさんいる。

近年、日本のクルーズ客船だけではなく、美食のフランス船といわれる「ロストラル」、英国高級探検客船「カレドニアン・スカイ」など、外国クルーズ客船の寄港が増えている。インバウンド促進の期待が膨らむ。

旅行ガイドブック『ロンリープラネット』に、屋久島が紹介された。そこに掲載された写真は屋久島の定番ともいえる

宮之浦港のクルーズ客船（提供：（公社）屋久島観光協会）

屋久杉の森の写真ではなく、永田いなか浜だった。観光関係者は、外国人目線で屋久島の魅力を探していかなくてはと気づかされたという。今後は多様な観光資源のさらなる活用が課題と言える。

シラバスイメージ

科目名	開講年次	開講期	単位数	科目区分
インバウンド実務論	3	後期	2	学科専門・選択必修

担当者名（ふりがな）	学生との連絡方法：
（●●● ●●●） ●● ●●	授業の初回時に連絡します。

（英文科目名　Inbound business theory）

授業の目標 ―到達目標―	インバウンド（inbound）とは、訪日外国人旅行のことです。近年、訪日外国人旅行者が劇的に拡大し、ツーリズムの世界だけでなく、社会現象化しています。日本は、観光立国を宣言し、観光立国推進基本法のもとで、大きな経済効果をもたらすこのインバウンドの拡大に向け官民一体となり取組んでいます。インバウンドの拡大は、日本のツーリズム産業を発展させ、変革させる大きな潮流となるだけではなく、地域を元気にする地方創生の起爆剤となります。そして、様々な領域で新たなビジネスを生み出すチャンスでもあります。観光業界だけではなく、今日、社会人・企業人にとって必要なインバウンドの基礎知識と実践的知識を学び習得します。
科目の位置づけ ―この専門分野 の領域―	本講義は日本のインバウンドを理解する入門講座であると同時に、インバウンドビジネスの視点から、観光ビジネス、ショッピングビジネス、ニューツーリズム、観光まちづくりなどの今日的なテーマを学ぶ実践的講義です。また、インバウンドが果たす社会的・経済的・文化的な役割について考え、学びます。本講義は「インバウンド実務主任者」（全日本情報学習振興協会）の資格認定試験の合格レベルの実務知識習得を目指す講義です。「インバウンド実務主任者」とは、地域や企業の中で、インバウンドに関わる活動・事業を開発・牽引する役割を担う人材のことです。この資格を取得する事は、新しい時代に対応できる有能な人材であることの証明となります。
授業の内容 講義手法の概要	講義ではインバウンドの現状と動向、インバウンドビジネスの実際と対策、インバウンドの集客、訪日外国人の理解と対応、ニューツーリズムや観光まちづくりについての知識を体系的に学ぶことが基本になります。また、インバウンド関連の最新ニュース・情報から、社会情勢や経済動向との係わりについても考えていきます。テキストとパワーポイントを使って分かりやすく解説します。

授業の方法	講義
授業計画	1. 講義全般説明・インバウンド概説 2. インバウンドの現状 3. インバウンドの歴史と業務 4. インバウンドの動向 5. インバウンドと関連事項 6. インバウンドと消費 7. インバウンドと免税制度 8. インバウンドとビジネス―ツーリズム― 9. インバウンドとビジネス―関連ビジネス― 10. 訪日外国人旅行者の理解―ベスト3ヶ国・地域の旅行者― 11. 訪日外国人旅行者の理解―主要国・地域と増加する旅行者― 12. 訪日外国人旅行者への対応 13. インバウンドの集客 14. インバウンドとニューツーリズム 15. インバウンドと観光まちづくり
成績評価の 方法・基準	・学期末試験の成績（60％）、平常点(授業参加度・小テスト・コメント票等)（40％）により総合的に評価します。
指定教科書、 参考文献等	・安田亘宏著『インバウンド実務論―インバウンドを1から学ぶ14章―』全日本情報学習振興協会(2017) ・講義内容によりプリントを配付します。
履修上の留意点	・テキストとパワーポイントで講義を進めます。 ・講義内容をテキスト、ノートに書き留めることが必須です。
事前準備・ 事後学習 その他	・事前学習については、講義予定のテキストの章を読んでおいてください。 ・事後学習については、重要事項の整理をしてください。

参考文献

JTB 総合研究所（2016）『インバウンド概論』JTB 総合研究所
岡本伸之（1995）『観光辞典』日本観光協会
海津ゆりえ（2007）『日本エコツアー・ガイドブック』岩波書店
加藤弘治（2017）『観光ビジネス未来白書』同友館
観光庁・経済産業省（2015）『消費税免税店の手引き』
神崎宣武（2004）『江戸の旅文化』岩波書店
国土交通省（2008）『多様な食文化・食習慣を有する外国人客への対応マニュアル』
観光庁（2016）『観光白書〈平成 28 年版〉』昭和情報プロセス
ジェイティービー（2016）『JTB REPORT 2016 日本人海外旅行のすべて』JTB 総合研究所
ジェイティービー（2017）『データで見る訪日インバウンド市場トレンド』JTB 総合研究所
水津陽子（2014）『日本人だけが知らない「ニッポン」の観光地』日経 BP 社
東京都（2016）『平成 27 年度国別外国人旅行者行動特性調査報告書』
東京都生活衛生営業指導センター（2016）『外国人観光客対応ツール－活用マニュアル』
日本観光協会（2008）『観光実務ハンドブック』丸善
日本観光振興協会（2012）『新たな集客に挑む！インバウンド BUSINESS』
　　　　　　　　　　日本観光振興協会
日本観光振興協会（2016）『観光の実態と志向』日本観光振興協会
日本観光振興協会（2016）『数字でみる観光』日本観光振興協会
日本生産性本部（2016）『レジャー白書』
日本政府観光局（2016）『JNTO 日本の国際観光統計』国際観光サービスセンター
日本政府観光局（2016）『JNTO 訪日旅行誘致ハンドブック』国際観光サービスセンター
日本政府観光局（2016）『JNTO 訪日旅行データハンドブック 2016』
真板昭夫・石森秀三（2011）『エコツーリズムを学ぶ人のために』世界思想社
増淵敏之・安田亘宏（2014）『コンテンツツーリズム入門』古今書院
ミシュラン（2007）『ミシュランガイド東京 2008』日本ミシュランタイヤ
溝尾良隆（2003）『観光学』古今書院
溝尾良隆（2009）『観光学の基礎（観光学全集第 1 巻）』原書房
村山慶輔（2016）『インバウンドビジネス入門講座』翔泳社
立教大学観光学部旅行産業研究会（2016）『旅行産業論』日本交通公社

安田亘宏（2010）『「澤の屋旅館」はなぜ外国人に人気があるのか』彩流社
安田亘宏（2013）『フードツーリズム論』古今書院
安田亘宏（2015）『観光サービス論』古今書院
横浜商科大学（2017）『地域インバウンド観光人財育成に関する研究』横浜商科大学
『観光経済新聞』観光経済新聞社
『観光文化』公益財団法人日本交通公社
『週刊トラベルジャーナル』トラベルジャーナル

主なデータ資料
法務省「出入国管理統計」
観光庁「訪日外国人消費動向調査」
観光庁「宿泊旅行統計調査」
観光庁「旅行・観光消費動向調査」
日本政府観光局「JNTO 訪日外客訪問地調査」
日本旅行業協会「数字が語る旅行業」
日本銀行「国際収支統計」
日本交通公社「旅行年報」
日本交通公社「JTBF 旅行意識調査」

主なホームページ・ニュースリリース
国土交通省・観光庁・法務省・総務省・外務省・経済産業省・厚生労働省・国税庁・
日本政府観光局・日本旅行業協会・全国旅行業協会・日本観光振興協会・
ジェイティービー・日本交通公社・JTB 総合研究所・交通エコロジー・モビリティ財団・
日本エコツーリズム協会・日本スポーツツーリズム推進機構・日本ハラール協会・
日本ヘルスツーリズム振興機構・日本ベジタリアン協会・日本マナー・プロトコール協会・
日本ムスリム協会・日本医療教育財団・日本百貨店協会・ハラル・ジャパン協会・
ロングステイ財団・HOT PEPPER・MATCHA・RJC リサーチ・イロドリ・
インバウンドナビ・インバウンドワン・インバウンド訪日外国人ニュース・
ジャパン・ワールド・リンク・トラベルボイス・トリップアドバイザー・訪日ラボ・
やまとごころ.jp

その他、各地方自治体・観光協会・観光ビジネス・インバウンドビジネス各社のホーム
ページ

おわりに

　本書は、すでに地域や企業においてインバウンドビジネスに携わっている方々やこれからインバウンドビジネスに挑戦しようと考えている方々、そして、将来インバウンドのさまざまな領域で活躍したいと考えている大学生、専門学校生を対象にインバウンドの基礎知識、インバウンドビジネスに取組むための必要不可欠な基本知識やノウハウを体系的に分かりやすく著したものだ。

　本書を14章の構成立てにしたのは、インバウンドを学ぶ大学生、専門学校生を意識し、一学期の講義回数に合わせた。また、一般の読者は1日1章のペースで読み進めれば、2週間で読み終えることができる。

　インバウンドの事象には、長い歴史のあるもの、近年登場してきたものや今まさに新たな対応として動き始めているもなどがある。それぞれの事象には名称があるが統一されていないものもある。定義も定まっていないものが多く、解釈は多岐にわたっている。そこで本書の中では、できるだけ広く一般に定着している名称や解釈を使用し、一部の事象においては筆者が独自に研究し使用している名称や解釈により解説をしている。

　インバウンドを学び研究する場やインバウンドビジネスを実践する現場で用いている名称や解釈と異なる場合がある。国や自治体、企業などの対応も日々変化しており、読者を困惑させることがあるかもしれない。それは、日本のインバウンドが、インバウンドビジネスが、今現実に成長し、多様なアクターとともに動き続けている事象であるがゆえ、ご寛容頂きたい。

　本書を通じて学んでもらいたかったことは、インバウンドの基礎知識とインバウンドビジネスの基本知識であるが、同時に日本、地域、日本人にとってのインバウンドの重要性を知ってほしかった。

世界中にある魅力的な国や都市の中から日本をデスティネーションとして選択し、貴重な時間と費用を使いわざわざ訪れてくれた外国人旅行者の「日本の旅」を安全で快適な思い出深いものにするために、それぞれのビジネスを通じて一人ひとりが、学んだ知識を生かし、ホスピタリティマインドを持って接してくれるようになると嬉しい。

すべての訪日外国人旅行者が日本を好きになり、再訪してくれるなら、喜びこの上ない。そして、多くの人たちに日本の良さや日本人の優しさを発信してくれることも期待したい。世界中が日本ファンで溢れることを願ってやまない。

観光に関わる好きな言葉がある。そのひとつが本文でも解説したが、「観光は見えざる貿易」という言葉である。観光という目に見えないサービスの国際間の経済関係を目に見える財の貿易に例えた表現だが、インバウンドビジネスは大きな輸出産業で、まさにその一翼を担っているのである。

また、「観光は平和へのパスポート」も筆者の非常に好んでいる言葉である。観光を通し多くの人々が国境を超え交流することが国際的な相互理解を増進し世界平和を創り出すという意味を込めたものだ。インバウンドビジネスは平和産業として、決して大袈裟ではなく国際平和に貢献しているのである。

本書が日本各地のさまざまなシーンで活躍する「インバウンド人財」になりたいと思う読者のきっかけとなれば望外の喜びである。

最後に、この時宜を得た出版企画をご提案頂いた、JAGAT 株式会社の牧野常夫社長に本当に感謝したい。また、編集を担当して頂いた、出版事業部の岩山牧様、土村利夫様、高嶋敬様には、いつも的確なアドバイスを頂いた。そして、迅速な編集進行をして下さった。改めて紙面を借りて心より御礼申し上げたいと思う。

2017 年 8 月

安田亘宏

索　引

アルファベット

Accessible Travel JAPAN 244
Agoda 144, 260
Airbnb 182, 183
AOL 220
ATM 98, 116, 161
BATTERA 251
Booking.com 144, 259, 260
CAKEHASHI 250
CAT ツール 238
Conference 49, 85
Convention 49, 85
Ctrip 259, 260
Daum 198
DMC 52
DMO 52
Duty Free 132
EKIBEN 155
Event 49, 85
Exhibition 49, 85
Expedia 144, 259, 260
Facebook 171, 198, 203, 210, 215, 220,
　　238, 241, 250, 274, 276, 277, 328, 333
FIT 256
GIT 256
GO TOKYO 251, 274
Google 118, 203, 220, 238
Incentive Travel 49, 85
Instagram 171, 198, 203, 210, 215,
　　　　　220, 238, 276, 277
JAL Guide to Japan 250, 274
Japan Info 250, 274
Japan List 252
Japan Reference 251

Japan Travel 250, 274
Japan.Free Wi-Fi 278, 279
japan-guide.com 156, 250, 274
JAPANiCAN 144, 259, 260
JCI 305
JNTO 37, 46, 48, 86, 178, 249, 262, 272
　　　　　　278, 334
Just go 266, 267
KakaoTalk 198
KOL 263
LCC 19, 25, 26, 27, 37, 88, 89, 90, 96,
　　　　　　155, 156, 195, 211
LINE 203, 215, 277
lonely planet 251, 266, 267, 274
marumura.com 252, 274
MATCHA 250, 274
Meeting 49, 85
MICE 46, 49, 50, 51, 85, 87, 261, 339
Narita Transit Program 157
NAVER 198
OTA 144, 258, 259
Safety tips 246
SEO 対策 273
SIM カード 235, 240, 241, 242
SIT 39
SNS 49, 171, 174, 234, 238, 241, 254, 257
　　　　　　268, 273, 276, 277
Sylvia's Fancy Life 275
TABEE JAPAN 259, 260
TaxFree 132, 278
Time Out Tokyo 251, 274
Tokyo Cheapo 251
Tokyo Otaku Mode Otaku News 251,
　　　　　　274
TripAdvisor 260, 275

Tsunagu Japan	250, 274
TTA	259
Tumblr	220
Twitter	171, 174, 198, 203, 220, 238, 250, 274, 276, 277
Uber	182, 183
UNWTO	53, 55
VJ	37, 49
VJC	37
WeChat Payment	118, 167
WhatsApp	210
Yahoo	203, 210, 220
Yelp	275

あ行

アウトバウンド	12, 35
アクセシブルツーリズム	242
アクセプタンスマーク	279
アグリツーリズム	295
アジアインバウンド観光振興会	56
アジア太平洋観光交流センター	55
アジア太平洋経済協力会議	53
アニメツーリズム	313, 315
アリペイ	118, 160
イースター	208, 218
医食同源	192, 202
一次ビザ	81, 82, 83
一般型消費税免税店	124, 125, 127
イベント民泊	329
医療観光	304
医療滞在ビザ	305
イロドリ	250
インバウントウェブメディア	258, 273
インバウンド支援ビジネス	179
インバウンド消費	14, 100, 175, 189, 193, 214
インバウンド人財	246, 247
インバウンドナビ	249

インバウンドビジネス	15, 97, 140, 141, 179, 180, 181, 186, 199, 239, 244, 246, 247, 248, 249, 261
インバウンドメディア	181
インフルエンサー	263
微信（ウィーチャット）	193
ウェルカム・イン予約センター	36
ウェルカムプラン21	36
駅ナンバリング	152
駅弁	154, 155
エコツーリズム	47, 56, 290, 291, 339, 340, 341
エコツーリズム推進法	47, 290
越境EC	103, 142
円安ドル高	78
オーガナイザー	38
大相撲	176
オルタナティブツーリズム	289
音声ガイド	174, 238
オンライン旅行会社	144, 258

か行

海外旅行ブーム	17
外航クルーズ客船	124, 128
外国人インターンシップ	285, 286
外国人患者受入れ医療機関認証制度	305
外国人向け地図記号	95
ガイドブック	50, 134, 160, 181, 251, 266, 267, 274, 275, 332
買い物おたすけシート	131
歌舞伎	175, 253
カプセルホテル	150
カルチャーツーリズム	297
為替レート	19, 78, 79, 102, 103
観光協会	32, 34, 51, 52, 53, 54, 144, 177, 321, 324, 341
観光圏整備法	47
観光交流拡大計画	36

観光庁 ………… 40, 41, 48, 234, 245, 246, 249
観光ボランティアガイド ……………… 179
観光まちマーケティング ……………… 322
観光土産品 …………………………………… 164
観光立国推進基本法 ……………………… 48
観光立国宣言 ………………………………… 12
帰省旅行 ……………………………………… 13
喜賓会 ………………………………………… 32
キャッシュレス決済 …………………… 118
休暇村 ……………………………………… 151
近代観光資源 ……………………………… 172
銀聯カード ………………………… 117, 191
クールジャパン ……… 19, 253, 297, 313
口コミサイト ……… 63, 220, 268, 275
グッドウィルガイド ……………………… 50
グリーンツーリズム ……… 294, 295, 296
クリスマス休暇 ……………… 26, 148, 208
クルーズ客船 …… 19, 24, 39, 88, 89, 96, 128,
　　　　　　　　　　　　　　　326, 341
クルーズトレイン ………………………… 154
競馬 ………………………………………… 177
ゲストハウス ………………… 96, 194, 293
コイニー …………………………………… 118
広域観光周遊ルート ……… 66, 67, 338
公共の宿 …………………………………… 151
ゴールデンルート …… 60, 66, 97, 190, 256
国際会議 ……… 45, 46, 50, 51, 86, 87, 96
国際観光温泉文化都市 ………………… 337
国際観光収入 ……………………………… 15
国際観光都市宣言 ……………………… 332
国際観光ホテル整備法 ……… 33, 45, 48
国際航路 …………………………………… 90
国際ローミング ………………………… 240
五葷 ………………………………………… 224
国慶節 ……………… 25, 26, 148, 190, 208
コンテンツツーリズム ………………… 313
コンベンション法 ……………………… 45

さ行

在留カード ………………… 281, 282, 283, 284
在留資格 …… 80, 281, 282, 283, 284, 293, 294
酒蔵ツーリズム ……………… 308, 309, 310
サステイナブルツーリズム …………… 289
産業遺産 ……………………………… 299, 300
産業ツーリズム ……………………… 299, 300
サンライズツアーズ ……………… 34, 145
シェアリングエコノミー ……… 140, 182
資格外活動許可 ………………… 281, 285
下見招待旅行 …………………………… 263
自治体国際化協会 ………………………… 56
新浪（シナ） ……………………… 193, 210
新浪微博（シナウェイボー） ……… 193
ジャパニーズ・イン・グループ ……… 55
ジャパン・ツーリスト・ビューロー
　　　　　　　　　　　　　　　… 32, 33
ジャパンショッピングツーリズム
協会 ……………………………………… 56
住宅宿泊事業法 ………………… 42, 151
就労ビザ ……………………… 248, 281
受注型企画旅行 …………………………… 40
春節 ……… 24, 26, 148, 190, 201, 208
招待旅行 …………………………………… 85
消費税免税店制度 ……………………… 122
昇龍道 ……………………………………… 67
食品サンプル作り ……………………… 298
新ウェルカムプラン21 ………………… 36
新韓カード ………………………… 117, 196
新韓ハウスカード ……… 117, 118, 196
新ゴールデンルート ……… 66, 67, 338
深度游 ……………………………………… 190
数次ビザ ……………………… 81, 82, 83
スクエア …………………………………… 118
スポーツツーリズム ……… 310, 311, 312
聖地巡礼 ……………………… 213, 313, 315
世界観光機関 ………………………… 53, 55

全国旅行業協会 ················ 54	トラベルビジョン ···················· 249
全日本通訳案内士連盟 ········ 56	トラベルフェア ················ 261,262
船舶観光上陸許可 ············· 128	トラベルボイス ···················· 249
素食家 ···················· 203, 224	トラベルマート ·············· 261, 262
ソンクラーン ·········· 26, 148, 213	トリップアドバイザー ········· 63, 65, 259,
	260, 275
た行	トレードショー ···················· 261
ダイエタリー・ビーガン ··············· 224	**な行**
太平洋アジア観光協会 ············· 53	日本エコツーリズム協会 ············· 56
多言語カーナビゲーション ············· 160	日本型エコツーリズム ············· 291
多言語コールセンター ·············· 180	日本型グリーンツーリズム ············· 295
多言語表記 ······· 91, 92, 93, 98, 322, 324	日本観光振興協会 ················ 54
多言語表示 ····· 148, 186, 232, 233, 234, 235,	日本観光ブーム ···················· 19
236	日本政府観光局 ········· 37, 48, 86, 134, 178,
地域限定通訳案内士 ········· 43, 44, 45, 334	262, 272, 278
地域限定旅行業 ········ 40, 41, 144, 321	日本ハラール協会 ················ 57
地域の宝 ···················· 318, 319	日本版 DMO ···················· 52
地域ブランド ··············· 254, 297	日本ブランド ····· 16, 252, 253, 254, 296, 297
チャーター便 ············· 27, 96, 338	日本ホテル協会 ···················· 55
着地型旅行商品 ··········· 144, 320, 321	日本漫遊 ···················· 252, 274
ツアーオペレーター ············· 38, 143	日本旅館協会 ···················· 55
通訳案内士 ········· 43, 44, 45, 50, 55, 56, 179	日本旅行業協会 ············· 38, 54, 143
ツーリスト・インフォメーション・	ニューツーリズム ············· 288, 289
センター ··············· 50, 177	忍者体験 ···················· 298
ツーリズム・ベール ·············· 295	ネット予約サイト ················ 258
デジタルサイネージ ··············· 237	農村民泊 ···················· 295
デスティネーション ······· 49, 60, 257, 261,	農林漁業体験 ···················· 294
293, 338	ノンバーバル ···················· 177
手続委託型消費税免税店 ·········· 124, 127	
手続委託型輸出物品販売場制度 ····· 126,	**は行**
128	百度（バイドゥ）···················· 193
デビットカード ············· 116, 117, 232	爆買い ·········· 12, 14, 79, 102, 166, 189, 191
手ぶら観光カウンター ················ 178	泊食分離 ···················· 148
電子マネー ············ 98, 118, 152, 180	発地型旅行商品 ···················· 320
店頭 POP ···················· 277, 278	バナー広告 ···················· 273
テンミリオン計画 ················ 35	ハラーム ···················· 221
特定活動 ········· 282, 286, 293, 294	
ドミトリー ···················· 96	

ハラール …………………………… *221,222*

ハラール認証 ……………………… *57, 98, 222*

ハラル・ジャパン協会 ……………… *57*

バリアトリック（肥満）市場 ……… *243*

バリアフリー観光 ……………… *244, 333*

バリアフリーツアーセンター ……… *244*

バリアフリーツーリズム ……………… *242*

パワーブロガー …………………… *275*

ピーク期 ……………………………… *23*

ピクトグラム …… *91, 93, 94, 152, 237, 278*

非言語劇 ……………………………… *177*

ビザ発給要件 ……………… *18, 80, 81, 96*

ビザ免除 ………………… *18, 80, 83, 84, 293*

ビジット・ジャパン事業 ……… *19, 37, 49*

ビジネスジェット ……………… *88, 90, 96*

ビジネストラベル ……………… *39, 49, 85*

ファーストレーン …………………… *96*

ファームイン ………………………… *295*

ファムトリップ ………………… *263, 264, 265*

フィルムツーリズム ……………… *313, 314*

フードツーリズム ………………… *306, 307*

不法就労活動 ………………………… *283*

プラザ合意 ……………………… *35, 78*

フリーペーパー ……… *181, 257, 269, 270,*
271, 274

フルータリアン …………………… *224*

ブルーツーリズム ………………… *295*

フロマーズ ………………………… *266*

文化観光 …………………………… *297*

文楽 ………………………………… *176*

ベジタリアン …………… *220, 223, 224, 225*

ヘルスツーリズム ………………… *301, 302*

ヘルスツーリズム認証制度 …………… *303*

ペンション ………………………… *150*

報奨旅行 ……………………… *49, 87*

訪日外国人旅行者向け海外旅行保険
……………………………………… *246*

訪日ラボ …………………………… *249*

ポータルサイト ………… *193, 198, 203, 210,*
215, 220

募集型企画旅行 ………………… *40, 144, 321*

翻訳アプリ …………………………… *237*

翻訳支援ツール ……………………… *238*

ま行

マスツーリズム ……………………… *288, 289*

ミシュラン・グリーンガイド … *266, 337*

ミシュランガイド ……………… *170, 266, 332*

道の駅 ………………………………… *161*

民泊 ………………… *42, 151, 293, 295, 329*

民泊新法 ……………………… *42, 151*

ムスリム ……… *26, 57, 98, 157, 220, 221, 222*

無料 Wi-Fi ……………… *158, 159, 167, 168*

無料公衆無線 LAN ………………………… *98*

メタサーチサイト …………………… *259, 260*

メディカルツーリズム ……… *303, 304, 305*

メニュー選択性 ……………………… *148*

免税店シンボルマーク ……… *133, 134, 278*

免税手続カウンター …………… *124, 126, 127*

免税手続カウンターシンボルマーク
……………………………………… *133, 134*

モバイル Wi-Fi ルーター ………… *240, 241*

や行

薬食同源 …………………………… *197*

やまとごころ .jp ……………… *249*

ユースホステル ……………………… *71*

輸出物品販売場 ………… *122, 124, 125, 126,*
128, 133

ユニバーサルツーリズム …………… *242*

指差し会話 ……………………… *131, 338*

ら行

樂吃購（ラーチーゴー） ……………… *251*

落語 ………………………………… *176*

ラクト・ベジタリアン ……………… 224
ラフガイド ……………………… 266
ラマダン ……………………… 27
ランドオペレーター …… 38, 41, 141, 143, 257
リアルエージェント ……………… 259
リスティング広告 ………………… 273
旅館業法 ………………… 42, 145, 150
旅行ガイドブック ………… 265, 266, 268
旅行業法 ……………………… 39
旅行業務取扱管理者 ……… 40, 41, 54, 144, 321
旅行消費額 ………………… 13, 14, 15

旅行博 ………………………… 261, 262
ルーラルツーリズム ……………… 295
レールパス ………………… 152, 153
歴史観光資源 ……………………… 172
レジャーホテル …………………… 150
レバラン ……………………… 27
ロングステイ ……………… 292, 293, 294
ロングステイビザ ………………… 293
ロンリープラネット ……………… 266

わ行

ワーキングホリデー ……………… 282
ワインツーリズム ……………… 308, 309

著者紹介

安田 亘宏 （やすだ のぶひろ）

西武文理大学サービス経営学部教授。

法政大学大学院政策創造研究科博士後期課程修了、博士（政策学）。観光士。

1953 年東京都生まれ。1977 年日本交通公社（現 JTB）に入社。旅行営業、添乗業務を経験後、本社、営業本部、グループ会社でマーケティング・販売促進・事業開発等の実務責任者・役員および同グループの旅の販促研究所所長を歴任。2010 年より現職。

日本エコツーリズム協会理事、コンテンツツーリズム学会副会長、日本観光研究学会会員、日本国際観光学会会員、日本旅行作家協会会員。

著書に、『観光サービス論』『コンテンツツーリズム入門』『フードツーリズム論』（以上古今書院）、『基礎から学ぶ観光プランニング』（JMC 出版）、『事例で読み解く 海外旅行クレーム予防読本』『食旅と農商工連携のまちづくり』『食旅と観光まちづくり』（以上学芸出版社）、『「澤の屋旅館」は外国人になぜ人気があるのか』『旅人の本音』『キャッチコピーに見る「旅」』（以上彩流社）、『鉄旅研究』『島旅宣言』『祭旅市場』『犬旅元年』『食旅入門』『長旅時代』（以上教育評論社）、『旅行会社のクロスセル戦略』『旅の売りかた入門』（以上イカロス出版）などがある。

インバウンド実務論
―インバウンドを1から学ぶ14章―

2017年9月23日　　初版第1刷発行

著　者　　安田亘宏

発行者　　牧野 常夫
発行所　　一般財団法人 全日本情報学習振興協会
　　　　　〒101-0061　東京都千代田区三崎町 3-7-12
　　　　　清話会ビル5F
　　　　　TEL：03-5276-6665

発売所　　株式会社 泰文堂
　　　　　〒108-0075　東京都港区港南 2-16-8
　　　　　ストーリア品川
　　　　　TEL：03-6712-0333

DTP・印刷・製本　　日本ハイコム株式会社

※本書のコピー、スキャン、電子データ化の無断複製は、著作権法上での例
　外を除き、禁じられています。
※乱丁・落丁は、ご面倒ですが、一般財団法人 全日本情報学習振興協会まで
　お送りください。弊財団にて送料を負担の上、お取り替えいたします。
※定価はカバーに表示してあります。

ⒸC2017　YASUDA Nobuhiro
ISBNコード　978-4-8030-1115-9　C2034
Printed in Japan